Avant-propos

Ce livre d'*Intensive Training* a pour but de vous donner tous les éléments nécessaires pour comprendre le test et assurer votre réussite. Nous vous proposons notre système de *Boost your Focus* afin de vous aider à améliorer votre concentration, un des défis importants dans ce test. Les deux parties du livre, ***Listening*** et ***Reading***, sont conformes au nouveau test en vigueur depuis juin 2018, et les astuces et exercices sont le résultat d'une recherche approfondie des questions, leurres et pièges typiquement trouvés dans le TOEIC 2018.

La méthodologie de chaque partie du test est enrichie par les ***Starters*** (pour vous donner envie d'en savoir plus), les ***Real Deal*** (questions identiques à celles que vous trouverez dans le test), et la **méthode d'analyse des questions par les *3Is*** (***Investigate**, **Interpret**, **Implement***). Enfin, chaque partie se termine par un ***Practice Test***. Cela permet de vous assurer le meilleur résultat possible dans ce nouveau TOEIC. Par ailleurs, nous avons ajouté une partie ***Over to You*** pour le ***Listening*** et une autre pour le ***Reading***, ce qui vous permettra d'exploiter davantage les ressources disponibles de nos jours, surtout sur Internet.

Dans la partie ***Reading***, nous vous expliquons exactement le type de question auquel vous serez confronté dans chaque partie de la section de compréhension écrite du nouveau TOEIC (*Parts* 5 à 7). Nous vous proposons également une méthodologie efficace travaillée et éprouvée depuis des années. Nous allons vous permettre d'acquérir cette méthode, qui est la clé du succès.

Concernant la grammaire, nous allons directement à l'essentiel, car dans le test TOEIC nous retrouvons toujours le même type de question : les *Parts of speech* (nom, verbe, adjectif ou adverbe), les formes du verbe et les mots de liaison. Concernant les questions de vocabulaire et de compréhension, nous vous donnons également une méthode efficace pour répondre à chaque type de question.

Après la théorie, la pratique ! Une fois la méthode comprise, nous mettons à votre disposition des exercices, des *Practice Tests* et les *Boost your Focus* pour vraiment l'assimiler et vous entraîner. Enfin, dans la partie *Over to You*, vous trouverez des scénarios dont vous êtes le héros pour développer votre vocabulaire TOEIC et votre facilité à lire des textes dans le style TOEIC.

À vous de jouer !

Présentation de l'ouvrage

Starter

Un **exercice type** allégé pour se familiariser avec cette partie du test.

POINT DÉCODAGE

Éléments méthodologiques pour aborder des aspects spécifiques de compréhension ou pour anticiper les contenus du test.

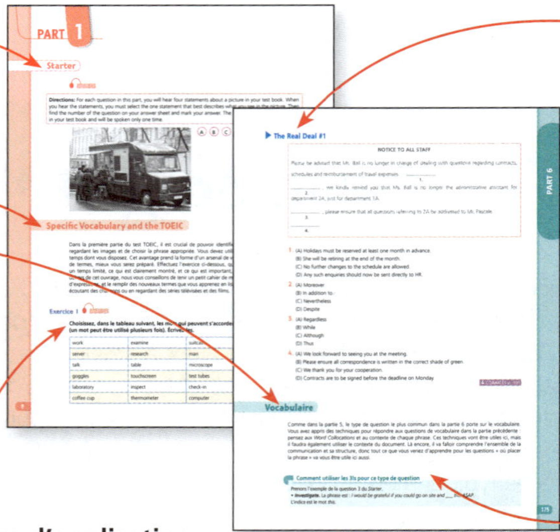

Un **exercice d'application** pour mettre en pratique la méthode proposée par le point décodage.

The Real Deal

Exercice d'entraînement type pour chaque partie du test.

Comment utiliser les 3I ?

Explication de la méthode 3I (**Investigate, Interpret, Implement**) appliquée à l'exercice.

Practice test

Un **test d'entraînement** complet au format réel de l'épreuve pour chacune des 7 parties.

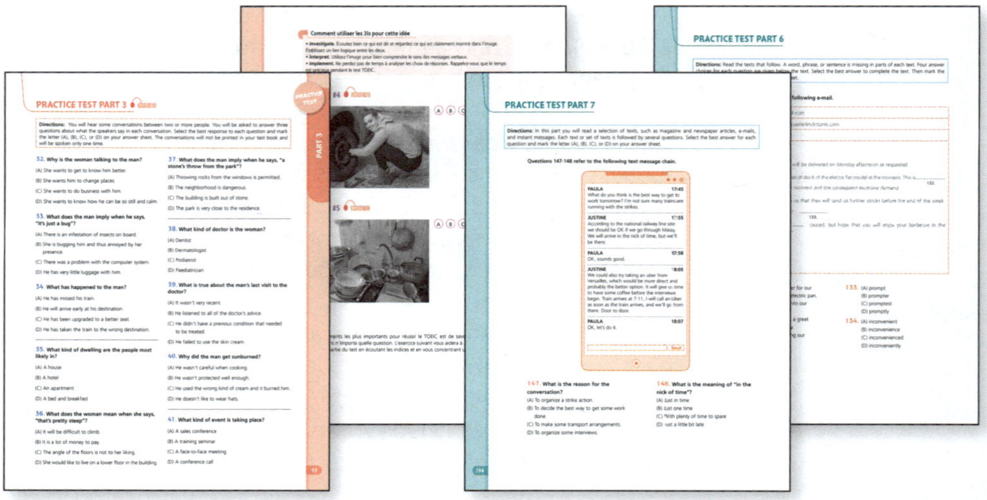

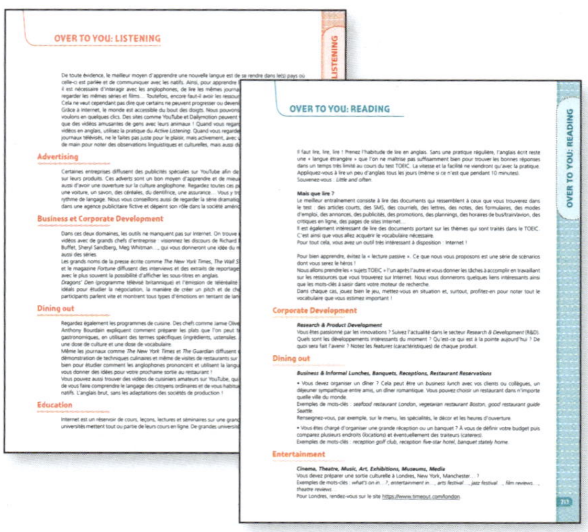

Over to you: listening/reading

Conseils et suggestions pour continuer à développer ses compétences de compréhension à partir de ressources et documents authentiques dans une approche immersive.

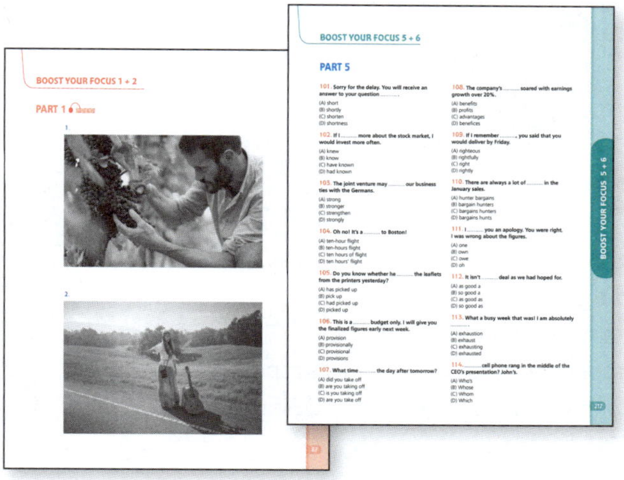

Boost your Focus

Entraînements fractionnés pour améliorer progressivement sa rapidité et sa concentration.

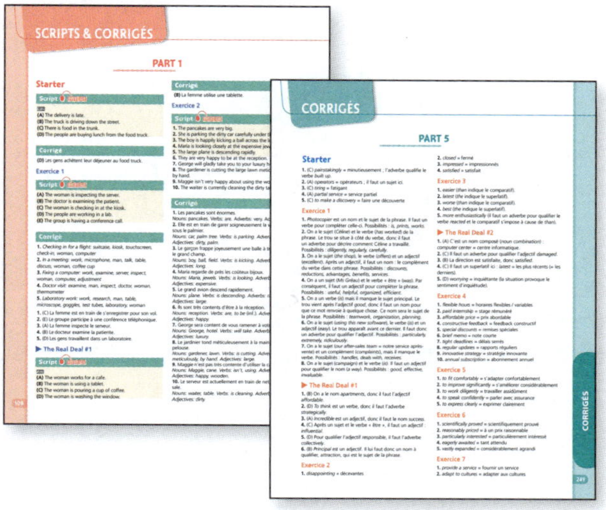

Scripts et corrigés

Tous **les scripts des enregistrements** et **les corrigés des exercices** d'application et des tests d'entraînement.

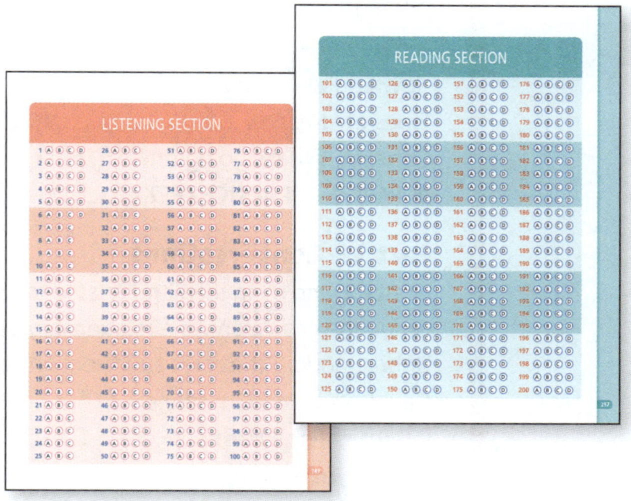

Answer sheets

Grilles de réponse pour tous les tests de la méthode.

Les tests TOEIC

LISTENING

Les 4 premières parties du test TOEIC® concernent le *Listening*. Elles sont basées sur la compréhension orale et durent 45 minutes environ.

- **Part 1 : 6 questions** – Vous regardez une photo et entendez ensuite 4 phrases. Vous devrez choisir la plus adaptée à la situation.
- **Part 2 : 25 questions** – Vous entendez une question ou une phrase déclarative suivie de 3 réponses. Il faut choisir la bonne parmi les trois proposées.
- **Part 3 : 39 questions** – Vous écoutez une conversation entre 2-3 personnes. Ensuite sont posées par écrit trois questions sur ce dialogue, chacune avec quatre propositions de réponse. Une seule est juste.
- **Part 4 : 30 questions** – Vous écoutez des monologues assez longs et vous répondez chaque fois à trois questions avec 4 propositions de réponse. Une seule est juste.

READING

Les 3 dernières parties du test TOEIC® concernent le *Reading*. Elles sont basées sur la compréhension écrite et durent 75 minutes.

- **Part 5 : 30 questions** – Vous devez compléter des « phrases à trou » en choisissant parmi quatre propositions portant sur de la grammaire-conjugaison (nature des mots, participes…) et du vocabulaire.
- **Part 6 : 16 questions** – Vous lisez 4 textes à trous. Vous devez les compléter en choisissant parmi quatre propositions portant sur du vocabulaire ou de la grammaire (mots de liaison, prépositions…).
- **Part 7 : 54 questions** – Vous lisez des textes variés et plus ou moins longs (SMS, courriel, article…). Pour chacun vous devez répondre à 2 à 5 questions en choisissant parmi quatre propositions de réponse de compréhension de texte.

Sommaire

LISTENING

Part 1 – Photographs 8
Specific Vocabulary and the TOEIC 8
The fundamentals of grammar and the TOEIC 10
Understanding the principle objectives of images and spoken texts 12
Understanding sounds and verbal nuances in the TOEIC 15
■ PART 1 – PRACTICE TEST 24

Part 2 – Question-Response 28
Different types of questions 28
A different look at questions and answers 33
How English Sounds on the TOEIC 36
Types of stress 36
Concept: What's going on? 39
■ PART 2 – PRACTICE TEST 44

Part 3 – Conversations 45
Grasping the main idea and related details 45
Language choice and the relationship between speakers 47
Understanding the roles and functions of the speakers and using it to your advantage 49
Comprehension Questions 49
Interpretation Questions 50
Element-based Questions 50
Intonation and how it works in Part 3 52
Pronunciation and structure 54
Understand the speaker's implied meaning in context 56
Visual images and conversations: a new step on the TOEIC 58
■ PART 3 – PRACTICE TEST 61

Part 4 – Short Talks 66
Expanding Linguistic Horizons 66
The Accents 67
Understanding the Main Idea 69
Obtaining Details 72
The Anatomy of an Audio Text 73
Voice Messages 73
Academic or Business Talks 75
Public Announcements 76
News, Weather and Sports Reports 78
Advertisements 80
■ PART 4 – PRACTICE TEST 82

✪ **Over to you: Listening** 85

✪ **Boost your Focus 1 + 2** 87
✪ **Boost your Focus 1 + 2 + 3** 91
✪ **Boost your Focus 1 + 2 + 3 + 4** 98

✪ **Scripts & Corrigés** 108
✪ **Answer Sheets** 149

READING

Part 5 – Incomplete Sentences 155
Parts of Speech 156
Noun Combinations 158
Person or thing? 159
«- ing » / « -ed » 159
Comparatives and superlatives 160
Vocabulary 162
■ **PART 5 – PRACTICE TEST** 166

Part 6 – Text Completion 169
Introduction et conseils généraux 170
Les mots de liaison 170
La structure d'une lettre et d'un courriel 172
Où placer la phrase 173
Vocabulaire 175
La forme du verbe 176
■ **PART 6 – PRACTICE TEST** 180

Part 7 – Reading Comprehension 184
Introduction and general Tips 185
What is stated / indicated about...? 186
What is the purpose of...? 187
What is suggested / implied about Who / What / Where most likely...? 188
What is NOT stated / indicated / suggested about...? 189
In which of the positions marked [1], [2], [3], or [4] does the following sentence best belong? ...189
The word "..." in paragraph X, line Y, is closest in meaning to...? 191
What does Mr. X mean when he writes "..."? 191
Double and triple text Questions 192
Vocabulary 192
■ **PART 7 – PRACTICE TEST** 194

✪ **Over to you: Reading** 213

✪ **Boost your Focus 5 + 6** 217
✪ **Boost your Focus 5 + 6 + 7** 223

✪ **Corrigés** 249

✪ **Table de conversion de score** 256
✪ **Answer Sheets** 257

PART 1

Starter

PISTE 01

Directions: For each question in this part, you will hear four statements about a picture in your test book. When you hear the statements, you must select the one statement that best describes what you see in the picture. Then find the number of the question on your answer sheet and mark your answer. The statements will not be printed in your test book and will be spoken only one time.

(A) (B) (C) (D)

↓ CORRIGÉS p. 108

Specific Vocabulary and the TOEIC

Dans la première partie du test TOEIC, il est crucial de pouvoir identifier les termes entendus tout en regardant les images et de choisir la phrase appropriée. Vous devez utiliser à votre avantage le peu de temps dont vous disposez. Cet avantage prend la forme d'un arsenal de vocabulaire. Plus vous connaîtrez de termes, mieux vous serez préparé. Effectuez l'exercice ci-dessous, qui vous aidera à identifier, dans un temps limité, ce qui est clairement montré, et ce qui est important, c'est-à-dire les termes-clés. En dehors de cet ouvrage, nous vous conseillons de tenir un petit cahier de mots dans l'ordre alphabétique et d'expressions, et le remplir des nouveaux termes que vous apprenez en lisant, en conversant ou même en écoutant des chansons ou en regardant des séries télévisées et des films.

Exercice 1

PISTE 02

Choisissez, dans le tableau suivant, les mots qui peuvent s'accorder avec les images (un mot peut être utilisé plusieurs fois). Écrivez-les.

work	examine	suitcase	microphone
server	research	man	kiosk
talk	table	microscope	doctor
goggles	touchscreen	test tubes	discuss
laboratory	inspect	check-in	woman
coffee cup	thermometer	computer	adjustment

1.

2.

3.

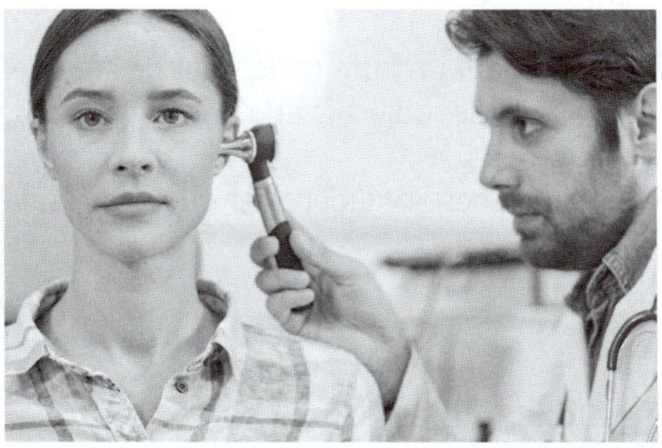

4.

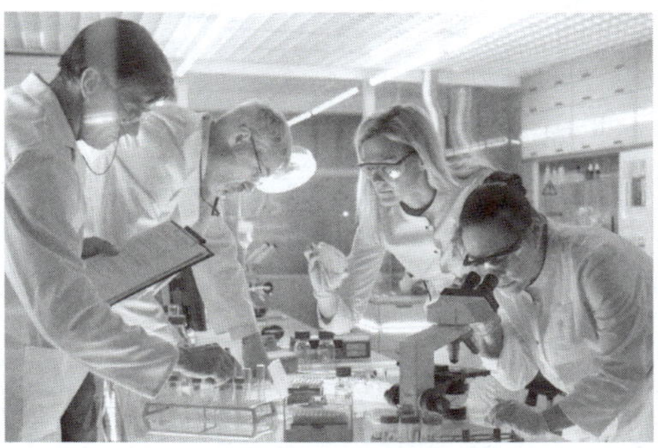

5.

À présent, regardez de nouveau les images et écoutez l'enregistrement. Faites correspondre le commentaire à l'image appropriée.

1. ___ ; **2.** ___ ; **3.** ___ ; **4.** ___ ; **5.** ___

↓ CORRIGÉS p. 108

▶ The Real Deal #1 PISTE 03

Ⓐ Ⓑ Ⓒ Ⓓ

↓ CORRIGÉS p. 108

The fundamentals of grammar and the TOEIC

Rappelez-vous qu'il est essentiel de savoir identifier les structures grammaticales dans la première partie du TOEIC : cela servira de guide pour trouver la bonne réponse.

• ***Nouns*** (*doctor, Paris, helicopter…*) : les noms sont des personnes, des lieux ou des choses. Ils sont souvent utilisés avec des articles comme *a*, *an* ou *the*. Dans la première partie, le nom indiqué, quel que soit l'enregistrement, sera toujours lié à une action ou une qualité spécifique.
• ***Verbs*** (*to walk, to fight, to eat…*) : dans la première partie du TOEIC, les verbes expriment une action ou une raison d'être. La plupart du temps, le verbe est conjugué au présent simple (qui décrit une qualité ou un état), au *present continuous* (le sujet est en train de faire une action) ou au *present perfect* (le sujet vient de terminer son action et le résultat est évident dans l'image).
• ***Adjectives*** (*happy, angry, messy…*) : les adjectifs modifient ou décrivent un nom ou le sujet de l'image.
• ***Adverbs*** (*lovely, bitterly, simply…*) : les adverbes modifient des verbes, des adjectifs et d'autres adverbes, jamais des noms. Généralement, ils se terminent par « *-ly* ».
Pour la Part 1, sachez que, dans la plupart des questions, vous n'aurez besoin d'identifier que le sujet, le verbe et le complément pour déceler la bonne réponse.

Exercice 2 PISTE 04

Vous allez entendre 10 phrases deux fois. Votre objectif est d'identifier les structures grammaticales de chaque phrase et de les noter dans les tableaux ci-dessous. La réponse 1 est donnée en exemple.

1.

Nouns	Verbs	Adverbs	Adjectives
pancakes	are	very	big

2.

Nouns	Verbs	Adverbs	Adjectives

3.

Nouns	Verbs	Adverbs	Adjectives

4.

Nouns	Verbs	Adverbs	Adjectives

5.

Nouns	Verbs	Adverbs	Adjectives

6.

Nouns	Verbs	Adverbs	Adjectives

7.

Nouns	Verbs	Adverbs	Adjectives

8.

Nouns	Verbs	Adverbs	Adjectives

9.

Nouns	Verbs	Adverbs	Adjectives

10.

Nouns	Verbs	Adverbs	Adjectives

↓ CORRIGÉS p. 108

Comment utiliser les 3Is pour cette idée

- ***Investigate.*** Écoutez ce qui est clairement dit et cherchez en quoi le message correspond à l'image.
- ***Interpret.*** Vérifiez que les temps et le vocabulaire sont logiques et correspondent à l'image.
- ***Implement.*** En vous aidant des deux points précédents vous n'avez plus qu'à déduire la bonne réponse.

Understanding the principle objectives of images and spoken texts

Regardez attentivement chaque image et déchiffrez tous les détails pour comprendre l'idée principale qui en ressort. Observez bien l'image mais n'imaginez pas ce qui pourrait être implicite. Anticipez ce qui pourrait être dit en fonction du contenu de l'image et comparez vos hypothèses avec les phrases de l'enregistrement. Soyez un auditeur actif et analysez chaque phrase que vous entendez. Choisissez la réponse qui correspond le mieux à votre analyse éclairée et à ce qui est clairement visible dans l'image.

Exercice 3 PISTE 05

Vous allez entendre deux phrases associées à chacune des 10 images ci-dessous. Identifiez celle qui correspond à l'image en écrivant « A » ou « B ».

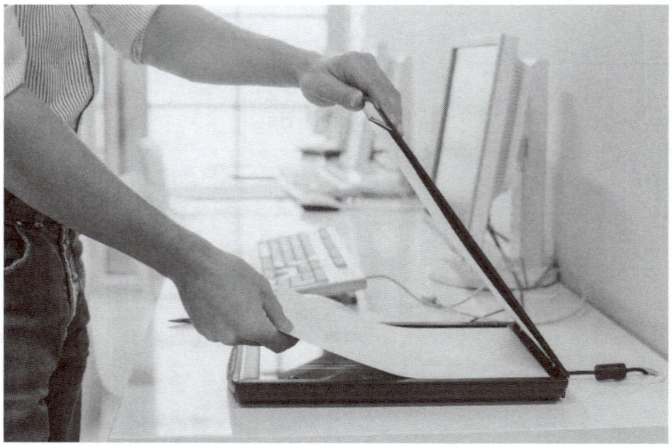

1. ......

2. ......

3. ......

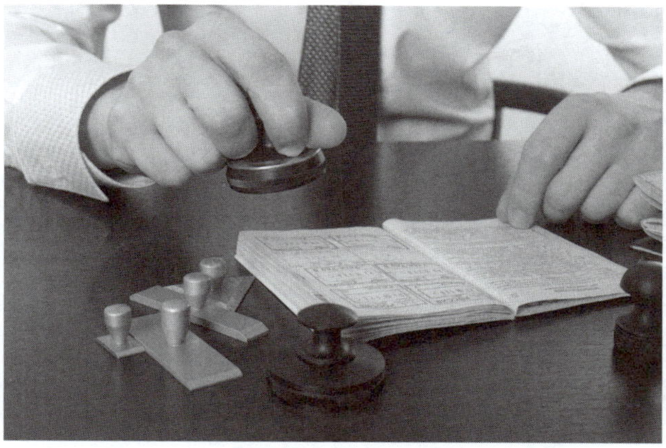

4. ......

5. ......

6. ......

7. ......

8. ......

9. ......

10. .....

↓ CORRIGÉS p. 109

▶ The Real Deal #2 PISTE 06

(A) (B) (C) (D)

↓ CORRIGÉS p. 109

▶ The Real Deal #3 PISTE 07

(A) (B) (C) (D)

↓ CORRIGÉS p. 109

Understanding sounds and verbal nuances in the TOEIC

Confondre des mots ayant des sons qui se ressemblent, ou les homophones, est une erreur majeure et fréquente au TOEIC. Ainsi, il est essentiel de bien connaître la signification d'un maximum de mots homophones (et leur orthographe pour les parties 3-7), en particulier ceux des exercices suivants. Apprenez-les bien et lisez quotidiennement en anglais pour augmenter votre base de vocabulaire.

Exercice 4 PISTE 08

Écoutez bien chacune des phrases suivantes. Parmi les 2 mots proposés, dont la prononciation est proche, choisissez celui qui convient.

EXEMPLE

Spoken sentence: "We like all of your proposals except the one about working weekends once a month."
(A) accept **(B) except**

1. (A) access (B) excess
2. (A) advice (B) advise

3. (A) affect (B) effect
4. (A) allowed (B) aloud
5. (A) by (B) buy
6. (A) capital (B) capitol
7. (A) climatic (B) climactic
8. (A) complement (B) compliment
9. (A) council (B) counsel
10. (A) desert (B) dessert
11. (A) elicit (B) illicit
12. (A) for (B) four
13. (A) human (B) humane
14. (A) loose (B) lose
15. (A) maid (B) made
16. (A) meet (B) meat
17. (A) Pacific (B) specific
18. (A) passed (B) past
19. (A) quiet (B) quite
20. (A) sale (B) sail
21. (A) see (B) sea
22. (A) site (B) sight
23. (A) stationary (B) stationery
24. (A) their (B) they're
25. (A) their (B) there
26. (A) vary (B) very
27. (A) whether (B) weather
28. (A) won (B) one
29. (A) would (B) wood
30. (A) your (B) you're

↓ CORRIGÉS p. 109-110

Exercice 5 PISTE 09

Écoutez bien les phrases suivantes qui contiennent des mots qui se ressemblent.
En vous aidant de la grille ci-dessous, écrivez les termes qui correspondent aux images.
La réponse 1 est donnée en exemple.

hare	whines	week	to wind
manors	tears	rode	size
blind	tale	road	bears
brake	hair	break	wines
sighs	manners	weak	tail

1. size..............................

2. ....

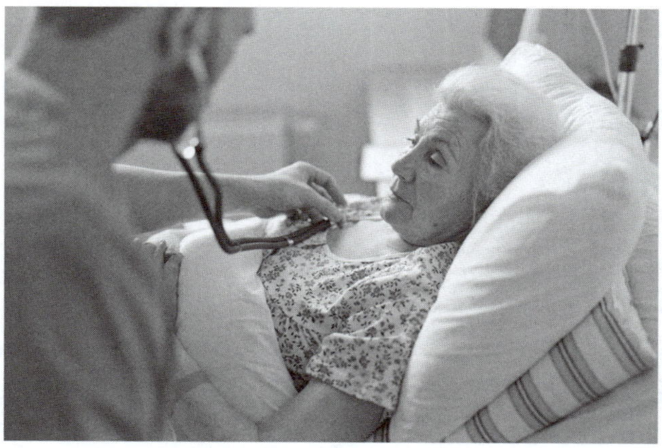

3. ....

4. ....

PART 1

5. ....

6. ....

7. ....

8. ....

9. ....

10. ....

11. ....

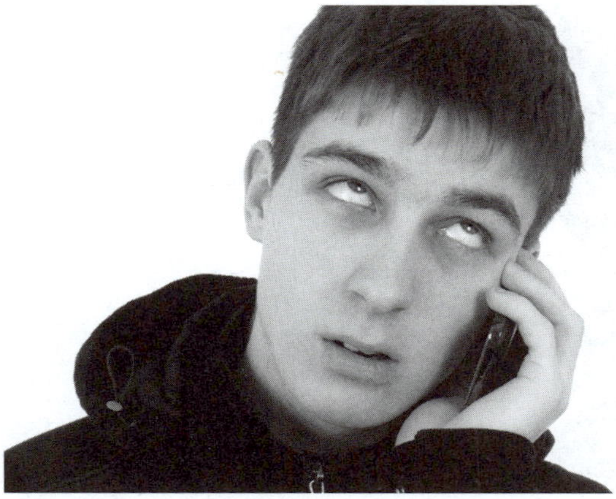

12. ....

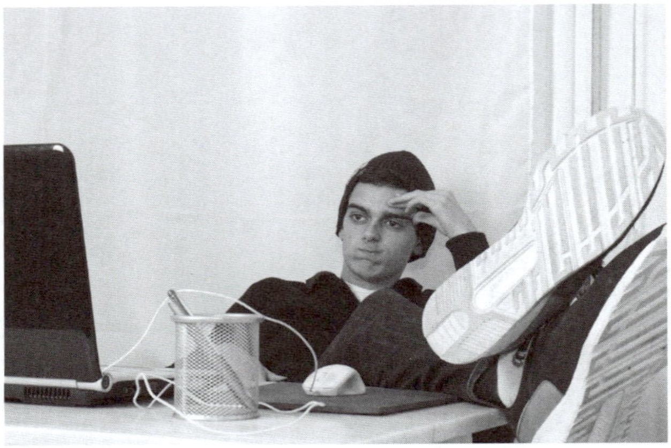

13. ....

14. ....

15. ....

16. ....

17. ....

18. ....

19. ....

20. ....

↓ CORRIGÉS p. 110

Comment utiliser les 3Is pour cette idée

- ***Investigate.*** Écoutez bien ce qui est dit et regardez ce qui est clairement montré dans l'image. Établissez un lien logique entre les deux.
- ***Interpret.*** Utilisez l'image pour bien comprendre le sens des messages verbaux.
- ***Implement.*** Ne perdez pas de temps à analyser les choix de réponses. Rappelez-vous que le temps est précieux pendant le test TOEIC.

The Real Deal #4 PISTE 10

(A) (B) (C) (D)

↓ CORRIGÉS p. 110

The Real Deal #5 PISTE 11

(A) (B) (C) (D)

↓ CORRIGÉS p. 110

L'un des éléments les plus importants pour réussir le TOEIC est de savoir se concentrer sur ce qui est demandé dans n'importe quelle question. L'exercice suivant vous aidera à améliorer votre performance sur la première partie du test en écoutant les indices et en vous concentrant uniquement sur ce qui est dit.

Exercice 6 PISTE 12

Dans ce jeu de mots croisés, vous entendrez des indices relatifs au vocabulaire que vous avez vu en sein de ce chapitre. Vous entendrez chaque indice deux fois.

↓ CORRIGÉS p. 110-111

PRACTICE TEST PART 1

PISTE 13

Directions: For each question in this part, you will hear four statements about a picture in your test book. When you hear the statements, you must select the one statement that best describes what you see in the picture. Then find the number of the question on your answer sheet and mark your answer. The statements will not be printed in your test book and will be spoken only one time.

Look at the example item below.

Now listen to the four statements.

(A) The woman is drinking water.
(B) The man is leaving the meeting.
(C) The man is taking something out of his briefcase.
(D) The women are sitting at the table.

Statement (D), "The women are sitting at the table," is the best description of the picture, so you should select answer (D) and mark it on your answer sheet.

1.

2.

3.

4.

5.

6.

↓ CORRIGÉS p. 111

PART 2

Starter

PISTE 14

Directions: You will hear a question or statement and three responses spoken in English. They will not be printed in your test book and will be spoken only one time. Select the best response to the question or statement and mark the letter (A), (B), or (C) on your answer sheet.

1. Mark your answer on your answer sheet.
2. Mark your answer on your answer sheet.
3. Mark your answer on your answer sheet.
4. Mark your answer on your answer sheet.
5. Mark your answer on your answer sheet.

1. (A) (B) (C)
2. (A) (B) (C)
3. (A) (B) (C)
4. (A) (B) (C)
5. (A) (B) (C)

↓ CORRIGÉS p.111-112

Different types of questions

Dans la deuxième partie du test, vous entendrez 25 questions ou déclarations suivies de trois réponses possibles où il n'y a qu'une seule réponse correcte. Le style et les situations sont variés, il est donc essentiel d'écouter attentivement ce qui est dit. Vous devrez vous concentrer car, comme d'habitude, vous disposerez de peu de temps et il est impératif de pouvoir anticiper le type de réponse à choisir.

Direct questions with direct answers

PISTE 15

Les questions d'information sont spécifiques à cette partie : consultez le tableau ci-dessous et écoutez les questions et les réponses au fur et à mesure.

Who?	Quelqu'un	Q: Who's bringing the cake to the party? A: Patricia is. / Patricia
Where?	Lieu	Q: Where is the party? A: Over by the university in a restaurant.
Why?	Raisonnement	Q: Why is John coming to the party? A: He overheard me talking about it and invited himself.
When?	Temps / Heure	Q: When is the party? A: Next Friday night.
How?	Manière	Q: How are you getting to the party? A: I'm thinking of taking a taxi.

What?	Objet, idée ou action	Q: What is the occasion for the party? A: It's José's birthday.
Which?	Choix	Q: Which dress will you wear to the party? A: The black one I bought on sale.
Whose?	Possession	Q: Whose car are we taking to the party? A: I told you, I'm taking a cab.
What kind?	Description	Q: What kind of gift should I bring José for his party? A: Oh, we're all just putting money in an envelope for him.
What time?	Heure / Temps	Q: What time does the party start? A: Around 8 o'clock.
How many?	Quantité	Q: How many people are coming to the party? A: Jackie said around 30.
How much?	Montant / Prix	Q: How much should I give for the gift? A: Put in as much as you'd like.
How long?	Durée / Longueur	Q: How long is the party supposed to last? A: We have the restaurant booked until midnight.
How often?	Fréquence	Q: How often do we get together? A: Not as much as we should.
How far?	Distance	Q: How far is the party from my house? A: By car, about 20 minutes away.
How old?	Âge	Q: How old is José going to be? A: He'll be 30 next week.
How come?	Raisonnement	Q: How come the police came to the party? A: They said we were making too much noise.

Vous allez également rencontrer des *Yes / No questions*. Elles utilisent souvent des verbes auxiliaires conjugués en fonction du sujet de la phrase et qui ont le même format quel que soit le temps utilisé. Les réponses sont souvent très variées, bien détaillées ou très courtes (avec un simple *Yes* ou *No*). Lisez les exemples suivants tout en écoutant l'enregistrement.

Main Verb as "Be" Questions PISTE 16

Q: Am I in trouble for using the photocopier?	A: No, but don't do it again.
Q: Hey! Wasn't she fired for stealing?	A: She should have been.
Q: Is anybody going to use the shower?	A: Go ahead. I had mine this morning.
Q: Are we going to dinner or not?	A: Just give me five more minutes and I promise we'll go.
Q: Hey! Are you coming to my place tonight?	A: Sorry, I have to pass. I've got a meeting early in the morning.

Auxiliary Verb Questions PISTE 17

Q: Ms. Saferis, could you please stop playing your cello so late at night?	A: I can do as I please.
Q: Have we heard from GeoTech about their offer?	A: No, not yet.
Q: Does Mr. Lloyd always get angry like that?	A: Only at people he doesn't like.
Q: Shouldn't we get back to the office?	A: Yeah, good idea.
Q: Did I ever tell you about the time we got lost in London?	A: Only every time I see you.

Comme vous l'avez entendu dans les exemples précédents, beaucoup de réponses courtes utilisent :
– les auxiliaires ;

EXEMPLES

- *Do you like Mercury Airlines? – No, I don't.*
- *Have they seen the new baby yet? – Yes, they have.*
- *You like my new haircut, don't you? – Yes, I do.*
- *That'll never happen, will it? – No, it won't.*

– une inclusion d'accord positive ;

EXEMPLES

- *I just tried that new restaurant on Park Street. – So did I.*
- *We're very worried about the new merger. – So are we.*
- *They love their new car from Diamante Motors. – We do too.*

– une inclusion négative.

EXEMPLES

- *I don't smoke. – Neither do I.*
- *We can't come to their wedding. – Neither can we.*
- *Bob doesn't feel very good. – Joan doesn't either.*

Notez qu'une question en anglais peut avoir des réponses très variées.

EXEMPLE

Is dinner ready yet?

Positive answers	Negative answers	Indirect answers
In just a minute.	No, it isn't.	Who knows?
It's coming right up.	Not for a while, no.	Go ask mom and dad.
Yes, it is.	Not yet.	How should I know?
Oh yeah! Dad is putting it on the table now.	We won't eat until 7.	I'll have to see.

Varied Questions and Statements PISTE 18

Lisez et écoutez les questions et réponses suivantes pour bien comprendre l'autre type de question que vous pouvez trouver dans l'examen.

Q: Are you sure it's OK for me to stay the weekend?	A: Oh, it's no problem at all.
Q: Excuse me, could you tell me how to get to Horton Plaza from here?	A: I'm sorry, I'm not from here.
Q: Do you know Tim in accounting?	A: Yes, we've known each other since college.
Q: Will you let me know if the position opens up?	A: Don't worry, you'll be the first to know.
Q: Do you think it's all right to leave the kids with your parents next weekend?	A: As long as Uncle Eddie doesn't show up, it'll be just fine.
Q: Has anybody heard from Peter?	A: No, it's been such a long time.
Q: Did you remember to get eggs at the store?	A: No, because you didn't put them on the list.
Q: Did you go for a run this morning?	A: It was too cold, so we decided to sleep in.

Negative Questions PISTE 19

Ces questions commencent par une contraction négative comme *doesn't*, *hasn't* ou même *aren't*. La réponse attendue est affirmative mais la bonne réponse peut être affirmative ou négative. Lisez et écoutez les questions et les réponses suivantes.

Q: Isn't this the cutest baby you've ever seen?	A: It sure is!
Q: Why don't you stop by our place for a drink before the show?	A: Thank you. That sounds like a great idea!
Q: Don't you have any ideas for our project in Vietnam?	A: I've got plenty on my computer. Let me show them to you…

Tag Questions PISTE 20

Ces questions commencent par une déclaration suivie par une mini-question. Normalement, elles sont utilisées pour obtenir confirmation (« n'est-ce pas ? »). On entend souvent des expressions comme *isn't that right?* (« c'est vrai ? ») ou avec une question négative : *don't you agree?* (« tu n'es pas d'accord ? »). Lisez et écoutez les questions et les réponses suivantes.

Q: This chocolate cake is divine, isn't it?	A: Oh, it surely is!
Q: My presentation was great, wasn't it?	A: Not really, it ran a bit long.
Q: You got the documents I sent, didn't you?	A: Yes, I just haven't had a chance to look at them.

On peut aussi trouver des déclarations négatives qui se terminent par une question affirmative. Lisez et écoutez les questions et les réponses suivantes.

Q: Doctor, this won't hurt, will it?	A: You won't feel a thing.
Q: Clementine didn't take the job in Colombia, did she?	A: She and Nicholas leave August 6.
Q: You aren't going to go to the meeting, are you?	A: Of course, why wouldn't I?

Exercice 1 PISTE 21

Pour bien vous préparer à la deuxième partie du TOEIC, faites l'exercice suivant. Commencez par bien lire les questions ci-dessous. Vous allez ensuite entendre des réponses, précédées d'un numéro. Attention, l'ordre des réponses ne correspond pas à celui des questions !
À vous d'écrire le numéro de la bonne réponse face à chaque question.

A. What kind of dessert do you like ? ....
B. How often do you travel for business? ....
C. How many people are expected at the protest? ....
D. Do you think we could practice the presentation again? ....
E. Which caterer should we use for the party? ....

F. When should I take this medicine? ....
G. How long until our next appointment with the lawyers? ....
H. Where are you going on vacation? ....
I. Are they working with us on the project? ....
J. Did he really yell at Mrs. Miles like that? ....

K. The boss will really like it, won't she? ....
L. How come you never went to grad school? ....
M. We aren't late, are we? ....
N. Brian you understand this, don't you? ....
O. Dounia can't speak Arabic, can she? ....

↓ CORRIGÉS p. 112

Short Answers PISTE 22

Comme on l'a vu dans les exemples de la page 28, pour gagner du temps et faciliter la conversation, les anglophones répondent souvent par une réponse courte composée d'un sujet et d'un verbe auxiliaire, ainsi que des mots nécessaires pour être compris. Lisez et écoutez les phrases suivantes.

Q: Can Owen drive a manual transmission?	A: Yes, he can. (*Au lieu de :* Yes, Owen can drive a manual transmission.)
Q: Will they be at the party?	A: No, they won't. (*Au lieu de :* No, they will not be at the party.)
Q: What do you think of my new furniture?	A: It looks great. (*Au lieu de :* I think your new furniture looks great.)

Do et *does* peuvent remplacer le verbe.

A: She looks like she has put on some weight.	B: She does.
A: I really scared you.	B: You sure did!
A: Maybe you all have some free time next week for a dinner at our house?	B: We do.

"Neither", "nor" and "so" PISTE 23

Dans une conversation, les deux interlocuteurs peuvent être d'accord sur une déclaration concernant un sujet ou une personne. Lorsque la réponse est positive, on utilise le mot *so* ; quand elle est négative, on utilise *neither* ou *nor*. Ces adverbes sont utilisés avec un auxiliaire, un modal ou le verbe principal *to be* ; le verbe est toujours placé avant le sujet. Lisez et écoutez les phrases suivantes.

A: I hardly ever eat fast food.	B: Neither do I *or* Me neither.
A: Gregory was so convinced by the salesman!	B: So was Stephen.
A: We are not going to vote for that candidate.	B: Nor will I.

On peut utiliser *not either* au lieu de *neither* mais le verbe doit suivre le sujet dans la phrase.

A: We didn't get to see the concert last week.	B: We didn't either.
A: I don't like the new parking fees.	B: I don't either.
A: Jim can't understand the professor's accent.	B: Paula can't either.

So peut être utilisé après les verbes spéculatifs comme *to suppose, to expect, to imagine, to hope* et *to think*.

A: Is Anna going to be all right after the surgery?	B: The doctors think so.
A: Do you think you could come by at 8 for dinner?	B: I suppose so.
A: Will Peter have enough money to buy a plane ticket for Christmas?	B: He hopes so.

On peut également utiliser les mêmes verbes avec *so* (sauf *to hope*) pour exprimer une réponse négative. Avec le verbe *to hope*, on utilise *not* au lieu de *so*, ou même *I am afraid not* de manière très polie.

A: Mathilde, this was such a great evening! Will I see you again soon?	B: I don't think so.
A: Is the business lunch at that restaurant on the waterfront?	B: I hope not. We all got sick last time.
A: Will you be joining us in Bermuda this winter?	B: I'm afraid not. There were no rooms left at the usual resort.

Exercice 2 PISTE 24

Écoutez les questions suivantes, qui sont dans le style du test TOEIC. Trouvez la bonne réponse courte à chacune d'elles.

1. (A) (B) (C)
2. (A) (B) (C)
3. (A) (B) (C)
4. (A) (B) (C)
5. (A) (B) (C)
6. (A) (B) (C)
7. (A) (B) (C)
8. (A) (B) (C)
9. (A) (B) (C)
10. (A) (B) (C)
11. (A) (B) (C)
12. (A) (B) (C)

↓ CORRIGÉS p. 112-113

Comment utiliser les 3Is pour cette idée

- ***Investigate.*** Écoutez attentivement ce que le premier locuteur dit car cela permet de trouver la bonne réponse.
- ***Interpret.*** Demandez-vous quel style de questions a été posé, cela vous permettra de déterminer la meilleure réponse à la question.
- ***Implement.*** Déduisez la bonne réponse parmi vos hypothèses et passez à la question suivante.

A different look at questions and answers

Dans la section précédente, vous avez appris la structure des différents types de question figurant dans la deuxième partie du TOEIC. Nous allons examiner ici le style et les tonalités de certains types de question en anglais parlé.

Inquiring Questions PISTE 25

Ce type de question est le plus fréquemment utilisé. Elles sont destinées à obtenir des informations ou à identifier un fait, et on peut les former à tous les temps. Lisez et écoutez les questions suivantes et leurs réponses.

Q: Did you read the latest report?	A: No, but I will after lunch.
Q: How is the chicken curry here?	A: Very spicy but very tasty.
Q: Why is he late today?	A: There was a really bad accident on the motorway.

Suggestive Questions PISTE 26

On pose ce genre de question pour provoquer une idée ou suggérer quelque chose de manière délicate ou diplomate plutôt que de dire que la personne doit faire quelque chose. Lisez et écoutez les questions et les réponses suivantes.

Q: Why don't you go into the next room?	A: OK, Aunt Lydia.
Q: Shouldn't we be starting now?	A: We'll begin as soon as the room is free.
Q: Aren't you going to invite me inside?	A: I'm so sorry. Please come in!

Evaluative Questions PISTE 27

Lorsque l'on veut connaître l'opinion ou le jugement de quelqu'un sur un sujet, on pose ce type de question. Lisez et écoutez les questions et les réponses suivantes.

Q: What do you think of the plan to boost sales?	A: I think it still needs some work before implementation.
Q: What is the boss's opinion of the new CEO?	A: I'm not sure he likes her.
Q: How are the strikes affecting our production?	A: So far we haven't seen much change.

"Like" Questions PISTE 28

Le mot *like* a différents sens selon le contexte. Il permet notamment d'exprimer une préférence (*Do you like strawberries?*), une caractéristique (*What's the weather like?*) ou une ressemblance (*What did the man look like?*). Lisez et écoutez les questions et les réponses suivantes.

Q: What did the suspect look like?	A: He had a beard but wasn't very tall.
Q: Why do you like dark chocolate?	A: I love the bitter taste.
Q: What is it like to use that new software?	A: Complicated at first, but you get used to it.

Greetings Questions PISTE 29

Ces questions informatives sont souvent utilisées lors d'une première rencontre ou d'une rencontre habituelle. Lisez et écoutez les questions et les réponses suivantes.

Q: How do you do?	A: Very well thank you. (*Very formal*)
Q: What have you been up to?	A: Oh, not much. Just taking it easy.
Q: What's up?	A: I'm all right. How about you? (*Very casual – between friends*)

Affective Questions PISTE 30

Ce genre de question est utilisé lorsque l'on veut savoir ce que quelqu'un ressent à propos d'une situation ou d'un événement donné. Lisez et écoutez les questions et les réponses suivantes.

Q: How did getting fired affect you?	A: At first, it was kind of hard. But now, I'm OK.
Q: What did it feel like to win the lottery?	A: It was surreal. I thought I was in a dream.
Q: Is it really that important that we all attend the seminar?	A: Yes, it is.

Exercice 3 PISTE 31

Vous allez entendre 12 questions typiques de la partie 2 du TOEIC. Chaque question sera suivie de trois explications possibles permettant d'identifier le genre de question posée. Une seule réponse est correcte. Écoutez bien et trouvez la bonne réponse.

EXEMPLE

La question posée est : *Could you call for a taxi, please?* Les réponses possibles sont :
(A) She wants to make a call.
(B) She wants somebody to arrange transportation.
(C) She wants a new phone.
La réponse correcte est (B).

1.	(A)	(B)	(C)	7.	(A)	(B)	(C)
2.	(A)	(B)	(C)	8.	(A)	(B)	(C)
3.	(A)	(B)	(C)	9.	(A)	(B)	(C)
4.	(A)	(B)	(C)	10.	(A)	(B)	(C)
5.	(A)	(B)	(C)	11.	(A)	(B)	(C)
6.	(A)	(B)	(C)	12.	(A)	(B)	(C)

↓ CORRIGÉS p. 113

Keeping focused

Rappelez-vous que les questions et les déclarations que vous entendrez dans la deuxième partie du test sont variées. Vous n'aurez pas toujours de *Yes / No questions*. Comme vous avez pu le constater, les réponses peuvent être courtes ou très détaillées, et toutes les réponses sont données dans différents accents anglophones. Il est essentiel de vous concentrer sur chaque phrase ou question et d'éliminer toute réponse qui ne correspond pas au mot-clé prononcé par le locuteur. Comme mentionné dans la Part 1, faites attention aux homophones et aux mots qui se ressemblent à l'oreille.

Exercice 4 PISTE 32

Voici une liste de 20 termes. Vous allez entendre 20 couples de phrases différentes. Identifiez la phrase (A) ou (B) dans laquelle le terme a été utilisé.

1. Access	(A)	(B)	11. Latter	(A)	(B)
2. Adopt	(A)	(B)	12. Liable	(A)	(B)
3. Advice	(A)	(B)	13. Lose	(A)	(B)
4. Effect	(A)	(B)	14. Personal	(A)	(B)
5. Bazaar	(A)	(B)	15. Perspective	(A)	(B)
6. Conscious	(A)	(B)	16. Quite	(A)	(B)
7. Desert	(A)	(B)	17. Sense	(A)	(B)
8. Devise	(A)	(B)	18. Sit	(A)	(B)
9. Dissent	(A)	(B)	19. Shone	(A)	(B)
10. Imminent	(A)	(B)	20. Tact	(A)	(B)

↓ CORRIGÉS p. 113-114

Comment utiliser les 3Is pour cette idée

- ***Investigate.*** Faites attention au type de question posée et concentrez-vous sur les mots-clés de chaque question, sans vous laisser distraire par des mots qui se ressemblent ou des leurres.
- ***Interpret.*** Analysez ce que l'interlocuteur demande. Pourquoi veut-il cela ? Par exemple pourquoi a-t-il besoin de connaître l'heure ? Cela vous aidera à trouver la bonne réponse.
- ***Implement.*** Prenez la meilleure décision possible en vous basant sur une compréhension claire de la question et le choix d'une réponse logique.

▶ The Real Deal #1 PISTE 33

1. (A) (B) (C)
2. (A) (B) (C)
3. (A) (B) (C)
4. (A) (B) (C)
5. (A) (B) (C)
6. (A) (B) (C)
7. (A) (B) (C)
8. (A) (B) (C)
9. (A) (B) (C)
10. (A) (B) (C)

↓ CORRIGÉS p. 114-115

How English Sounds on the TOEIC

L'anglais est une langue musicale en ce sens qu'elle a un rythme et une mélodie réels. On accentue les mots sous certaines conditions. Il n'existe pas de marques d'accent comme dans les langues romanes, ni de lettres séparées ou de caractères pour orienter la prononciation, comme en coréen. Pour parler correctement anglais, il faut donc écouter attentivement.

L'accent est mis sur certains mots pour définir le thème ou le sens de la phrase. Il est placé sur des mots de contenu (noms, verbes, adjectifs, adverbes, adverbes prépositionnels et expressions de négation) pour montrer que ces mots sont significatifs dans la phrase ou pour permettre de mieux comprendre le sens général.

Les mots de fonction (noms, articles, conjonctions, prépositions, auxiliaires modaux) sont essentiels pour la structure grammaticale d'une phrase, mais leurs rôles ne sont pas aussi importants que les mots de contenu et ils ne sont donc pas accentués.

Types of stress

Contrastive PISTE 34

En général, on accentue un mot en particulier dans une phrase, mais on peut parfois en accentuer un autre pour insister sur le sens de ce mot ou de l'ensemble de la phrase. Lisez et écoutez les versions différentes de la phrase : *I didn't say we should kill Richard.* (Je n'ai pas dit que nous devrions tuer Richard).

<u>I</u> didn't say we should kill Richard.	Quelqu'un d'autre a dit que nous devrions le tuer.
I <u>didn't</u> say we should kill Richard.	Je nie l'avoir dit.
I didn't <u>say</u> we should kill Richard.	Je l'ai insinué / murmuré / écrit…
I didn't say <u>we</u> should kill Richard.	J'ai dit que quelqu'un d'autre devrait le tuer / tu devrais le tuer…
I didn't say we <u>should</u> kill Richard.	J'ai dit que nous ne devrions pas le tuer / nous devons le tuer…
I didn't say we should <u>kill</u> Richard.	J'ai dit que nous devrions l'emmener dîner / prendre soin de lui / l'envoyer en stage de plongée…
I didn't say we should kill <u>Richard</u>.	Nous devrions tuer quelqu'un d'autre.

Tonic Stress PISTE 35

En anglais, on accentue toujours au moins une syllabe dans un mot qui en compte plusieurs, ce qui permet de rythmer la prononciation. Une phrase peut donc avoir plus d'un accent tonique.

EXEMPLES

- *Elliot's **walk**ing.*
- *Elliot's **walk**ing with **Fe**lix.*
- *Elliot's **walk**ing with **Fe**lix to the **store**.*

Emphasis:
Quand un locuteur veut souligner quelque chose, l'accent peut être déplacé du nom principal vers un autre mot de la phrase (voir ci-avant). Ce transfert attire l'attention sur la partie de la phrase sur laquelle on veut insister. Lisez et écoutez les phrases suivantes.

That was a horrible meal.	Phrase caractéristique en anglais.
That was a horrible meal.	Le mot *horrible* est accentué pour montrer à quel point le repas était horrible.

Reactive PISTE 36

On utilise ce type d'accent pour mettre en évidence l'information qui a été demandée.

I come from Sacramento.	On met en évidence la provenance exacte du locuteur.
I actually work for the Bourne Corporation.	On montre qu'on ne travaille pas ailleurs.

Questions PISTE 37

En anglais, lorsque l'on pose des *Yes / No questions*, des questions qui commencent par *do* ou *did*, *is*, *can* ou *could*, l'intonation monte à la fin.

EXEMPLES

- *Could you give me a ride?*
- *Do you want to work with me on the project?*
- *Can you take me to the station?*

L'intonation descend à la fin dans toutes les autres questions.

EXEMPLES

- *How is the weather?*
- *What are you doing in the kitchen in the middle of the night?*
- *Why are you crying?*

Be careful! PISTE 38

En changeant la manière d'accentuer certains mots, leur sens reste le même mais il s'agira soit d'un nom soit d'un verbe. Lisez et écoutez les phrases suivantes.

Conflict	Diamante Motors was in conflict with the government. *(Ils n'étaient pas d'accord.)*	The two witnesses' stories about the accident conflict with the official report. *(Il n'y a pas d'accord.)*
Contest	Kristen always wins things in radio station contests. *(Kristen gagne toujours quelque chose dans les concours à la radio.)*	Alexander always contests his grades at the end of every semester. *(Alexandre conteste toujours ses notes à la fin de chaque semestre.)*
Decrease	The site has seen a decrease in users. *(Il y a moins d'utilisateurs que d'habitude.)*	The company is going to decrease the amount of money it spends on events. *(L'entreprise va prendre des mesures pour réduire ses dépenses.)*
Import	Champagne is an import from France. *(Le champagne est importé de France.)*	The Americans would like to import more and more champagne in the next five years. *(Les Américains aimeraient importer de plus en plus de champagne dans les cinq prochaines années.)*
Increase	Our school has had an increase in enrolment. *(Il y a plus d'étudiants intéressés.)*	We need to increase enrolment. *(On a besoin d'attirer plus de candidats.)*

Insult	I am fed up with her insults. *(J'en ai marre de ses insultes.)*	She insults me any chance she has. *(Elle m'insulte dès qu'elle le peut.)*
Perfect	Antonio's speech was perfect. *(Le discours d'Antonio était parfait.)*	But Antonio needs to perfect his responses to questions. *(Cependant, Antonio doit perfectionner ses réponses aux questions.)*
Present	Teresa always gives such great presents. *(Teresa donne toujours de si magnifiques cadeaux.)*	Let me present to all of you Aiko Hashimoto, the director of our Osaka office. *(Permettez-moi de vous présenter Aiko Hashimoto, la directrice de notre bureau à Osaka.)*
Produce	Compton's sells all kinds of fresh produce. *(Chez Compton's vend tous types de produits frais.)*	Diamante Motors needs to produce a hybrid car soon or else they will have problems. *(Diamante Motors doit produire une voiture hybride…)*
Recall	California had a recall election in 2003 to remove its governor. *(La Californie a voté en 2003 pour révoquer son gouverneur.)*	Honestly, I can't recall the events you're talking about. *(Honnêtement, je n'ai aucun souvenir de ces événements.)*
Record	Our company keeps great records of every transaction. *(Notre entreprise maintient d'importants records de chaque transaction.)*	My teacher records every presentation we do to show us our progress. *(Mon professeur enregistre chaque présentation…)*
Reject	This sofa is a reject. *(Ce canapé est trop abîmé pour être vendu.)*	The embassy has decided to reject your visa application. *(L'ambassade a décidé de rejeter votre demande de visa.)*

Quand on change la place de l'accent dans ces mots, les noms peuvent également devenir des verbes ou des adjectifs qui auront des sens totalement différents. Lisez et écoutez les phrases suivantes.

Address	Can I have your address? *(Puis-je avoir ton adresse ?)*	Her Majesty will address us shortly. *(Sa Majesté va s'adresser à nous bientôt.)*
Conduct	Your conduct here is appalling. *(Votre comportement ici est affligeant.)*	I had to conduct a survey about our new website. *(J'ai dû mener une enquête à propos de notre site.)*
Content	The content of your report is fine but your presentation isn't. *(Le contenu de votre rapport est très bien mais votre présentation ne l'est pas.)*	My client was very content with the decision. *(Ma cliente était très satisfaite de la décision.)*
Default	Channel 1 is the default station on my TV. *(La une est ma chaîne par défaut sur mon téléviseur.)*	If you default on the loan, there will be consequences. *(Si vous êtes en défaut de paiement sur le prêt, il y aura des conséquences.)*
Desert	Sophie and I went trekking in the desert last year. *(Sophie et moi avons fait du trekking dans le désert l'année dernière.)*	I am never going to run around and desert you. *(Je ne vais jamais t'abandonner.)*
Entrance	This entrance is closed. *(Cette entrée est fermée.)*	Don't entrance me! *(Ne m'hypnotisez pas !)*
Exploit	Ray loves talking about his exploits during the war. *(Ray adore parler de ses exploits durant la guerre.)*	That subsidiary exploits its employees until they quit. *(Cette filiale exploite ses employés jusqu'à ce qu'ils partent.)*

Extract	I saw an extract from that film and it looks great! *(J'ai vu un extrait de ce film et il a l'air génial !)*	The army will extract the prisoners from the camp at midnight. *(L'armée extraira les prisonniers du camp à minuit.)*
Invalid	Because of his injuries, Ed is an invalid. *(À cause de ses blessures, Ed est invalide.)*	I am sorry, sir, but your pass has expired, it's invalid. *(Je suis désolé, monsieur, mais votre passe a expiré, il n'est pas valable.)*
Object	There are so many objects on the shelf. *(Il y a tellement d'objets sur l'étagère.)*	The union objects to management's decision. *(Le syndicat s'oppose à la décision de la direction.)*
Project	Dawn is going to be late in finishing this project. *(Dawn sera en retard pour terminer son projet.)*	I will project my presentation so that everybody can see it. *(Je vais projeter ma présentation pour que tout le monde puisse la voir.)*
Subject	What is the subject of your report? *(Quel est le sujet de votre rapport ?)*	My boss is going to subject me to another boring seminar. *(Mon patron va me soumettre à un autre séminaire ennuyeux.)*

Comment utiliser les 3Is pour cette idée

- ***Investigate.*** Écoutez attentivement chaque question et concentrez-vous sur l'intonation.
- ***Interpret.*** En repérant où est mis l'accent, même si vous ne comprenez pas les mots-clés ou certains mots de la question, cela vous aidera à trouver la bonne réponse.
- ***Implement.*** Combinez les compétences que vous avez acquises sur la structure des questions, la place de l'accent et l'intonation pour trouver la bonne réponse.

▶ The Real Deal #2 PISTE 39

1. (A) (B) (C)
2. (A) (B) (C)
3. (A) (B) (C)
4. (A) (B) (C)
5. (A) (B) (C)

↓ CORRIGÉS p. 115

Concept: What's going on?

Questions but also Statements

Dans la deuxième partie du TOEIC, on vous pose principalement des questions, mais il y a aussi quelques déclarations pour lesquelles vous devez trouver la réponse la plus appropriée. Bien qu'il y ait une différence entre une question et une déclaration, la méthode utilisée pour trouver la bonne réponse est la même. La clé de la réussite dans cette section consiste à comprendre ce qui est dit et à anticiper le type de réponse nécessaire.

Exercice 5 PISTE 40

Écoutez les énoncés suivants et lisez les choix de réponses possibles afin de trouver le type de réponse qui sera le mieux adapté à ce que vous entendez.

EXEMPLE

Vous entendez un homme dire : *We're looking forward to the weekend* et les réponses possibles sont :
(A) Somebody will ask what he has lost.
(B) Somebody will say they want to see him too.
(C) Somebody will agree the proper direction is forward.
La réponse correcte est (B).

1.
(A) Somebody will say they have a cold too.
(B) Somebody will make it colder.
(C) Somebody will offer to fix the temperature.

2.
(A) She wants to find it.
(B) She knows who took it.
(C) Somebody will buy her a new one.

3.
(A) Somebody will give him some cheese.
(B) Somebody will give him the recipe.
(C) Somebody will ask him why he's scared.

4.
(A) Somebody will ask who Mr. Melegari is.
(B) Somebody will thank her.
(C) Somebody will complain about her vision.

5.
(A) Somebody will tell her she can pay by card.
(B) Somebody will tell her it's not free.
(C) Somebody will tell her about the history of cash.

6.
(A) Somebody will say he isn't a courier.
(B) Somebody will say he can pick it up later.
(C) Somebody will say she'll have the package ready by then.

7.
(A) She will introduce herself.
(B) She will ask for her keys.
(C) She will thank the lady.

8.
(A) Somebody will complain about the situation.
(B) Somebody will say how much he likes his job.
(C) Somebody will say where the office is located.

9.
(A) Somebody will ask about where to buy filing cabinets.
(B) Somebody will confirm that they do need it.
(C) Somebody will say they were friends with a Murrow once.

10.
(A) Somebody will agree with her.
(B) Somebody will insist it is Tuesday.
(C) Somebody will say she thinks Felicia is ugly.

11.
(A) Somebody will warn of the open well in the garden.
(B) Somebody will offer to go to the pharmacy.
(C) Somebody will say she knows Stephanie.

12.
(A) Somebody will say that they drove.
(B) Somebody will say they walk a lot each day.
(C) Somebody believes it will rain.

13.
(A) Somebody will insist that it's the best time of year.
(B) Somebody will give the time.
(C) Somebody will say how he likes Greece.

14.
(A) Somebody will tell him to relax.
(B) Somebody will say that Korean is a useful language to learn.
(C) Somebody will say that pink is a good color.

15.

(A) Somebody will say how they don't like Orlando.

(B) Somebody will say that the check is in the post.

(C) Somebody will say his kids don't want to move.

16.

(A) Somebody will say how they have a good mind.

(B) Somebody will say it was no problem.

(C) Somebody will ask who he is.

↓ CORRIGÉS p. 115

Exercice 6 PISTE 41

Vous allez entendre les mêmes déclarations que précédemment, mais suivies des réponses semblables à celles du test TOEIC. Choisissez la meilleure réponse probable. Une seule réponse est correcte.

1. (A) (B) (C)
2. (A) (B) (C)
3. (A) (B) (C)
4. (A) (B) (C)
5. (A) (B) (C)
6. (A) (B) (C)
7. (A) (B) (C)
8. (A) (B) (C)
9. (A) (B) (C)
10. (A) (B) (C)
11. (A) (B) (C)
12. (A) (B) (C)
13. (A) (B) (C)
14. (A) (B) (C)
15. (A) (B) (C)
16. (A) (B) (C)

↓ CORRIGÉS p. 116

Focus and Understanding

Les enregistrements que vous entendrez au test TOEIC sont réalisés par des anglophones qui ont des accents américains, canadiens, britanniques ou australiens. Le test est conçu pour voir si un non-anglophone est capable de comprendre l'anglais dans un tel environnement. Gardez à l'esprit que les anglophones ont tendance à parler à un rythme et sur un ton différents de ceux des non-anglophones, même ceux qui ont un niveau d'anglais très élevé.

Exercice 7 PISTE 42

Vous allez entendre 12 questions de style TOEIC prononcées avec différents accents. Écrivez ce que vous entendez. Chaque question sera lue deux fois.

1. ....
2. ....
3. ....
4. ....
5. ....
6. ....
7. ....
8. ....
9. ....
10. ....
11. ....
12. ....

↓ CORRIGÉS p. 116-117

Exercice 8

En fonction de ce que vous avez transcrit dans l'exercice précédent, indiquez ci-dessous, pour chaque réponse proposée, le numéro de la question qui lui correspond.

A. I've seen worse. ....

B. With our customer service office in Manila. ....

C. Hardly ever. ....

D. This has never happened before. ....

E. Because we have a contract with them. ....

F. Yes, but I don't have access to the server. ....

G. It was supposed to. ....

H. He's off sick. ....

I. At least 10% off. ....

J. Two of our machines aren't working. ....

K. We're very sorry about everything. ....

L. Probably not until next week. ....

↓ CORRIGÉS p. 117

Avoiding Distractors

Comme vous le savez, à chaque question dans la partie 2 du TOEIC, il y a trois réponses possibles. L'une est correcte et les deux autres sont des leurres. Souvent, l'une des deux n'a rien à voir avec la question mais peut laisser penser qu'elle a une vague relation ; l'autre utilise un ou plusieurs mots semblables à l'oreille, voire le ou les mêmes mots que ceux posés dans la question. La plupart des candidats tombent dans le piège de cette dernière car le leurre est souvent très proche du son original.

EXEMPLE *What time is the meeting?*
Ici, le locuteur veut savoir quand la réunion va commencer. Donc, l'auditeur doit trouver une réponse avec une référence quelconque. La bonne réponse doit préciser un temps (exemple : *It starts at 11 am*), une référence même vague (exemple : *Just after lunch*) ou on pourrait simplement ne pas le savoir (exemple : *I don't know, I should check it*).

Regardons le choix de réponses pour cette question :

(A) *I don't have a watch.* (Je n'ai pas de montre.)
Cette phrase est clairement un leurre car il n'y a pas de lien avec la question. Le candidat pourrait toutefois se tromper car il entend « quelle heure » dans la question et il pourrait immédiatement être amené à répondre (A) à cause du mot « montre ». Pour éviter cette erreur, faites toujours attention au contexte et au but de la question : *What time is the meeting?*

(B) *It starts at 3:30.* (Elle commence à 15 h 30.)
Le *it* correspond ici à la réunion. Il s'agit de la bonne réponse même s'il n'y a pas de mots déjà utilisés dans le texte ni de mots similaires.

(C) *Elizabeth is in a meeting too.* (Elizabeth est aussi en réunion.)
Cette réponse est un autre leurre ; elle est donc fausse. Un auditeur inexpérimenté sera immédiatement attiré par le mot « réunion » et pensera que c'est la bonne réponse. Rappelez-vous que l'objectif de la question est l'heure du début de la réunion. Nous n'avons pas besoin de savoir autre chose. Évitez les réponses qui utilisent des mots similaires à l'oreille ou les mêmes mots.

Exercice 9 PISTE 43

Vous allez entendre trois réponses possibles à différentes situations. L'une d'elles est la bonne, les deux autres sont des leurres. Identifiez ces leurres afin d'obtenir la bonne réponse.

EXEMPLE

1. Buying airplane tickets. (A) (B) (C)
Les leurres sont (A) et (C) donc la bonne réponse est (B).
2. Confirming a meeting time. (A) (B) (C)
3. Looking for an internship. (A) (B) (C)
4. Wanting to know what the boss thinks about something. (A) (B) (C)
5. Asking for advice to do something better. (A) (B) (C)
6. Wanting to know the hours of a business. (A) (B) (C)
7. Wanting to know if a supplier is out of a product. (A) (B) (C)
8. Asking somebody if it's OK to smoke. (A) (B) (C)
9. Ordering something off the menu. (A) (B) (C)
10. Asking for an address. (A) (B) (C)

↓ CORRIGÉS p. 117

Comment utiliser les 3Is pour cette idée

- ***Investigate.*** Concentrez-vous sur la question et déterminez ce qui est demandé.
- ***Interpret.*** Même si vous ne comprenez pas toute la question, utilisez les indices structurels et tonaux du locuteur pour vous guider vers la bonne réponse.
- ***Implement.*** Écoutez dans les réponses les mots similaires à l'oreille afin de pouvoir les éviter en tant que choix de réponse et optez pour la réponse logique.

▶ The Real Deal #3 PISTE 44

1. (A) (B) (C)
2. (A) (B) (C)
3. (A) (B) (C)
4. (A) (B) (C)
5. (A) (B) (C)

↓ CORRIGÉS p. 117-118

PRACTICE TEST PART 2 PISTE 45

Directions: You will hear a question or statement and three responses spoken in English. They will not be printed in your test book and will be spoken only one time. Select the best response to the question or statement and mark the letter (A), (B), or (C) on your answer sheet.

7. Mark your answer on your answer sheet.
8. Mark your answer on your answer sheet.
9. Mark your answer on your answer sheet.
10. Mark your answer on your answer sheet.
11. Mark your answer on your answer sheet.
12. Mark your answer on your answer sheet.
13. Mark your answer on your answer sheet.
14. Mark your answer on your answer sheet.
15. Mark your answer on your answer sheet.
16. Mark your answer on your answer sheet.
17. Mark your answer on your answer sheet.
18. Mark your answer on your answer sheet.
19. Mark your answer on your answer sheet.
20. Mark your answer on your answer sheet.
21. Mark your answer on your answer sheet.
22. Mark your answer on your answer sheet.
23. Mark your answer on your answer sheet.
24. Mark your answer on your answer sheet.
25. Mark your answer on your answer sheet.
26. Mark your answer on your answer sheet.
27. Mark your answer on your answer sheet.
28. Mark your answer on your answer sheet.
29. Mark your answer on your answer sheet.
30. Mark your answer on your answer sheet.
31. Mark your answer on your answer sheet.

↓ CORRIGÉS p. 118-119

PART 3

Starter

PISTE 46

Directions: You will hear some conversations between two or more people. You will be asked to answer three questions about what the speakers say in each conversation. Select the best response to each question and mark the letter (A), (B), (C), or (D) on your answer sheet. The conversations will not be printed in your test book and will be spoken only one time.

1. What is the man planning to do?

(A) Rate cell phones.

(B) Purchase a new phone.

(C) Call somebody.

(D) Create a new phone app.

2. Where does this conversation most likely take place?

(A) In a bank

(B) Over the phone

(C) Through an app

(D) In a phone shop

3. What does the woman mean when she says, "spread that out"?

(A) He can make payments over a period of time.

(B) He will have to pay everything at once.

(C) He will receive his phone in 18 months.

(D) In 18 months, there will be a new spread of phones.

↓ CORRIGÉS p. 119

Grasping the main idea and related details

Dans la troisième partie du TOEIC, vous entendrez des conversations entre deux personnes ou plus. Il y a un mélange d'accents et de tonalités. Diverses questions sont posées sur le contenu de ces conversations et dans certains cas sur des informations données dans un tableau ou un graphique. De nombreux éléments sont ajoutés pour vous induire en erreur. Tout comme dans la deuxième partie, vous entendrez des mots similaires et d'autres détails qui ne sont pas pertinents pour répondre aux questions. Alors, comment réussir dans cette section ?

Tout d'abord, lisez les questions. Contrairement à la première et à la deuxième parties, les questions et les réponses proposées sont imprimées sur la page afin que vous ayez une idée de ce que vous devrez faire. Psychologiquement, votre esprit va vous pousser vers les informations pertinentes par rapport à ce que

vous avez lu dans les questions. C'est ce que l'on appelle l'écoute guidée (par exemple, dans un lieu public bruyant comme un aéroport, vous entendez des annonces pour de nombreux vols, mais si vous prenez un vol pour Rome, vous vous concentrerez naturellement sur les annonces mentionnant Rome ou les heures de départ qui sont proches de celle de votre vol).
Une fois l'enregistrement commencé, considérez comment la conversation a débuté et quels sujets ont été mentionnés, car c'est à ce moment que l'idée principale est formée. Dans les sections suivantes, nous verrons également comment le choix du ton et des mots permet de comprendre l'idée principale et les détails de la question. En écoutant les conversations de la troisième et de la quatrième parties, vous devriez comprendre ce qui se dit, identifier qui parle, pourquoi et où se déroule la conversation.

Exercice 1 PISTE 47

Vous allez entendre cinq conversations typiques de la troisième partie du TOEIC. Choisissez l'idée principale de chacune d'elles parmi les réponses proposées. Vous n'entendrez chaque enregistrement qu'une seule fois. La réponse 1 est donnée en exemple.

Conversation 1

What is the main idea of the conversation?

(A) A customer complaint

(B) A talk between two friends

(C) Somebody seeking information

Conversation 2

What is the main idea of the conversation?

(A) A pair of people complaining.

(B) A customer filing a formal complaint.

(C) A doctor informing her patient about his condition.

Conversation 3

What is the main idea of the conversation?

(A) A judge ordering people to mandatory community service.

(B) A boss suggesting two employees attend a seminar.

(C) A friend offering to take some friends away for the weekend.

Conversation 4

What is the main idea of the conversation?

(A) Employees who are unhappy about not having been paid.

(B) Somebody is concerned about a colleague's mental health.

(C) Somebody is angry they have to attend an event.

Conversation 5

What is the main idea of the conversation?

(A) Informing people about the chain of events.

(B) Letting somebody know where she can find a toilet.

(C) Informing where people can get on a train.

↓ CORRIGÉS p. 119-120

Comment utiliser les 3Is pour cette idée

- ***Investigate.*** Écoutez la conversation tout en vous concentrant sur le nombre de personnes qui parlent, qui parle et où se déroule la conversation.
- ***Interpret.*** Utilisez votre logique pour déduire ce que pense le locuteur. En découvrant son objectif, vous saisirez l'idée principale.
- ***Implement.*** Dès que vous avez répondu, lisez la question qui suit.

Language choice and the relationship between speakers

Casual vs Formal Speech

En anglais, il n'y a pas de distinction entre le « tu » et le « vous » comme en français ou dans d'autres langues, mais il existe un éventail de termes et de tonalités qui indiquent le registre employé, à savoir un langage soutenu ou informel. Il est nécessaire de faire la différence entre les styles décontractés et formels pour pouvoir cibler l'idée principale et la signification des conversations dans la troisième partie.

Une rencontre entre le Président et une citoyenne, ou entre une responsable de haut niveau et ses employés se tiendra certainement dans une atmosphère différente de celle entre un père et sa fille ou lors d'une conversation entre amis. Pour savoir quelle est la forme la plus appropriée, il faut se rappeler que le discours formel est utilisé dans des situations où le sérieux est de rigueur ou impliquant des personnes que l'on ne connaît pas ou que l'on connaît peu. Le discours informel est plus communément utilisé dans des situations plus détendues et impliquant des personnes que l'on connaît.

Généralement, les discours formels sont plus courants dans la correspondance professionnelle. Les discours informels sont plus fréquents à l'oral, mais lorsque l'on écrit des SMS, des messages sur les réseaux sociaux et des courriers électroniques, le ton est aussi plus décontracté.

Voyons la dynamique de l'anglais formel et informel.

Le ***Formal English*** est plus méthodique avec une prononciation plus articulée et lente des mots et des phrases. Cette forme est plus entendue dans les journaux télévisés et à la radio, les discours, les présentations, les entretiens d'embauche, les conférences universitaires et les procédures officielles. Au lieu de dire : *I had a fun time meeting all of you* (j'ai passé un bon moment à vous rencontrer tous), la version formelle sera : *It was a real pleasure to have met all of you* (ce fut un vrai plaisir de vous rencontrer tous). La signification est la même mais le registre varie selon la situation.

Dans le ***Casual English***, le ton est plus détendu et spontané, avec une prononciation plus rapide des mots et des phrases, et un choix de termes et de registres plus familiers.

Au lieu de dire : *We should have demanded better compensation* (nous aurions dû exiger une meilleure compensation), on dira : *We shoulda asked for more* (on aurait dû demander plus). La signification est la même mais le ton est différent. Cette forme est davantage utilisée entre amis, collègues, camarades de classe ou membres d'une famille.

EXEMPLES

Casual Speech	Formal Speech
Climate change has become a very important concern for the current administration.	Climate change has become an extremely important concern for the current administration.
We had the chance to meet lots of smart people at the conference.	We had the opportunity to meet many researchers at the conference.
So, they stopped developing the new drug after some bad tests.	Thus, development of the new drug was halted following a series of unsuccessful clinical trials.
Diversity is pretty common in large cities like New York and Los Angeles.	Diversity is pretty common in large cities such as New York and Los Angeles.

San Francisco is a nice city but it's a bit far from our offices. Besides, it's too pricey.	San Francisco is a nice city but it's a bit far from our offices. Moreover, the cost of living is too high.
Though relief efforts have increased, the number of refugees coming to Europe keeps increasing.	Although relief efforts have increased, the number of refugees coming to Europe continues to increase.
The boss was really angry when he took a look at the expense report.	The boss was rather upset when he examined the expense report.

Exercice 2 PISTE 48

Vous allez entendre dix locuteurs. Déterminez si le discours est formel ou informel. Aidez-vous des tonalités et du vocabulaire pour trouver la réponse correcte. La réponse 1 est donnée en exemple.

1. ☐ Casual ☑ Formal
2. ☐ Casual ☐ Formal
3. ☐ Casual ☐ Formal
4. ☐ Casual ☐ Formal
5. ☐ Casual ☐ Formal
6. ☐ Casual ☐ Formal
7. ☐ Casual ☐ Formal
8. ☐ Casual ☐ Formal
9. ☐ Casual ☐ Formal
10. ☐ Casual ☐ Formal

↓ CORRIGÉS p. 120

Comment utiliser les 3Is pour cette idée

- ***Investigate.*** Concentrez-vous sur qui parle mais aussi sur les mots que la personne emploie.
- ***Interpret.*** En comprenant le choix des mots, vous pourrez déterminer où se déroule la conversation et quel est le rôle des locuteurs.
- ***Implement.*** Ne spéculez pas et réagissez en utilisant votre logique de déduction.

▶ The Real Deal #1 PISTE 49

1. What job does the woman have?

(A) Concierge

(B) Groundskeeper

(C) Policewoman

(D) Unknown

2. Where does this conversation most likely take place?

(A) In a city park

(B) In the hotel

(C) On Powell Street

(D) In the man's car

3. What does the woman mean when she says, "Don't mention it"?

(A) She doesn't want the man to say it again.

(B) She is saying that it was no problem for her.

(C) She wants the conversation to end.

(D) She wants to forget about the whole incident.

↓ CORRIGÉS p. 120-121

Understanding the roles and functions of the speakers and using it to your advantage

Les conversations sont comme de petites histoires et chaque histoire intègre des personnages, il est donc très important de comprendre le rôle et le but de chaque personnage, même lors d'un test TOEIC ! En comprenant la fonction des intervenants et leur rôle dans le dialogue, vous comprendrez mieux les idées principales. Ne soyez pas bloqué par des éléments non pertinents et n'oubliez pas de vous demander où sont les locuteurs, qui ils sont, ce qu'ils veulent et ce qu'ils font. Ces questions vous aideront à prendre confiance, ce qui vous permettra de comprendre des questions plus détaillées et de découvrir des choses comme des heures, des dates, des noms…

En lisant attentivement à l'avance les questions et les réponses proposées, vous obtiendrez des indices pour trouver la bonne réponse et vous aiderez votre esprit à se concentrer sur les détails que vous entendrez. Vous aurez également l'avantage d'entendre les questions après le dialogue, ce qui vous permettra d'obtenir un bon score. Il est important de lire les réponses lorsque vous écoutez les conversations, ne détournez jamais les yeux ! En lisant les questions et les réponses proposées avec l'enregistrement, vous trouverez la réponse la plus adaptée.

Certaines questions portent précisément sur le contenu explicite de l'enregistrement mais d'autres demandent de déduire des informations à partir des éléments donnés dans l'enregistrement.

Pour obtenir un score élevé, il est essentiel d'utiliser le test à votre avantage. Afin de bien saisir le rôle des intervenants et leur objectif, et la conversation en général, il est important de connaître les types de questions posées dans la troisième partie.

Comprehension Questions

Pour ce large éventail de questions, vous devez avoir une compréhension globale de ce qui se dit afin de saisir l'idée générale de la conversation. Il existe principalement quatre types de questions dans cette catégorie.

Foundation Questions

Ce type de question couvre les bases de la conversation, qui peuvent être une personne, une chose ou une activité.

EXEMPLES

- *What are they discussing?*
- *What are they talking about?*
- *What are they referring to?*
- *What is the conversation about?*

Location or Placement based Questions

Bien que ces questions ne concernent pas directement le ou les interlocuteur(s), elles donnent des indices, fournissent plus d'informations sur les intervenants et guident le candidat vers une meilleure compréhension.

EXEMPLES

- *Where are they?*
- *Where are the speakers?*
- *Where is the man?*
- *Where is the conversation taking place?*

Profession or Personal Background based Questions

Ce type de question concerne la fonction de l'intervenant et la bonne réponse peut être donnée grâce au vocabulaire ou aux indices présents dans la conversation.

EXEMPLES

- *Who is the woman?*
- *What is the man's profession?*
- *Who are the people talking in the recording?*
- *What is the woman's occupation?*
- *What is he?*
- *What are they?*

Activity or Situational Questions

Ces questions reposent sur les détails de la conversation et portent sur ce que l'un des intervenants ou tous font ou vont faire.

EXEMPLES

- *What are they doing?*
- *What is the woman doing?*
- *What is happening now?*
- *What is going to happen?*
- *What is the situation?*

Interpretation Questions

Ces questions sont un peu plus difficiles car les réponses ne sont pas explicitement énoncées dans la conversation, ce qui oblige à tirer une conclusion basée sur les détails de celle-ci.

EXEMPLES

- *What can be inferred from the conversation?*
- *What does the man imply?*
- *What does the woman say about her colleague?*
- *What does the man mean when he says, "I'm fed up with this!"?*
- *What can be said about the schedule?*
- *What is probably true about the intern?*

Element-based Questions

Ces questions ciblent des détails spécifiques de la conversation, mais il est tout de même essentiel de comprendre son sens global. Elles peuvent concentrer votre attention plus précisément sur des notions et des faits spécifiques.

Questions concerning Time

On vous demandera souvent quand un événement ou une activité a lieu, voire une fréquence ou une durée.

EXEMPLES

- *When is the meeting supposed to take place?*
- *How often does the courier come to the office?*
- *At what time will Susan's flight to Beijing leave?*
- *How long will the seminar last?*

Questions about Reasons

Ces questions sont axées sur le raisonnement ou la motivation de l'intervenant à faire quelque chose, ou sur la raison pour laquelle un événement se produit.

EXEMPLES

- *Why did Hanley and Brookfield cancel the order?*
- *Why does the woman want to change jobs?*
- *Why is the man going to see the neighbor?*
- *Why is the customer upset about the delivery?*
- *Why does Amanda not want to go to the restaurant?*

Questions about Programs or Intention

Ces questions concernent les intentions ou les projets du ou des locuteur(s).

EXEMPLES

- *What is the woman planning on doing with the chicken?*
- *What has the manager proposed?*
- *What does the man want to do?*
- *What do the clients plan to do next?*
- *What is supposed to happen once the deal is finalized?*

Questions about Challenges

Ces questions sont axées sur une sorte de difficulté ou de défi concernant l'un ou l'ensemble des intervenants.

EXEMPLES

- *What is the man worried about?*
- *What is the supplier's problem?*
- *What is the problem in the factory?*
- *What is bothering the woman?*
- *What is wrong with the customer?*
- *What is the woman's problem?*

Questions about Proposals or Recommendations

Ce type de questions porte sur les conseils qu'un locuteur donne aux autres.

EXEMPLES

- *What is the waiter suggesting?*
- *What is the manager's suggestion?*
- *What proposals were made during the meeting?*
- *What does the consultant advise to do?*
- *What is the wife's advice?*

Questions about Feelings and Opinions

Ces questions portent sur les perceptions ou les sentiments du locuteur à propos de quelque chose ou de quelqu'un mentionné dans la conversation.

EXEMPLES

- *What is the woman's opinion about the new software?*
- *What does the team leader think about the changed deadline?*
- *How does the patient feel about his prognosis?*
- *How is the mood in the company after the merger was announced?*

Exercice 3 PISTE 50

Dans les conversations suivantes, vous entendrez diverses questions qui se trouvent généralement dans le test TOEIC. Écoutez-les attentivement et choisissez une réponse parmi les choix proposés. La réponse 1 est donnée en exemple

Conversation 1

What does the woman mean when she says, "I'm up for that"?

(A) She would like to be higher.

(B) She would like to go.

(C) She has more authority than the man.

(D) She is feeling positive about the results of the match.

Conversation 2

What is the waiter's advice?

(A) The couple should go somewhere else.

(B) The couple should have the crab legs.

(C) The couple should stick to the advice in the guidebooks.

(D) The couple should take their food to go.

Conversation 3

What does the man want?

(A) To be able to enter his room.

(B) To get a better room.

(C) To get reimbursed for his trouble.

(D) To stop the trouble that the desk clerk is giving him.

Conversation 4

What is the man trying to do?

(A) To physically touch the woman.

(B) To reach something in the office.

(C) To remove the woman from being stuck.

(D) To talk with a specific person.

↓ CORRIGÉS p. 121

Comment utiliser les 3Is pour cette idée

- ***Investigate.*** Après avoir compris le ton des intervenants et l'idée générale de la conversation, lisez attentivement chaque question et les quatre réponses proposées tout en écoutant.
- ***Interpret.*** Imaginez-vous aux côtés des locuteurs, en tant qu'observateur. Compilez les données dont vous disposez et activez les compétences que vous avez acquises puis anticipez les réponses aux questions.
- ***Implement.*** Ne pensez pas trop. La plupart du temps, les questions suivent l'ordre de la conversation.

Intonation and how it works in Part 3

Comme vous l'avez vu dans la partie précédente, le ton est très important en anglais et si vous comprenez comment il est utilisé, il peut vous aider à anticiper une réponse. Par exemple, avec les *Yes/No questions*, il y a une intonation montante à la fin de la phrase.

EXEMPLE PISTE 51

Chantal, can I get a ride with you tomorrow?

Toutefois, pour la plupart des autres types de question, l'intonation baisse à la fin de la phrase.

EXEMPLE PISTE 52

Why are you giving Florencia a ride? I asked you yesterday!

En général, lorsqu'on ne fait qu'énoncer des faits ou des informations et que l'on ne clarifie ou ne souligne rien, l'intonation descend à la fin de la phrase.

EXEMPLES PISTE 53

- *I've lived in Paris for thirteen years.*
- *There will be another train in about ten minutes.*

Cependant, lorsqu'un locuteur énumère des éléments, le ton monte jusqu'au dernier élément de la liste qui est prononcé avec une tonalité descendante.

EXEMPLE PISTE 54

In Africa, Frank has visited Egypt, Kenya and Senegal.

L'intonation peut aussi être montante quand le locuteur exprime des émotions intenses telles que le bonheur, l'excitation, la frayeur ou la gêne.

EXEMPLE PISTE 55

It's amazing he still has a job after what he did.

À l'opposé, l'intonation est souvent descendante lorsque le locuteur exprime des émotions comme l'ennui, le sarcasme ou encore le désintérêt.

EXEMPLE PISTE 56

Écoutez la phrase suivante, prononcée sur un ton joyeux puis sarcastique :
Oh, you look beautiful!

L'intonation peut être utile lorsque l'on est confronté à une question telle que : Comment le locuteur se sent-il ? Les mots peuvent ne pas être explicites, mais le ton exprimera sûrement son sentiment.

L'exercice suivant vous aidera dans la troisième partie du test et dans d'autres sections car, en comprenant le ton, vous serez en mesure de mieux comprendre la situation et d'anticiper la bonne réponse.

Exercice 4 PISTE 57

Vous allez entendre 10 phrases. Sur la base de l'intonation, du débit et de l'élocution de chaque phrase, déterminez le ton utilisé. La réponse 1 est donnée en exemple.

1. Helpful, inquiring, questioning, formal.
2. ....
3. ....
4. ....
5. ....
6. ....
7. ....
8. ....
9. ....
10. ....

↓ CORRIGÉS p. 121

▶ The Real Deal #2 PISTE 58

1. Why was the flight canceled?

(A) Because of a mechanical issue.

(B) Because of overbooking.

(C) Because of a pilot strike.

(D) Because of too many people flying.

2. What does the woman want?

(A) Frequent flier miles

(B) Complimentary champagne

(C) Financial compensation

(D) A better seat

Flight Number	Destination	Departure	Arrival
806	Montreal	6:30 pm	7:45 pm
1	Paris	8:00 pm	8:05 am
23	Frankfurt	8:45 pm	9:30 am
44	London	9:00 pm	8:00 am

3. What time was the couple supposed to leave?

(A) 7:45

(B) 8:05

(C) 8:45

(D) 9:00

↓ CORRIGÉS p. 121-122

Pronunciation and structure

En anglais, la prononciation est différente lorsque les locuteurs parlent rapidement ou qu'ils sont dans un environnement familier. Pour le test TOEIC, vous devez connaître les concepts suivants.

Elision

Certains sons ne sont pas prononcés, généralement au début ou à la fin du mot, afin de rendre la conversation plus rapide. Fondamentalement, un son disparaît ou est prononcé indistinctement car d'autres sons plus forts ou similaires suivent. Ce n'est pas vraiment grammaticalement correct mais cela est courant en anglais parlé.

EXEMPLES

Written Speech	Spoken Speech
I should have spent more time with him.	I shoulda spent more time with'm.
Lisa lives next to the Cheng family.	Lisa livz necks to the Cheng family.
Obesity is the most common health issue in America.	Obesity is the moscommon healthashu in America.

Assimilation

Deux sons se mélangent et forment un son complètement nouveau.

EXEMPLES

Written Speech	Spoken Speech
Don't you agree?	Doncha agree?

Won't you please be quiet?	Woncha pleeze be quiet?
It is very nice to meet you.	It's verynice to meecha.
Did you remember to take the garbage out?	Didja member to take the garbage out?
Would you go to the store for me?	Wuhdja go to the store for me?

Important Listening tips for Part 3

Contractions

Les contractions sont employées fréquemment en écriture quotidienne (e-mails, SMS…) et dans la majorité des situations de conversation. Par exemple, avec la question : *Can you come to my party on Saturday?*, il y a deux options mais une est beaucoup plus probable :

- *Sorry, I cannot attend your party.* (Formel)
- *Sorry, I can't make it.* (Informel et commun)

The silent "h"

Les pronoms *he*, *his*, *her*… sont souvent réduits en éliminant le « h » lorsqu'ils apparaissent au milieu ou à la fin d'une phrase. Par exemple, au lieu de : *Is this his house?*, on dit souvent : *Is this 'is house?* afin que le mot important puisse être souligné dans la phrase. Mais le pronom peut aussi être accentué quand on veut mettre en évidence l'identité du propriétaire de l'objet ou quand on veut montrer un contraste en utilisant un accent réduit. Par exemple : *This is her house, not his*. Dans ces deux derniers cas, le « h » est bien prononcé.

Compacted syllables

Comme dans la plupart des langues, il existe des différences et des accents régionaux en anglais. Le plus souvent, la syllabe la plus faible est éliminée dans certains mots comportant trois syllabes ou plus.

EXEMPLES

chocolate (chock-lit)	business (biz-ness)	catholic (kath-lik)	Wednesday (wends-day)
favorite (fave-rit)	respiratory (res-pa-tory)	difference (diff-rinse)	average (av-raj)
camera (kam-rah)	evening (iv-ning)	family (fam-lee)	general (jen-rull)
federal (fed-rull)	aspirin (ass-prin)	every (ev-ree)	interest (in-trist)

Liaisons between consonants

Vous entendrez souvent des mots contractés lorsqu'ils sont prononcés en anglais. De nombreux anglophones parlent vite, mettent les extrémités des mots en commun et assimilent les débuts et les fins. Si un mot se termine par le même son que le mot suivant (voire une paire d'apparentés comme s/z, f/v, t/d, p/b, k/g), on les mélange souvent et on ne prononce le son qu'une seule fois.

EXEMPLES

old dog (oldog)	i want to (i wanna)	call lola (callola)	some money (somoney)
nine nieces (ninieces)	five flavors (fifliavors)	team member (teamember)	bus stop (bustop)

Liaisons between consonants and vowels

C'est le même principe que celui mentionné précédemment, mais la consonne finale est liée au mot suivant commençant par une voyelle si elle n'est pas séparée par une ponctuation, telle qu'une virgule ou un point.

EXEMPLES

turn off (turnoff)	bit of egg (bit-ovegg)	was open (wazzopen)	a lot of (aloddof)
line up (lie-nup)	take a… (tayka)	just a… (jus-ta)	come on… (c'mon)

L'exercice suivant vous aidera à mieux comprendre ce qui se dit ainsi que le concept de prononciation et de mélange de syllabes, tout en écoutant la parole à une vitesse normale.

Exercice 5 PISTE 59

Écrivez les 10 phrases ou questions que vous allez entendre. Chaque enregistrement sera lu deux fois. La réponse 1 est donnée en exemple.

1. What's this issue at hand today?
2. ....
3. ....
4. ....
5. ....
6. ....
7. ....
8. ....
9. ....
10. ....

↓ CORRIGÉS p. 122

Comment utiliser les 3Is pour cette idée

• ***Investigate.*** Utilisez les compétences que vous avez acquises précédemment pour comprendre ce qui se dit, sans être freiné par les contractions et les liaisons. Essayez d'avoir une idée générale du sujet principal.
• ***Interpret.*** Pensez à l'option la plus logique. Ne soyez pas créatif ou abstrait. Vous pouvez ne pas comprendre tout ce qui se dit, mais vous pouvez trouver le contexte en utilisant les éléments que vous comprenez.
• ***Implement.*** Choisissez la meilleure réponse possible en fonction de ce que vous pouvez comprendre. N'oubliez pas que vous avez une chance sur trois ou quatre de répondre correctement. Vous pourriez être surpris : même si vous êtes découragé ou peu confiant, vous avez peut-être choisi la bonne réponse !

Understand the speaker's implied meaning in context

Les questions de la troisième partie portent aussi bien sur le ton général de la conversation *(What are the speakers discussing?)* que sur des détails spécifiques sur les locuteurs *(What does the man want to do?)*, généralement par le biais d'une question pouvant concerner un ou tous les locuteurs. Pour bien réussir cette partie, vous devez non seulement maîtriser les structures grammaticales et le vocabulaire du TOEIC, mais aussi comprendre les structures et les mécanismes du test. Les inférences et la signification implicite sont des éléments cruciaux de la compréhension orale du TOEIC.
Faire des déductions fait partie des mécanismes de la conversation. Par exemple, si quelqu'un dit : « *I got this jacket from the store* », on suppose qu'il a pris le temps de choisir la veste, qu'il est allé au comptoir et qu'il l'a payée. Les inférences sont assez courantes dans le langage ; sans elles, les conversations seraient beaucoup plus longues et inondées de détails.
Impliquer (ou insinuer) quelque chose signifie le dire indirectement, soit par des conseils ou des remarques subtiles, soit par le ton de la voix. Par exemple, si on dit : « *Mr. Cho implied that he wasn't happy with my project* », c'est que M. Cho n'était pas satisfait mais qu'il ne l'a pas dit clairement ou explicitement (comme « *I'm not happy* ») ; il a peut-être exprimé ce mécontentement par un ton de voix négatif, en posant une question comme « *Is this all you have done?* » ou en démontrant qu'il a vu un meilleur travail ailleurs.
Pour bien comprendre la signification implicite dans le contexte, il est important d'avoir un sens aigu de la grammaire et du vocabulaire, mais aussi de fortes compétences en visualisation. Vous devez constamment vous poser la question « Pourquoi ? » pendant la phase d'écoute et visualiser ce qui se passe dans la conversation. De quoi les interlocuteurs parlent-ils ? Pourquoi l'homme est-il irrité contre son chef ? Pourquoi le colis est-il en retard ? Le discours implicite est aussi fondé sur l'intonation. Comme nous l'avons vu précédemment, l'intonation d'un mot ou d'une phrase en particulier peut influer sur son sens (sérieux, sarcastique, ironique…). L'intonation peut ainsi constituer un indice auditif indiquant qu'il y a un changement dans la conversation, et éventuellement servir de prétexte à une question à l'examen.

Exercice 6 PISTE 60

Vous allez entendre différents intervenants. Choisissez, dans chaque cas, la réponse appropriée en fonction de ce que le commentaire sous-entend. Chaque phrase ne sera diffusée qu'une seule fois. La réponse 1 est donnée en exemple.

1. What does the woman imply?

(A) She doesn't know where Brad works.

(B) She wants to know how Brad found the job.

(C) She feels Brad could do better in his job.

(D) She feels that Brad is incompetent.

2. What does the man infer?

(A) He feels pity for Lucy.

(B) Lucy should be ashamed for what happened.

(C) Lucy should take better care of her car.

(D) He thinks Lucy is a bad driver.

3. What does the woman think about Dan?

(A) She shares the same opinion as Steve.

(B) She wants a second opinion.

(C) She thinks he's the second strangest man she's ever met.

(D) She feels Steve is being unreasonable.

4. What does the man imply?

(A) Donna's house is unusually messy at the moment.

(B) Donna has a clean house.

(C) Donna's house is usually messy.

(D) Donna's maid is unqualified.

5. What does the woman mean?

(A) Joe is having car problems.

(B) Joe is financially sound.

(C) Joe is physically hurt.

(D) Joe is paying for her new car.

6. What does the man infer about the supermarket?

(A) There are too many choices and he can't decide.

(B) He likes looking at the products.

(C) He likes shopping there.

(D) There is usually not much merchandise.

7. What does the woman mean?

(A) Somebody threw their dinner on her.

(B) She will cook dinner at Remy's.

(C) She will offer to pay for dinner.

(D) She will go to the restaurant, but the man will stay home.

8. What can be inferred about Nicholas?

(A) He is a designer.

(B) He did not have much money before.

(C) He was outside for a period of time.

(D) He was paid to wear the clothes.

↓ CORRIGÉS p. 122

Comment utiliser les 3Is pour cette idée

• ***Investigate.*** Lisez les questions et demandez-vous : « Qu'est-ce que l'homme veut dire ? » ou « Qu'est-ce que la femme insinue ? ». Cela vous servira de guide et vous pourrez replacer la phrase dans son contexte.
• ***Interpret.*** Écoutez comment les autres intervenants réagissent ou répondent dans la conversation, cela peut également fournir des informations pour les réponses.
• ***Implement.*** Utilisez les questions et les choix de réponses pour vous aider à comprendre les expressions et les discours implicites, mais servez-vous également de vos connaissances issues de la culture populaire, telles que les séries télévisées, les films et les chansons pour mieux appréhender les mises en situation du test. Dans certains cas, vous pourrez peut-être répondre sans avoir tout entendu ou compris.

Visual images and conversations: a new step on the TOEIC

Dans le nouveau test TOEIC, des graphiques, des tableaux et d'autres supports visuels ont été ajoutés pour donner une dimension supplémentaire aux conversations. Bien que cela puisse constituer un défi, il s'agit d'une partie essentielle de la compréhension de l'anglais car il est assez courant de trouver de tels documents lors de réunions, de conférences et de présentations.

EXEMPLE

Speakers	Time
Ms. Jimmerson	9:00-9:30
Mr. Yamaguchi	9:45-10:15
Mrs. Zaniewski	10:30-11:00
Mr. Rittelli	11:15-11:45
Lunch	*11:45-13:00*
Mr. Christopolous	13:00-13:30
Mrs. Nichols	13:45-14:15

La question portant sur un support visuel se trouve parmi une série de trois questions. Avant de commencer à écouter un enregistrement, il est essentiel que vous preniez le temps, aussi bref soit-il, pour lire les questions et réfléchir à la manière de trouver cette information dans la conversation. Les questions précédentes et certains

détails de la conversation servent de base à cette dernière question. Vous devez écouter l'enregistrement pour pouvoir y répondre mais le document constitue une aide précieuse.
Utilisez par exemple les noms de personnes ou de lieux indiqués sur le document pour vous guider dans votre écoute. Pour répondre correctement à ce genre de question, il faut prendre des éléments à la fois de l'enregistrement et du document visuel (c'est un peu comme dans l'exercice de la partie de compréhension écrite où il y a 2 ou 3 documents). En principe, il faut entendre le détail-clé de l'enregistrement, puis regarder le document visuel à la lumière de celui-ci.

Exercice 7 PISTE 61

Vous allez entendre trois conversations, chacune liée à un tableau ou un schéma, comme on en trouve généralement dans le TOEIC. Écoutez-les attentivement et répondez aux questions.

Question 1 refers to the following chart and conversation.

Front Street Café Schedule: Monday June 1	9:00	10:00	11:00
Beatrice	Manage	Manage	Manage
Bruno	Cashier	Table Service	Table Service
Wendy	Cashier	Cashier	Cashier
Jon	Table Service	Table Service	Table Service
Sylvie	Dishwashing	Dishwashing	Dishwashing

1. Who will be only doing table service at 11:00?

(A) Bruno

(B) Wendy

(C) Jon

(D) Sylvie

Question 2 refers to the following order form and conversation.

dandytoys.net "Your Premium Toy Wholesaler" Ship to: The Toy Barn	Price	Quantity
Nufflebear-stuffed animal	$19.50	8
Prissy Kate-glitter doll w/makeup set	$12.50	12
Destructobot-Radio controlled robot (Batteries not included)	$25.99	24
Heisenberg Toy Chemistry Set	$17.50	8

2. How many Destructobots will The Toy Barn receive?

(A) 4

(B) 8

(C) 12

(D) 24

Question 3 refers to the following plan and conversation.

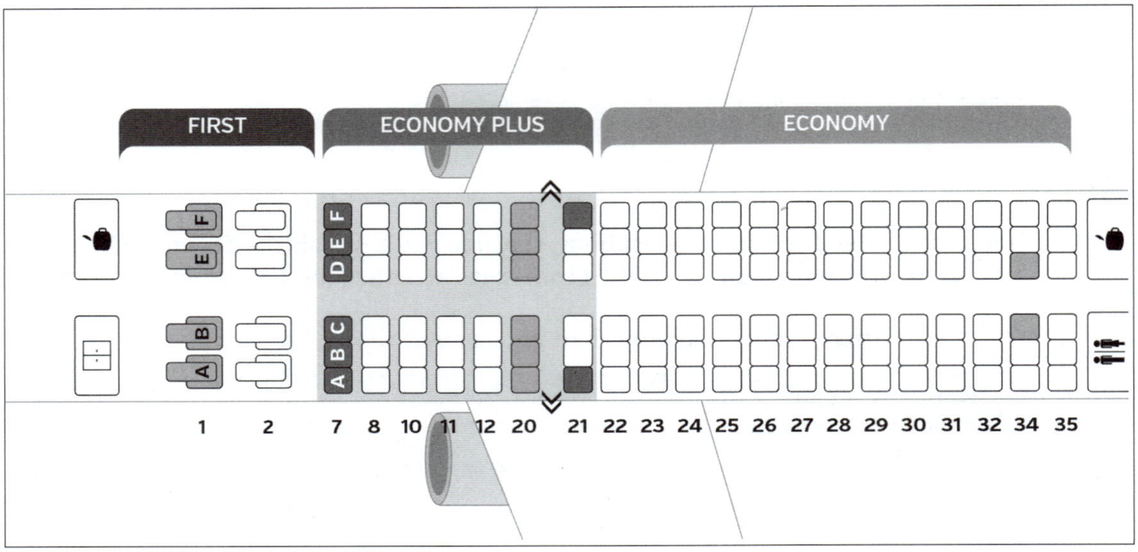

3. Where will the woman and her family sit during the flight?

(A) Row 1

(B) Row 21

(C) Row 31

(D) Row 35

↓ CORRIGÉS p. 122-123

Comment utiliser les 3Is pour cette idée

• ***Investigate.*** Quand la question comporte un document, regardez-le d'abord car il s'agira du thème pivot de la conversation.

• ***Interpret.*** Écoutez les tonalités dans la conversation et faites attention au choix des mots. Il peut y avoir un changement de situation et on vous interrogera sur la nature de ce changement. La réponse sera basée sur des informations du document.

• ***Implement.*** Examinez les choix de réponses tout de suite après la lecture de la question. Concentrez-vous sur ce que vous avez entendu et rappelez-vous qu'il peut y avoir un changement de situation. Répondez à la question et passez à la suivante !

PRACTICE TEST PART 3 PISTE 62

Directions: You will hear some conversations between two or more people. You will be asked to answer three questions about what the speakers say in each conversation. Select the best response to each question and mark the letter (A), (B), (C), or (D) on your answer sheet. The conversations will not be printed in your test book and will be spoken only one time.

32. Why is the woman talking to the man?

(A) She wants to get to know him better.

(B) She wants him to change places.

(C) She wants to do business with him.

(D) She wants to know how he can be so still and calm.

33. What does the man imply when he says, "it's just a bug"?

(A) There is an infestation of insects on board.

(B) She is bugging him and thus annoyed by her presence.

(C) There was a problem with the computer system.

(D) He has very little luggage with him.

34. What has happened to the man?

(A) He has missed his train.

(B) He will arrive early at his destination.

(C) He has been upgraded to a better seat.

(D) He has taken the train to the wrong destination.

---

35. What kind of dwelling are the people most likely in?

(A) A house

(B) A hotel

(C) An apartment

(D) A bed and breakfast

36. What does the woman mean when she says, "that's pretty steep"?

(A) It will be difficult to climb.

(B) It is a lot of money to pay.

(C) The angle of the floors is not to her liking.

(D) She would like to live on a lower floor in the building.

37. What does the man imply when he says, "a stone's throw from the park"?

(A) Throwing rocks from the windows is permitted.

(B) The neighborhood is dangerous.

(C) The building is built out of stone.

(D) The park is very close to the residence.

---

38. What kind of doctor is the woman?

(A) Dentist

(B) Dermatologist

(C) Podiatrist

(D) Paediatrician

39. What is true about the man's last visit to the doctor?

(A) It wasn't very recent.

(B) He listened to all of the doctor's advice.

(C) He didn't have a previous condition that needed to be treated.

(D) He failed to use the skin cream.

40. Why did the man get sunburned?

(A) He wasn't careful when cooking.

(B) He wasn't protected well enough.

(C) He used the wrong kind of cream and it burned him.

(D) He doesn't like to wear hats.

---

41. What kind of event is taking place?

(A) A sales conference

(B) A training seminar

(C) A face-to-face meeting

(D) A conference call

42. **What is the problem in the American market?**

(A) There are over 200 different shops.

(B) Weather conditions are preventing distribution.

(C) The policy is confusing.

(D) The American sales team doesn't understand the UK schedule.

43. **What does the man mean when he says, "It doesn't look like it"?**

(A) It doesn't resemble something familiar.

(B) He doesn't approve of the look the woman gave him.

(C) The situation appears not to be favorable.

(D) He doesn't like the distribution policy.

FalconView Drone Photography Rates

One hour	$400 CAN*
Two hours	$500 CAN*
Three hours	$600 CAN*
Four hours	$650 CAN*
Six hours	$800 CAN*

* Supplement for Urban air rights (inquire with reservations department for further details).

44. **How many properties will the woman's company develop?**

(A) Two

(B) Three

(C) Four

(D) Five

45. **What does the woman mean when she says, "How much would that run to?"**

(A) She wants to know how fast the drone will go.

(B) She wants to know how far it will fly.

(C) She wants to know how much the operation will cost.

(D) She wants to know how strong the camera is.

46. **Based on the conversation and the information on the chart, how much will the woman's company spend?**

(A) $500

(B) $800

(C) $1,100

(D) $1,750

Groovy Grub Caterers
44 Fitzwilliams Street
Parramatta, New South Wales
2151
www.groovygrub.net.au

Package 1	$40 AUS
Package 2	$50 AUS
Package 3	$60 AUS
Family Style	$80 AUS

47. **Where is this conversation taking place?**

(A) In the wedding planner's office

(B) In the couple's home

(C) By e-mail

(D) Via videoconference

48. **What is implied about the currency difference?**

(A) There is no difference but the planner will offer a discount.

(B) The money the couple is paying with is of lesser value.

(C) The money in Australia is of lesser value.

(D) They will have to deal with the banks to get a better pricing deal.

49. **Looking at the chart, how much will the couple pay for food for 60 people at the wedding?**

(A) $2,400 AUS

(B) $3,000 AUS

(C) $3,600 AUS

(D) $4,800 AUS

---

50. **What does the woman suggest the man should have done?**

(A) Been nicer to her.

(B) Taken a faster train.

(C) Make more efforts to have been on time.

(D) Reason with Mrs. Schwab.

51. **What will the man have had to do to get to the office?**

(A) Turn left at some point.

(B) Take the lift to the sixth floor.

(C) Have an escort to the office.

(D) Wait five minutes for Ms Schwab to finish.

52. **What does the woman imply when she says, "The lift's down this morning"?**

(A) There are mechanical issues with the lift.

(B) The lift is in the basement and has to come back up.

(C) For weight restrictions, the lift can only take passengers in a down direction.

(D) He will have to wait a few minutes until the lift can come down.

---

53. **What does the woman mean when she says, "He's still pretty young"?**

(A) She thinks he's attractive for his age.

(B) She thinks he was pretty when he was young.

(C) He doesn't move very much for his age.

(D) She didn't think he was old enough to retire.

54. **What gift is decided upon?**

(A) A trip to Scotland

(B) A travel accessory

(C) Something for the garden

(D) A pool party

55. **What does the woman offer to do in an e-mail?**

(A) Ask people to buy some chips for the party.

(B) Invite everybody to a ceremonial poker match.

(C) Advise everybody not to be cheap.

(D) Ask people to contribute money towards the gift.

---

56. **What kind of job does the man most likely have?**

(A) Lawyer

(B) Shop keeper

(C) Financial adviser

(D) Editor

57. **What does the woman mean when she says, "This was the rainy day fund"?**

(A) It was money that would be used in a time of need or trouble.

(B) It was money that would be used during heavy rains.

(C) It was money that would be used for donations in drought-stricken countries.

(D) It was money that would be used to invest in rain-making technology.

58. **What can be inferred about the insurance policy?**

(A) She should wait for the price of the policy to drop.

(B) It is used for all sorts of storms.

(C) Both could be committing fraud by purchasing it.

(D) It is commonly used by many brokers.

Action News at Five: Story Lineup

5:01-5:05	President's speech at Buenos Aires economic summit
5:05-5:08	Panel discussion
5:08-5:10	Commercial break
5:11-5:13	Train derailment in Alaska
5:13-5:16	Insider trading investigation after New York bank merger
5:16-5:18	Stock market selloff
5:18-5:22	Panel discussion
5:22-5:24	New heart disease medication
5:24-5:27	Commercial break
5:27-5:30	Childcare among immigrant families

59. **What does the woman mean when she says, "I'm just afraid that we'll put the viewers to sleep"?**

(A) She is worried about the viewers' sleeping habits.

(B) She is afraid that she will not sleep.

(C) The story will be broadcast too late for the viewers to enjoy.

(D) She is afraid the story will be very boring.

60. **What will happen to the story about immigrant childcare?**

(A) The story will have a panel discussion.

(B) The story will never be seen.

(C) It will be broadcast the following evening.

(D) It will be redone by the affiliate in Miami.

61. **Based on the woman's decision and looking at the chart, which of the first four segments will not be shown?**

(A) The President's Speech

(B) The Panel Discussion

(C) The Commercial break

(D) The Train Derailment in Alaska

---

62. **Where does this conversation probably take place?**

(A) In a restaurant

(B) On a loading dock

(C) On board a train

(D) On board an airplane

63. **Why did the woman not get her first meal choice of beef?**

(A) The people in front of her ate too much.

(B) She had to pay extra for her choice.

(C) There are no meal choices.

(D) There was not enough of what she had originally wanted.

64. **What does the man mean when he says, "and see what I can put together for you"?**

(A) He will check what ingredients he has to prepare a special meal.

(B) He will assemble some equipment up front.

(C) He will verify that the lighting and visibility is acceptable.

(D) Somebody will check to see if he is capable in his daily tasks.

Monogrammed pen set	$14.95
Leather bound agenda	$19.95
Artistic calendar	$10.99
Spiral notebook with pen	$8.99

65. **Why does the woman not want to spend a lot of money?**

(A) The company is in a cost cutting phase.

(B) They don't have the money to spend.

(C) She doesn't feel the team is worthy of the gifts.

(D) She is afraid they will not like the presents.

66. **What does the woman mean when she says, "I just don't see that happening"?**

(A) She is not sure about the program.

(B) The lunch will most likely not take place.

(C) She has vision problems.

(D) The lunch will happen if more money becomes available.

67. **Look at the chart. What product does the woman like?**

(A) Monogrammed pen set

(B) Leather bound agenda

(C) Artistic calendar

(D) Spiral notebook with pen

Bolt Fuel Options

Options	Price
Prepay	$3.49 per gallon (taxes not included)
We refill	$5.09 per gallon (taxes not included)
You refill	Price varies according to gas station.

68. Where does this conversation take place?

(A) In a car dealership

(B) In a car rental agency

(C) In a maintenance center

(D) In a gas station

69. What does the man mean when he says, "it sounds good to me"?

(A) He accepts her suggestion.

(B) The music is pleasant.

(C) The man thinks her voice sounds good.

(D) He liked how she phrased her commentary.

70. Looking at the chart, what option did the man take?

(A) He is still undecided.

(B) "Prepay"

(C) "We refill"

(D) "You refill"

↓ CORRIGÉS p. 123-126

PART 4

Starter

PISTE 63

Directions: You will hear some talks given by a single speaker. You will be asked to answer three questions about what the speaker says in each talk. Select the best response to each question and mark the letter (A), (B), (C), or (D) on your answer sheet. The talks will not be printed in your test book and will be spoken only one time.

1. Where would somebody most likely listen to this broadcast?

(A) On a smartphone

(B) On television

(C) On a car radio

(D) On a cassette

2. What is implied about the family that created the board game?

(A) They're really bored.

(B) They're not going to move from Alaska.

(C) Their holidays will be spent in a more favorable location.

(D) Their next business will be a snow shoveling enterprise.

3. What will the listener hear next?

(A) A story about teens in New York

(B) A story about an Icelandic grandmother

(C) A story about a family in Alaska

(D) A commercial

↓ CORRIGÉS p. 127

Expanding Linguistic Horizons

Cette partie est la suite logique de la troisième partie du TOEIC car les notions de grammaire mobilisées sont les mêmes. Vous allez aussi trouver, dans quelques questions, des tableaux de données qui contiennent des informations supplémentaires ou plus détaillées que dans les enregistrements. Ces derniers sont à peu près de la même longueur et n'ont qu'un seul locuteur, ce qui est un peu plus facile car vous devrez vous concentrer sur une seule voix. La meilleure façon de vous préparer à cette quatrième partie est de connaître les types d'enregistrement que vous entendrez.
Il y a généralement cinq types d'enregistrement dans cette partie : des messages, des publicités, des reportages, des présentations académiques ou commerciales, des annonces publiques. Vous en trouverez

de nombreux exemples sur YouTube ou Dailymotion afin de bien vous préparer. La quatrième partie du TOEIC teste votre capacité à identifier le rôle et le raisonnement du locuteur, à comprendre la logique et les détails des enregistrements, et à repérer les informations-clés. Vous serez également testé sur le vocabulaire quotidien et la signification implicite. À la fin de cette partie, vous verrez que tout est possible !

The Accents

Dans chaque langue, il existe plusieurs accents. Celui d'un francophone de Montréal sera très différent de l'accent parisien et encore plus différent d'un francophone bruxellois. Au sein d'un même pays, il y a divers accents et patois. Les gens du nord de la France ont un ton de voix et un argot complètement différents de ceux du sud. Avec plus de 1,5 milliard de personnes parlant anglais – et, parmi elles, plus de 300 millions de locuteurs natifs –, vous pouvez imaginer les différences ! Pour réussir la compréhension approfondie de l'anglais, le test TOEIC a réduit les enregistrements aux accents les plus souvent entendus : américain, canadien, australien et britannique.

The American Accent

Aux États-Unis, il existe de nombreux accents et termes d'argot, mais l'accent le plus courant est celui de l'Ouest américain. Il est principalement entendu en Californie, le centre de l'industrie du divertissement, et souvent à la télévision et dans la plupart des publicités et annonces.

Quelques détails notables en anglais américain

• Le « t » devient « d » : quand la lettre « t » est située entre deux voyelles (comme *city, water, excited, satisfy, sweater*), le son du « t » ressemble à un « d ».

• Le « r » lourd : quand un « r » est devant une consonne, il y a une accentuation bien marquée (comme dans *first, word, herd*).

• Quand un mot se termine par les lettres « *-er* », les Américains ont aussi tendance à allonger le son, qui ressemble alors à « ure ». Comme par exemple avec les mots *teacher*, *computer*, *master*, *daughter*.

• Pour les mots qui se terminent en « *-ary* », le « a » dans le suffixe est prononcé comme « *air* » afin de vraiment marquer le son (comme dans *library, military, auxiliary, contrary, secretary*).

EXEMPLE PISTE 64

Écoutez la présentation suivante en anglais américain :

"Hello, I'm Jack Munizich, president and owner of Munizich Cars and Trucks, and I'm pleased to announce that the State Chamber of Commerce has awarded us Dealer of the Year, Mark of Excellence Award Winner, Standard of Excellence Award Winner and the Statewide Certified Dealer. We received these awards for total customer satisfaction in sales, service, parts and financing. For over 60 years, nobody can make you a deal like we can and that's a promise. So, come on down to Munizich Motors at the Valley Auto Mall today!"

The Canadian Accent

On pourrait penser qu'il n'y a aucune différence entre les accents américain et canadien, mais les différences existent, même si elles sont subtiles. L'anglais canadien est une sorte de pont entre l'anglais britannique et l'anglais américain. Par exemple, l'orthographe diffère pour deux terminaisons :

– « *-er* » aux États-Unis contre « *-re* » en Grande-Bretagne et au Canada : *theater/theatre, center/centre*… ;

– de même concernant « *-or* » contre « *-our* » : *favorite/favourite, splendor/splendour*…

Caractéristiques de l'accent canadien

• L'accent canadien est particulièrement fort dans les mots contenant « *-out* » comme *about*, où les lettres « *ou* » sont allongées en « *oooo* » comme dans *boot*.

• Dans les mots comme *pasta, park* et *tart*, le « a » apparaît très plat.

• Les Canadiens déplacent souvent les sons voyelles dans les mots. Par exemple, *bit* sonnera comme *bet*, *bet* sonnera comme *bat* et *bat* sonnera comme « *baaat* ».

EXEMPLE PISTE 65

Écoutez le bulletin météo suivant en anglais canadien :

"As we head through week's end, I'm preciseweather.net's Heather Hansen with a closer look at what's happening across eastern Canada as we kick off your Friday with the latest front coming across Quebec with some rain in the forecast for Grand Falls and a high of 4 degrees. Quebec, your high is 0 degrees and we're looking at some snow flurries there later today. In Ottawa and Montreal, look out for some white stuff as there are some accumulations expected in the noon hour. Montreal and Ottawa both have a high of 2 degrees. In Toronto, we'll keep things on the cloudy side but with a chilly high of only 0 degrees. We can expect some clouds and sunshine in Thunder Bay with a high of minus 2."

The Australian Accent

Exposés aux différents accents régionaux apportés par les nombreux colons venus de toute la Grande-Bretagne, les enfants de la première vague de colons britanniques en Australie ont créé un nouveau dialecte anglais. Ils ont mélangé les sons et les notes de ces accents avec ceux de la communauté autochtone et ont ainsi évolué vers l'accent de nombreux Australiens aujourd'hui.

Caractéristiques de l'anglais australien

• Les mots qui se terminent en « *-er* », « *-or* », « *-ar* », « *-ure* », « *-our* », « *-a* » et « *-re* » sont tous prononcés avec le même type de son court, comme un « *ah* », dans la dernière syllabe. Par exemple, *actor* [*actah*], *far* [*faaah*], *treasure* [*treazhhaa*], *flavour* [*flay-vahh*].

• De plus, l'accent australien est principalement non rhotique, c'est-à-dire que le son /r/ est fortement prononcé, comme un « *ah* ». Par exemple, *better* devient « *bett-ah* » et *theatre* devient « *thee-a-tah* ».

• Pour les mots qui se terminent par un « t », le son de cette lettre est souvent éliminé et muet. C'est le cas pour les mots *dot, jackpot, next* et *cockpit*, par exemple.

• L'accent australien a un haut niveau de résonance nasale et beaucoup de voyelles ont tendance à provenir des voies nasales, créant ainsi un ton distinct.

EXEMPLE PISTE 66

Écoutez le message suivant en anglais australien :

"Hello, you've reached the automated message service of Queen Elizabeth Hospital. In order to assist you in connecting you to the right service, please listen to all the options before making a selection. For paediatrics, press 1. For obstetrics, press 2. For cardiology, press 3. For oncology, press 4. For nutrition and well-being, press 5. For all other services, press 0 or visit our website at queenelizabethhospital.net.au or visit our social media accounts on Facebook, Twitter or Instagram. Thank you very much for your call."

The British Accent

À mesure que l'Angleterre conquiert le monde anglophone, elle installe sa langue à travers le monde, mais avec le temps, et grâce à la distance et aux différences politiques, les autres pays anglophones ont créé leur propre version de leur langue maternelle. L'anglais britannique est un mélange d'accents provenant de différentes régions du Royaume-Uni. Même à Londres, il existe de nombreux accents selon le lieu et les origines sociales des locuteurs, mais dans le TOEIC, vous entendrez un accent britannique très répandu, que l'on trouve couramment dans les programmes télévisés et les films. L'anglais britannique a également été influencé par ses voisins et possède de nombreux éléments français, allemands, scandinaves et latins.

Caractéristiques de l'anglais britannique

• Pour des mots contenant un son /ai/ comme *rain*, *drain* ou *complain*, ce son est prolongé et très prononcé.

• Pour les mots qui contiennent un « a » (*command, bath, ask, tomato, passport*…), le son de cette lettre est bien plus long comparé à la prononciation plate des Canadiens ou des Américains.

• Comme pour l'anglais australien, l'anglais britannique a un accent non rhotique, c'est-à-dire qu'on ne roule pas les « r ».

• Les mots qui se terminent en « *-er* », « *-ar* », « *-re* », « *-or* » et « *-our* » se prononcent comme pour les Australiens, avec un « *ah* », mais pas aussi étiré ou prononcé dans les passages nasals.

• En anglais britannique, le « a » qui se trouve dans la terminaison « *-ary* » disparaît souvent, contrairement aux anglais américain et canadien. Ainsi, le mot *military* se prononcera « *mili-tree* ».

EXEMPLE PISTE 67

Écoutez l'enregistrement suivant en anglais britannique :

"Ladies and gentlemen, thank you for having me today. I'd like to begin by thanking the vice chancellor for giving me the chance to give today's lecture on population growth, and to show all of you and those of you following via the Web, the work that we are doing at the Global Population Institute. I'd also like to thank Lady Magdalena Worthington for her generous support and the Bourne Corporation for their sponsorship of our latest project in the developing world. Without their support, my institute would not have been able to gather the data that I will present to you in my talk tonight."

Exercice 1 PISTE 68

Écoutez les huit enregistrements suivants et essayez d'identifier l'accent que vous entendez. Utilisez les caractéristiques et vos connaissances de la culture populaire pour vous aider à trouver la bonne réponse.

↓ CORRIGÉS p. 127

1.
(A) American
(B) Australian
(C) British
(D) Canadian

2.
(A) American
(B) Australian
(C) British
(D) Canadian

3.
(A) American
(B) Australian
(C) British
(D) Canadian

4.
(A) American
(B) Australian
(C) British
(D) Canadian

5.
(A) American
(B) Australian
(C) British
(D) Canadian

6.
(A) American
(B) Australian
(C) British
(D) Canadian

7.
(A) American
(B) Australian
(C) British
(D) Canadian

8.
(A) American
(B) Australian
(C) British
(D) Canadian

Comment utiliser les 3Is pour cette idée

- ***Investigate.*** Dans chaque enregistrement, écoutez la tonalité, l'accent et les termes familiers éventuellement utilisés pour vous guider vers la bonne réponse.
- ***Interpret.*** Grâce à la hauteur du son et au ton qui varient pour chaque accent, vous pourrez l'analyser et choisir la réponse correcte.
- ***Implement.*** On ne vous posera jamais de question sur l'accent que vous avez entendu, mais comprendre les accents vous rendra plus à l'écoute et vous permettra de choisir la bonne réponse.

Understanding the Main Idea

L'un des principaux enjeux de la section de compréhension orale du TOEIC est de comprendre l'idée principale d'un enregistrement ou de pouvoir répondre à une question ciblée. Pour le test, mais aussi pour la vie quotidienne, apprenez à synthétiser et à donner une réponse appropriée à partir d'une grande quantité d'informations. Comme dans d'autres exercices, il y aura des leurres et des fausses pistes qui sont là pour vous induire en erreur, mais si vous restez concentré, vous réussirez !
L'exercice suivant va vous aider à vous concentrer et va vous entraîner au tri des informations. Il n'y a pas de photographies dans la quatrième partie, mais il y aura des tableaux ou des diagrammes comme dans la troisième.

Exercice 2 PISTE 69

Vous allez entendre quatre exposés distincts. Chaque personne décrira un objet particulier et vous devrez choisir l'image qui correspond aux informations fournies par le locuteur.

1. Which car is the man talking about?

(A)

(B)

(C)

(D)

2. Which man helped the woman with her bags?

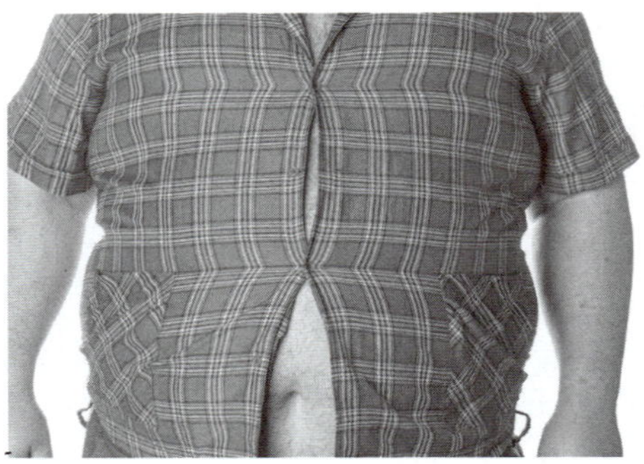

(A)

(B)

(C)

(D)

3. Which house did the woman stay in?

(A)

(B)

(C)

(D)

4. Which dessert did the man have?

(A)

(B)

(C)

(D)

↓ CORRIGÉS p. 127-128

Obtaining Details

Dans la quatrième partie du TOEIC, il est aussi essentiel d'entendre les principaux détails tels que des dates, des heures, des lieux et des personnes.

Exercice 3 PISTE 70

Écoutez les quatre séries d'annonces (publicité, annonce publique, prévisions météo, informations), qui sont similaires à celles que vous pourriez entendre lors du test TOEIC. Chaque ensemble contient deux versions : identifiez les différences entre chacune. La réponse 1 est donnée en exemple.

Set #1
What differences did you hear between talks?

The types of cars (hybrid and electric), mileage distance, the name of the cars, different material in the interior cabin, the number of available colors, the manner in which we can purchase the car.

Set #2
What differences did you hear between talks?

....

....

....

Set #3
What differences did you hear between talks?

....

....

....

Set #4
What differences did you hear between talks?

....

....

....

↓ CORRIGÉS p. 128-129

Comment utiliser les 3Is pour cette idée

• ***Investigate.*** Faites particulièrement attention au début de l'enregistrement car cela vous donnera une idée précise et plus ciblée du sujet principal.
• ***Interpret.*** Réfléchissez toujours à ce qui pourrait arriver dans la suite de l'enregistrement ou à ce que serait la réponse la plus logique.
• ***Implement.*** Confrontez les informations que vous avez recueillies lors des étapes précédentes aux questions et aux réponses inscrites sur la page. Dès que vous trouvez la réponse la plus logique parmi celles proposées, choisissez-la et préparez la prochaine question.

The Anatomy of an Audio Text

Généralement, dans les enregistrements de la quatrième partie, vous pouvez entendre différents types de messages : un discours, une présentation ou une conférence, une annonce publique, un reportage ou une publicité, pour ne citer que quelques exemples. En principe, le locuteur explique ce qui s'est produit, pourquoi et en décrira le résultat direct. Cela peut être suivi d'un conseil ou d'une suggestion. Dans la quatrième partie du TOEIC, les enregistrements peuvent aussi comporter des instructions pour réaliser une action spécifique.

Même si vous ne comprenez pas chaque mot ou ne parvenez pas à entendre certains détails, vous ne serez pas totalement perdu car vous connaîtrez les structures-clés du test et ses questions. Examinons de plus près les types d'enregistrement que vous entendrez dans la quatrième partie.

Voice Messages

Il s'agit du type de message le plus courant que vous entendrez lors du test. D'ailleurs, du fait de notre culture numérique et téléphonique, vous en entendez déjà beaucoup dans votre vie quotidienne ! La plupart des entreprises ont également des systèmes de messagerie automatisés lorsque vous les contactez. Par ailleurs, plus de 200 millions de messages vocaux sont envoyés chaque jour sur des applications de messagerie instantanée comme WhatsApp. Il est donc inévitable que vous rencontriez ce type d'enregistrement.

EXEMPLE PISTE 71

Écoutez et lisez le message vocal suivant :

"Hi, Brian, it's Danielle. I hope that you're feeling better. My brother said that a bunch of his friends got the flu too, so I guess it's going around. Say, when you get this, give me a call. I'd really like to see you soon, when you're better of course. No pressure. It's a shame that you didn't make it to my party. If there's anything I can do for you, just let me know. You can call me back anytime, or even just text me. OK? All right, take care of yourself. Bye!"

Comme vous pouvez le voir et l'entendre, il s'agit d'un message vocal standard entre amis. Observez la langue utilisée. Écoutez la voix. Quelles informations pouvez-vous extraire du message ? Qui est probablement en train de parler ? Que peut-on en déduire sur Brian ? Que va-t-il probablement se passer ? Quelle est la relation entre Brian et Danielle ? Que s'est-il passé ? Quel est le but du message ? Dans un message court, il peut y avoir beaucoup d'informations mais il est tout à fait possible de toutes les extraire et de les synthétiser.

Exercice 4 PISTE 72

Vous allez entendre deux messages. Analysez, dans les tableaux ci-dessous, les informations qui sont données en répondant aux questions : « Qui ? », « Quoi ? », « Pourquoi ? » et « Où ? ».

Message #1

Who?	What?	Why?	Where?

Message #2

Who?	What?	Why?	Where?

↓ CORRIGÉS p. 129

The Real Deal #1 PISTE 73

1. Why is the woman calling?

(A) Because her cake was ruined, and they have to bake it again.

(B) Because the cake has been given to somebody else.

(C) Because she's getting married and wants to spread the news.

(D) Because she didn't have enough time to prepare the cake she wanted.

2. What will happen to the delivery driver?

(A) He will be promoted.

(B) He will help bake the cake.

(C) He will be invited to the wedding for all of his hard work.

(D) He will be unemployed.

3. Looking at the chart, what is the cake that is closest to the original selection?

(A) Chocolate Violet Cream Cake

(B) Tahitian Treat Cake

(C) Almond Polenta Cream Cheese Cake

(D) Sorrento Lemon Cake

Bayview Bakery
240 First Street
Benicia, California
www.bayviewbakes.net

Chocolate Violet Cream Cake – $250
Tahitian Treat Cake – $295
Almond Polenta Cream Cheese Cake – $275
Sorrento Lemon Cake – $300

↓ CORRIGÉS p. 129

Academic or Business Talks

Une discussion typique, que ce soit dans un cadre académique ou lors d'une réunion d'affaires, commencera toujours par une introduction ou une salutation. S'il s'agit d'un rassemblement informel, où tout le monde se connaît déjà (par exemple, une réunion d'entreprise), le locuteur peut ne pas se présenter. Il pourrait alors poursuivre son discours avec des informations ou des détails conçus pour attirer l'attention : une observation intéressante, une brève histoire, une anecdote… Après cela, il fera une transition vers le sujet direct et expliquera pourquoi cela est pertinent pour l'auditoire, puis il donnera l'idée principale du discours. À ce stade, il peut préciser pourquoi il a autorité pour un tel discours, et en quoi celui-ci est important. Ensuite, il parlera probablement des idées principales qui seront traitées dans le discours. Si le discours n'est pas trop long, il y aura une conclusion. Gardez à l'esprit que ce que vous allez entendre peut ne pas être un discours formel ou une présentation élaborée. Il peut s'agir d'un responsable dans une usine ou sur un site, guidant des personnes lors d'une visite.

EXEMPLE PISTE 74

Lisez et écoutez le discours suivant :

"Good evening, and welcome to the Prestige Hotel Moscow. On behalf of all of the hotel staff, I am very happy to welcome you and have you stay with us. As you're all checked in, let me send one of our bellhops to take your bags to your room. If the pillows or bed linen are not to your liking, please feel free to choose a better selection from the card on your nightstand. Once settled in, I recommend dining in our main restaurant, Jannisaire, which features a signature Franco-Turkish menu. After the meal, our resident butler would be more than happy to offer you turndown service and even draw you a hot bath should you desire. If there is anything that you should need during your stay with us, please do not hesitate for a moment to call us here at the front desk or to speak to any of the staff directly. I wish you a pleasant evening."

Comme vous pouvez le voir et l'entendre, le discours commence par une salutation et des détails établissent la crédibilité du locuteur, qui construit également les bases du discours en disant ce que l'hôtel a à offrir. Enfin, le locuteur met fin à son discours en prodiguant aux auditeurs quelques conseils.

Exercice 5 PISTE 75

Vous allez entendre deux exposés. Analysez, dans les tableaux ci-dessous, les informations qui sont données en répondant aux questions : « Qui ? », « Quoi ? », « Pourquoi ? » et « Où ? ».

Talk #1

Who?	What?	Why?	Where?

Talk #2

Who?	What?	Why?	Where?

↓ CORRIGÉS p. 130

▶ The Real Deal #2 PISTE 76

1. Where does this talk take place?

(A) In the hotel lobby

(B) On the bus from the airport

(C) At the airport arrivals lounge

(D) At the welcome reception in Diamante Motors Headquarters

2. How did the participants get to go on the trip?

(A) They were good managers.

(B) They were selected for being the most innovative in their teams.

(C) They could go if they could afford the expenses.

(D) They were chosen by their superiors.

3. Based on the information in the talk and on the chart, what will happen on Tuesday evening?

(A) The guests will be able to relax.

(B) The guests will be at a networking event.

(C) There will be a brain surgeon as a guest speaker.

(D) The afternoon workshop will be extended into the evening.

Day	Activities
Monday October 1	Hotel transfer, orientation meeting and dinner.
Tuesday October 2	Team building exercise. Design workshop in the afternoon and evening meet and greet.
Wednesday October 3	Lecture on Japanese Corporate Culture & HR Management. Museum visit. Evening visit to Tokyo.
Thursday October 4	Factory visit. Lunch. Improvement seminar. Free time.
Friday October 5	Morning management seminar at the Diamante Motors Headquarters. Lunch. Airport transfer.

↓ CORRIGÉS p. 130

Public Announcements

Les annonces publiques permettent d'attirer l'attention et de prévenir qu'il y a eu un changement, voire que quelque chose de vraiment important ou urgent doit être connu. Pensez à tous les lieux publics que vous fréquentez (centres commerciaux, stations de métro, salles de concert, gares, aéroports…) et aux bruits de fond que vous y entendez. Comme pour tous les messages entendus lors du TOEIC et dans la vie quotidienne, il est important d'écouter le contenu, le contexte et le ton. Durant le test, une indication au début de l'enregistrement vous permettra de comprendre où est émise cette annonce et quel est le public ciblé. Le locuteur s'adressera généralement directement au public : « *Attention, Weinstock's shoppers…* », « *For the passengers of flight 210 to Dubai…* » ou encore « *Will the owner of the grey sedan, license plate number 2DDD834, please come to the security post?* ». Presque immédiatement après le début de l'annonce, il y a la phase d'intention et vous devrez vous demander pourquoi ce message est prononcé. Ensuite, le locuteur mettra fin à l'annonce dans la phase de mise en œuvre. Vous devrez alors vous demander ce qui doit être fait. Quelle action est nécessaire ? Pourquoi ?

EXEMPLE PISTE 77

Lisez et écoutez l'annonce publique suivante :

"Attention. Library patrons please take note that the time is now 7:45 and the checkout desks will be closing in fifteen minutes. The photocopiers and printers throughout the library will be turned off in the next five minutes. Should you still need to do a print job, the media center in the student services building is open and available until 11 pm. The library will reopen at 7 tomorrow morning and will operate with extended hours until 10 pm to accommodate students during finals week. We ask that you gather belongings and head down to the checkout counters as soon as possible. Thank you very much and have a pleasant evening."

Le locuteur a commencé en s'adressant directement à l'auditoire et en lui précisant rapidement la nature de l'annonce. De plus amples détails ont été donnés, puis des suggestions et des informations ont été proposées au public, suivies d'instructions explicites sur la marche à suivre.

Exercice 6 PISTE 78

Vous allez entendre deux annonces. Analysez, dans les tableaux ci-dessous, les informations qui sont données en répondant aux questions : « Qui ? », « Quoi ? », « Pourquoi ? » et « Où ? ».

Annoucement #1

Who?	What?	Why?	Where?

Annoucement #2

Who?	What?	Why?	Where?

↓ CORRIGÉS p. 130-131

▶ The Real Deal #3 PISTE 79

1. Why are the trains not running?

(A) There is a train strike.

(B) The coaches are late.

(C) There are too many travelers.

(D) The eastern lines are closed.

2. What will happen if passengers choose not to travel?

(A) They will receive compensation.

(B) They will be subject to a security check.

(C) They will have problems buying a future ticket.

(D) They will have to pay extra fees for rebooking.

3. What does the man mean when he says, "closed until further notice"?

(A) It is too far to make an observation on the situation.

(B) The station is closed because the trains are too close together.

(C) The station will open when the situation changes or improves.

(D) It will be a very long time until the station reopens for operations.

↓ CORRIGÉS p. 131

News, Weather and Sports Reports

Ce type d'enregistrement a pour but d'informer d'un événement qui a eu lieu ou aura lieu. Portez une attention particulière aux temps que vous entendrez dans les enregistrements car cela vous donnera une bonne idée du moment où les événements ont lieu. Vous pourriez être interrogé sur des détails de ces événements (par exemple, quand ils ont eu lieu ou ce qui s'est passé). On pourrait également vous demander ce que signifient certaines expressions ou termes familiers.

EXEMPLE PISTE 80

Lisez et écoutez les titres d'actualités suivants :

"The Ambassador to Calpernia has been recalled [1] after an embarrassing encounter on social media there. No replacement has been announced as of yet. Hurricane Alice is [2] set to wreak havoc in the Gulf of Mexico, preparations and evacuations are already underway. Laid off workers have entered [3] the third day of protests in St. Louis after Diamante Motors announced [4] the closure of their plant there. The Chicago Knights beat [5] the Richmond Falcons 115-82 last night, their coach will be [6] on at the end of the hour. All of that and more are coming up [7] today on Sunrise Edition [7]."

[1] Le *present perfect* est utilisé pour décrire un événement qui vient de se produire.
[2] Le présent est utilisé pour décrire un événement futur prévu.
[3] Le *present perfect* est utilisé pour parler d'un événement qui a commencé dans le passé et continue dans le présent.
[4] Le passé simple est utilisé pour montrer à l'auditeur quel événement a déclenché l'événement continu.
[5] Le passé simple est utilisé pour montrer que l'événement s'est produit et s'est terminé dans le passé. Il n'y a pas d'activité continue.
[6] Le futur est utilisé pour décrire un événement qui aura lieu.
[7] Le présent continu est utilisé pour décrire les activités qui auront lieu dans un très proche avenir.

Exercice 7 PISTE 81

Vous allez entendre deux émissions. Identifiez, en complétant les tableaux ci-dessous, qui est nommé, quels concepts ou idées sont mentionnés, pourquoi cela est abordé et enfin, où cela se produit.

Broadcast #1

Who?	What?	Why?	Where?

Broadcast #2

Who?	What?	Why?	Where?

↓ CORRIGÉS p. 131

▶ The Real Deal #4 PISTE 82

1. What was seen in the eastern skies?

(A) Flash floods

(B) Weather planes

(C) Potential tornadoes

(D) Fleeing geese

2. What does the man imply when he says, "brewing south of the border"?

(A) Beer production is increasing in Mexico.

(B) The storms are going to go south.

(C) Storm refugees are heading in that direction.

(D) That is the location where the storm is increasing.

3. Based on the information and looking at the chart, which city is least likely to be affected by the advancing and potential storms?

(A) Kingston

(B) Toronto

(C) North Bay

(D) Montreal

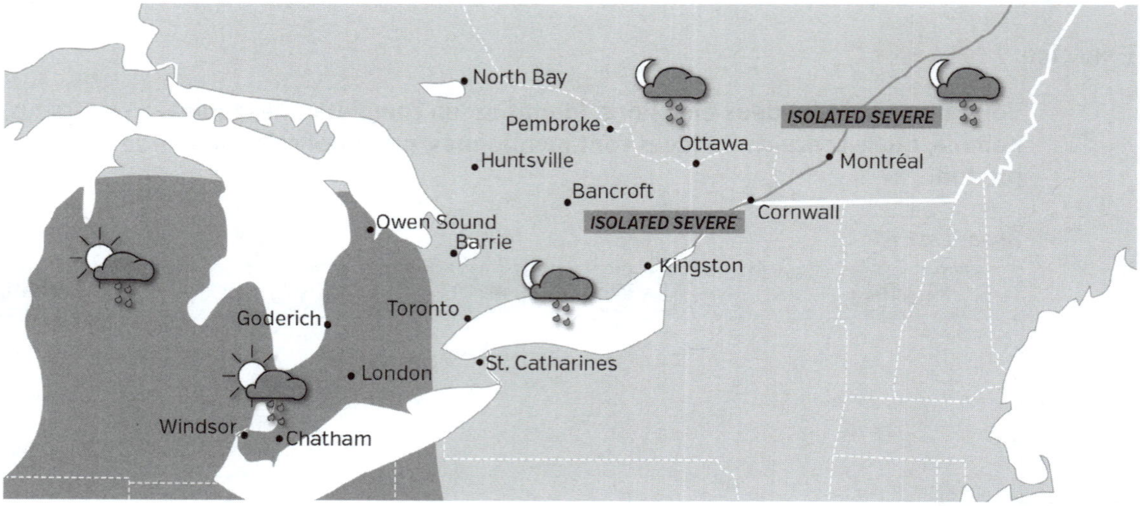

↓ CORRIGÉS p.132

Advertisements

Les publicités permettent d'attirer l'attention sur un produit (bien ou service) afin de le faire acheter. Celles qui sont diffusées à la radio ou dans les magasins sont courtes et rapides afin que le public se concentre uniquement sur le produit, créant ainsi le désir de l'acheter.

Dans une publicité, on peut entendre quelqu'un qui partage des informations de base sur le produit. Le message est clair, direct, ciblé. L'annonceur peut poser des questions ouvertes (*Do you ever…?*, *Would you like to…?*…) ou poser une question sur un problème existant (*Are you suffering from chronic headaches?*, *Tired of glue that never does the job?*…).

EXEMPLE PISTE 83

Lisez et écoutez le message publicitaire suivant :

"As a mother, I want what's best for my child and that's why I choose Bunny's diapers for my little ones. Bunny's are designed to move and bounce around, but keep their same protection against leaks, giving your baby up to 12 hours of protection. Bunny's are designed with special absorbent pockets. Its special three-way fit forms to the legs, waist and bottom. For your mobile baby, Bunny's have flexible leg cuffs that seal comfortably around your baby's legs. Its seal stays in place and follows your baby's every move and groove. With no more leaks and no more mess, Bunny's diapers are sure to make you and your baby smile!"

Exercice 8 PISTE 84

Vous allez entendre deux publicités. Identifiez, en complétant les tableaux ci-dessous, qui est la cible, quels concepts, idées ou situations sont mentionnés, pourquoi on parle de ce sujet et, enfin, où le produit est utilisé ou peut être acheté.

Advertisement #1

Who?	What?	Why?	Where?

Advertisement #2

Who?	What?	Why?	Where?

↓ CORRIGÉS p. 132

The Real Deal #5 PISTE 85

1. According to the ad, what can be inferred about the crime situation in the country?

(A) Crimes are less likely to happen to people without families.

(B) Home owners are more likely to be targeted than renters.

(C) Vandalism is more prevalent than the occasional break-in.

(D) Crime is very high across the nation.

2. What does the man mean when he says, "keeping criminals at bay"?

(A) Putting them in the water.

(B) Preventing them from causing problems.

(C) Homes near bodies of water are less likely to be robbed.

(D) The security system will encourage them to cause crimes farther away.

3. What is missing in a SentinelHome plan?

(A) Video cameras

(B) Smartphone application

(C) Motion sensors

(D) Private guard patrols

↓ CORRIGÉS p. 132

Comment utiliser les 3Is pour cette idée

• ***Investigate.*** Lorsque vous écoutez l'enregistrement, demandez-vous toujours : que se passe-t-il ? Qui parle ? Qui est la cible ? Pourquoi cela arrive-t-il ? Pourquoi quelqu'un a-t-il besoin de ça ? Où cela se passe-t-il ? Ce sont les fondements des questions posées à l'examen.

• ***Interpret.*** Écoutez attentivement l'enregistrement et choisissez toujours la réponse la plus logique en fonction de ce qui est dit. Il y a beaucoup de distractions dans les choix de réponses, il est donc nécessaire de rester concentré et de faire attention aux pièges !

• ***Implement.*** Soyez confiant ! Si vous commencez à hésiter, vous serez submergé de doute et d'angoisse, ce qui augmentera votre stress et affaiblira votre performance. Une fois que vous avez trouvé la réponse qui vous semble la plus logique, choisissez-la et passez à la question suivante.

PRACTICE TEST PART 4 PISTE 86

Directions: You will hear some talks given by a single speaker. You will be asked to answer three questions about what the speaker says in each talk. Select the best response to each question and mark the letter (A), (B), (C), or (D) on your answer sheet. The talks will not be printed in your test book and will be spoken only one time.

71. Who is most likely the target of this advertisement?

(A) A first time homebuyer

(B) Disorganized people

(C) Organized people

(D) People who move a lot

72. Where will the Happy Home staff meet with the potential customers?

(A) In a neutral location

(B) In the Happy Home offices

(C) In an adobe structure

(D) In the customer's home

73. What does the woman imply when she says, "a special tailor-made treatment"?

(A) A tailor will make clothes to make the customer happy.

(B) The treatment will be done in a special clinic.

(C) The solution is organized just for the customer.

(D) Happy Home provides uniform plans for all their customers.

---

74. According to the woman, when would be best to avoid precipitation?

(A) Saturday afternoon

(B) Sunday night

(C) Monday morning

(D) Tuesday evening

75. What does the woman mean when she says, "if you're just heading out the door"?

(A) You are going into another room.

(B) You plan to leave your home.

(C) You plan to make home improvements.

(D) You're going in a certain direction.

76. What would you must likely need to wear outside in the afternoon?

(A) Shorts

(B) Light clothing

(C) An umbrella

(D) Warm clothing

---

77. Where does this announcement probably take place?

(A) In a shopping mall

(B) In an airport

(C) In a train station

(D) In a ticket office

78. What will happen if nobody claims the suitcase?

(A) No refund will be given.

(B) The escalators will be reopened.

(C) The authorities will take action.

(D) A notice will be put in the window.

79. Why is there such apprehension about the abandoned suitcase?

(A) There might be a bomb inside.

(B) Many people want the bag.

(C) There could be something valuable in the suitcase.

(D) It is blocking the escalators.

---

80. Who most likely is the speaker?

(A) A food critic

(B) A waiter

(C) A chef

(D) A busboy

81. **What is unique about the vegetables?**

(A) They are grown especially for the restaurant.

(B) The waiter bought them himself.

(C) They came from an exotic location.

(D) The chef got a very good deal on them.

82. **What does the speaker ask?**

(A) What they would like for dessert.

(B) What beverage they would like.

(C) How they would like their meat cooked.

(D) What dish sounds most appealing.

---

83. **What kind of job does Catherine most likely have?**

(A) Graphic designer

(B) Hotel manager

(C) Advertising executive

(D) A volunteer

84. **What can be inferred about the employees at Parker, Bingham and Fong?**

(A) They are not doing a good job and need Catherine's help.

(B) The clients ask them a lot of questions.

(C) They have a similar mentality to Catherine.

(D) They want to work more with animals.

85. **What does the woman mean when she says, "we can set something up"?**

(A) Her new office furniture will have to be put together.

(B) An interview can be arranged.

(C) She will work upstairs.

(D) The team can think of many ideas together.

---

86. **What is the purpose of this recording?**

(A) To announce a new calling plan.

(B) To inform the customer that he or she is late with payments.

(C) To inform the customer of his or her past activities with the company.

(D) To deactivate the service of the customer.

87. **What will happen after June 24?**

(A) The general phone rates will go up.

(B) The customer will be able to reactivate the phone for free.

(C) The customer will owe more money if he or she does not pay sooner.

(D) The customer will only be able to make essential calls.

88. **What should the caller do if he doesn't hear all the message instructions clearly?**

(A) Hang up and try again.

(B) Stay on the line until an operator speaks.

(C) Press the pound key.

(D) Press 2.

---

89. **What is the purpose of this announcement?**

(A) To inform guests of the tour details.

(B) To teach the history of the mill.

(C) To sell flour to the guests.

(D) To show them the dangers of the machines.

90. **What time will the group meet with the president of the mill?**

(A) 11:00

(B) 12:00

(C) 14:00

(D) No information was given.

91. **What can be inferred about Max Van Zaandt?**

(A) He does not like meeting with visitors.

(B) He changes points of view very often.

(C) He works a lot on the machines.

(D) His timetable adapts to exterior demands.

Sydney General Hospital-Davis Pavilion

Third Floor	Laboratories / X-Ray / Surgery
Second Floor	Physical Therapy / Consultation Offices
First Floor	Outpatient Surgery
Ground Floor	Reception / Security / Cafeteria

92. What sort of doctor is Dr. Chen?

(A) He is a physical therapist.

(B) He is a surgeon.

(C) He is a radiologist.

(D) He treats people's skin.

93. Why has the location been moved?

(A) The hospital is being remodeled.

(B) It was not convenient for Mrs. Christopolous.

(C) Dr. Chen switched hospitals.

(D) The office is closed on Tuesdays.

94. Look at the chart. Where was the appointment originally to take place?

(A) Third floor

(B) Second floor

(C) First floor

(D) Ground floor

Freedom Party	46%
National Party	24%
Alternative Party	16%
Various Parties	14%

95. Why was the election being watched by foreign observers?

(A) Many foreigners wanted to see the historical election take place.

(B) People from outside Calpernia wanted to vote in the election.

(C) Outside governments wanted to see that the election was fair.

(D) Foreign governments came to study how to do elections.

96. At the beginning of the voting, which party was deemed to be the winner?

(A) Freedom Party

(B) National Party

(C) Alternative Party

(D) Various Groups

97. Look at the chart. Which percentage of seats will the winning party have with its sure coalition?

(A) 46%

(B) 62%

(C) 66%

(D) 70%

Breakfast meeting with Alliance Electronics	8:30-9:30
Speech to apprentice students at Central Polytechnic Institute	10:00-11:00
Phone interview with Dividend Magazine	11:15-11:45
Lunch with board of directors at Prestige Hotel	12:00-13:30
Shareholder Conference	14:00-18:00

98. Why does the woman insist on leaving the breakfast early?

(A) The traffic will be a serious problem.

(B) She does not care for the group from Alliance Electronics.

(C) The club is too far from the next appointment.

(D) Her normal driver has taken off on vacation and the new one doesn't know the way.

99. What does the woman mean when she says, "Bump the interview"?

(A) She wants to merge the interview with another appointment.

(B) She wants to control the subject matter of the interview.

(C) She desires somebody else to do the interview for her.

(D) She wants to cancel or postpone the interview.

100. Look at the chart. How long is the woman's nap likely to be?

(A) 30 minutes

(B) 45 minutes

(C) 1 hour

(D) 1 hour and a half

↓ CORRIGÉS p. 133-135

OVER TO YOU: LISTENING

De toute évidence, le meilleur moyen d'apprendre une nouvelle langue est de se rendre dans le(s) pays où celle-ci est parlée et de communiquer avec les natifs. Ainsi, pour apprendre l'anglais ou se perfectionner, il est nécessaire d'interagir avec les anglophones, de lire les mêmes journaux et magazines qu'eux, de regarder les mêmes séries et films... Toutefois, encore faut-il avoir les ressources et le temps pour le faire. Cela ne veut cependant pas dire que certains ne peuvent progresser ou devenir bilingues, voire polyglottes. Grâce à Internet, le monde est accessible du bout des doigts. Nous pouvons accéder à tout ce que nous voulons en quelques clics. Des sites comme YouTube et Dailymotion peuvent vous apporter tellement plus que des vidéos amusantes de gens avec leurs animaux ! Quand vous regardez des programmes ou des vidéos en anglais, utilisez la pratique du *Active Listening*. Quand vous regardez des films, des séries ou des journaux télévisés, ne le faites pas juste pour le plaisir, mais activement, avec un cahier et un stylo à portée de main pour noter des observations linguistiques et culturelles, mais aussi du vocabulaire.

Advertising

Certaines entreprises diffusent des publicités spéciales sur YouTube afin de capter l'attention mondiale sur leurs produits. Ces *adverts* sont un bon moyen d'apprendre et de mieux comprendre l'anglais, mais aussi d'avoir une ouverture sur la culture anglophone. Regardez toutes ces publicités, qu'elles portent sur une voiture, un savon, des céréales, du dentifrice, une assurance... Vous y trouverez du vocabulaire et un rythme de langage. Nous vous conseillons aussi de regarder la série dramatique *Mad Men*, qui se déroule dans une agence publicitaire fictive et dépeint son rôle dans la société américaine des *sixties*.

Business et Corporate Development

Dans ces deux domaines, les outils ne manquent pas sur Internet. On trouve notamment sur YouTube des vidéos avec de grands chefs d'entreprise : visionnez les discours de Richard Branson, Steve Jobs, Warren Buffet, Sheryl Sandberg, Meg Whitman..., qui vous donneront une idée du monde des affaires. Regardez aussi des séries.

Les grands noms de la presse écrite comme *The New York Times*, *The Wall Street Journal*, *The Economist* et le magazine *Fortune* diffusent des interviews et des extraits de reportages sur leurs chaînes YouTube, avec le plus souvent la possibilité d'afficher les sous-titres en anglais.

Dragons' Den (programme télévisé britannique) et l'émission de téléréalité américaine *Shark Tank* sont idéals pour étudier la négociation, la manière de créer un pitch et de chercher des investisseurs. Les participants parlent vite et montrent tous types d'émotions en tentant de lancer leurs produits.

Dining out

Regardez également les programmes de cuisine. Des chefs comme Jamie Oliver, Gordon Ramsay ou encore Anthony Bourdain expliquent comment préparer les plats que l'on peut trouver dans des restaurants gastronomiques, en utilisant des termes spécifiques (ingrédients, ustensiles...). Vous ferez coup double : une dose de culture et une dose de vocabulaire.

Même les journaux comme *The New York Times* et *The Guardian* diffusent des vidéos de recettes ou de démonstration de techniques culinaires et même de visites de restaurants sur leurs sites web. Regardez-les bien pour étudier comment les anglophones prononcent et utilisent la langue en action, mais aussi pour vous donner des idées pour votre prochaine sortie au restaurant !

Vous pouvez aussi trouver des vidéos de cuisiniers amateurs sur YouTube, qui peuvent être un bon moyen de vous faire comprendre le langage des citoyens ordinaires et de vous habituer à la vitesse d'élocution des natifs. L'anglais brut, sans les adaptations des sociétés de production !

Education

Internet est un réservoir de cours, leçons, lectures et séminaires sur une grande variété de sujets. Plusieurs universités mettent tout ou partie de leurs cours en ligne. De grandes universités comme Harvard, Columbia ou l'université de Londres proposent souvent de nouveaux contenus sur leurs propres sites et sur YouTube. Vous pouvez également trouver des discours de grands penseurs et chefs d'État. Dans un autre contexte, plus détendu, le site TED.com présente des conférences d'experts, plus ou moins longues mais toujours très riches en contenus (éducation, affaires, sciences, technologies…) et avec des sous-titres disponibles en plusieurs langues. Il y a des sujets pour tout le monde !

Entertainment

Vraiment, ici, le monde est à vous ! Avec le nombre de séries et de films disponibles à la demande, de DVD et de Blu-ray, de sites de streaming (Netflix, Amazon Prime), chacun peut y trouver son bonheur. Regardez toujours les séries et les films en version originale et avec les sous-titres en anglais quand ils sont disponibles. Regardez-les toujours avec un cahier à portée de main pour noter les termes qui sont nouveaux pour vous. Profitez-en aussi pour relever les différences entre les accents.

Health

Beaucoup de médecins ont lancé leurs chaînes YouTube pour faire connaître leurs cabinets et elles contiennent des explications, des conseils et des interviews qui fournissent énormément de vocabulaire. Vous verrez aussi comment le langage médical est mis en pratique. De plus, les séries américaines *Urgences* (ER pour *Emergency Room* en anglais) et *Scrubs* mettent un peu plus d'action dramatique.

Housing

Trouver un logement à l'étranger est une réelle expérience, et peut même se transformer en un véritable défi. Les rubriques « Immobilier » des journaux sont un bon outil pour apprendre le vocabulaire spécifique (puis dénicher un appartement !), mais certaines émissions de téléréalité permettent aussi d'entendre ces termes dans de vraies situations : *Property Brothers* (Canada) et *House Hunters* (États-Unis) aident des couples ou des familles à trouver un appartement ou une maison qui correspond à leurs besoins et à leur budget ; *Flipping Vegas* (États-Unis) suit un couple d'investisseurs immobiliers qui achètent des maisons à bas prix, les rénovent avec un budget réduit puis les revendent le plus rapidement possible (un processus appelé *flipping*, qui signifie « retournement »).

News

Si vous n'avez pas le temps de chercher une bonne série ou que vous ne savez pas quelle série vous devriez regarder, tournez-vous vers les actualités. Elles sont très utiles car elles traitent d'une multitude de sujets. Il existe beaucoup de sites réputés, qui associent souvent des mots-clés à leurs articles. Les sites comme ceux de la *National Public Radio* américaine (npr.org) et de l'*Australian Broadcasting Corporation* (www.abc.net.au) diffusent des reportages avec leur transcription et permettent de les télécharger. Les sites de journaux sont utiles mais sont souvent payants et le nombre d'articles consultables limité (sauf pour la publication britannique du *Guardian*, www.theguardian.com). Sur ces sites, il y a beaucoup d'articles à lire – et la lecture est essentielle pour apprendre l'anglais – mais on y trouve aussi des vidéos ou des extraits d'interviews.

Travel

Pour bien comprendre le vocabulaire technique du voyage, de bonnes séries sont à votre disposition, notamment *Airline*, qui montre le quotidien d'une compagnie aérienne *low cost* aux États-Unis, et *Airport*, qui suit des passagers et des employés dans l'aéroport d'Heathrow. *Parts Unknown* par Anthony Bourdain, *An Idiot Abroad* par Karl Pilkington et Ricky Gervais, *Planet Earth I et II* par David Attenborough ainsi que la série Netflix *Departures* sont toutes excellentes pour apprendre du vocabulaire et l'entendre en situation. En effet, une caractéristique unique des programmes de voyage est qu'ils sont tournés dans des situations réelles (dans la rue, dans un café…), où il y a beaucoup de bruit et où l'anglais parlé est courant et non scénarisé. Comme l'anglais est la langue internationale du voyage, profitez aussi de vos opportunités de voyage : quand vous attendez un avion ou un train, les annonces sont faites en deux langues, dont l'anglais. Dans les aéroports et les grandes gares, les affiches sont généralement écrites dans la langue nationale et en anglais.

PART 1 PISTE 87

1.

2.

3.

4.

SETTINGS
CONSUMPTION
Electricity Meter
032075
kWh
Send Reading

5.

6.

↓ CORRIGÉS p. 135

PART 2 PISTE 88

7. Mark your answer on your answer sheet.
8. Mark your answer on your answer sheet.
9. Mark your answer on your answer sheet.
10. Mark your answer on your answer sheet.
11. Mark your answer on your answer sheet.
12. Mark your answer on your answer sheet.
13. Mark your answer on your answer sheet.
14. Mark your answer on your answer sheet.
15. Mark your answer on your answer sheet.
16. Mark your answer on your answer sheet.
17. Mark your answer on your answer sheet.
18. Mark your answer on your answer sheet.
19. Mark your answer on your answer sheet.
20. Mark your answer on your answer sheet.
21. Mark your answer on your answer sheet.
22. Mark your answer on your answer sheet.
23. Mark your answer on your answer sheet.
24. Mark your answer on your answer sheet.
25. Mark your answer on your answer sheet.
26. Mark your answer on your answer sheet.
27. Mark your answer on your answer sheet.
28. Mark your answer on your answer sheet.
29. Mark your answer on your answer sheet.
30. Mark your answer on your answer sheet.
31. Mark your answer on your answer sheet.

↓ CORRIGÉS p. 135-136

PART 1 PISTE 89

1.

2.

3.

4.

5.

6.

↓ CORRIGÉS p. 137

PART 2 PISTE 90

7. Mark your answer on your answer sheet.
8. Mark your answer on your answer sheet.
9. Mark your answer on your answer sheet.
10. Mark your answer on your answer sheet.
11. Mark your answer on your answer sheet.
12. Mark your answer on your answer sheet.
13. Mark your answer on your answer sheet.
14. Mark your answer on your answer sheet.
15. Mark your answer on your answer sheet.
16. Mark your answer on your answer sheet.
17. Mark your answer on your answer sheet.
18. Mark your answer on your answer sheet.
19. Mark your answer on your answer sheet.
20. Mark your answer on your answer sheet.
21. Mark your answer on your answer sheet.
22. Mark your answer on your answer sheet.
23. Mark your answer on your answer sheet.
24. Mark your answer on your answer sheet.
25. Mark your answer on your answer sheet.
26. Mark your answer on your answer sheet.
27. Mark your answer on your answer sheet.
28. Mark your answer on your answer sheet.
29. Mark your answer on your answer sheet.
30. Mark your answer on your answer sheet.
31. Mark your answer on your answer sheet.

↓ CORRIGÉS p. 137-138

PART 3 PISTE 91

32. What are the speakers discussing?

(A) Getting through.
(B) Getting around.
(C) Getting back.
(D) Getting across.

33. What can be inferred about Mr. Small?

(A) He does not send text messages.
(B) He does not have a landline.
(C) His answering machine is filled.
(D) He has a new cell phone.

34. What does the woman suggest?

(A) Calling back later.
(B) Leaving his number.
(C) Sending an e-mail.
(D) Giving up.

---

35. Who are the two people discussing?

(A) A colleague
(B) A friend
(C) A cousin
(D) A compatriot

36. What can we infer about Alice?

(A) She is hard-working.
(B) She is lazy.
(C) She is studious.
(D) She is enthusiastic.

37. What will Michael do next?

(A) Dismiss Alice.
(B) Promote Alice.
(C) Demote Alice.
(D) Talk briefly to Alice.

---

38. What is the conversation mainly about?

(A) A meeting
(B) Negotiations
(C) Deliveries
(D) Lead times

39. What quantity discount does the purchaser want?

(A) 50%
(B) 20%
(C) 10%
(D) 5%

40. What does the man recommend?

(A) Agreeing.
(B) Making a counter-offer.
(C) Changing supplier.
(D) He doesn't mind.

---

41. What are the speakers discussing?

(A) Catching a train.
(B) The pouring rain
(C) Being late again.
(D) A holiday in Spain

42. What can be inferred about the woman?

(A) She always misses her train.
(B) She usually leaves well enough time.
(C) She usually books a parking space for the car.
(D) She often gets the wrong platform.

43. How often do the trains run?

(A) Every 5 minutes
(B) Every 20 minutes
(C) Every 10 minutes
(D) Every 60 minutes

---

44. What are the people discussing?

(A) Acting in a play.
(B) Giving a presentation.
(C) Collecting insects.
(D) A meeting place

45. What does the woman suggest the man should do?

(A) Look for people he knows.
(B) Avoid eye contact.
(C) Ask for people's approval.
(D) Keep natural.

46. What does the man mean when he says, "Thanks for nothing"?

(A) She has been a great help.
(B) It will be easy to do.
(C) She has not been very helpful.
(D) He is very angry.

---

47. What is the problem with the program?

(A) Flights have been cancelled from Miami.
(B) Two key people will be absent.
(C) Some of the participants are unwell.
(D) The CEO doesn't have the time.

48. What does David need to do?

(A) Have a brainwave.
(B) Change gear.
(C) Concoct his speech.
(D) Connect to an object.

49. How does the woman feel about the man's suggestion?

(A) Reluctant
(B) Keen
(C) Thrilled
(D) Horrified

---

50. What is likely to be the woman's job?

(A) An accountant
(B) A secretary to royalty
(C) An author
(D) A shipping agent

51. What does the woman disagree with?

(A) The admission
(B) The conditions
(C) The additions
(D) The commission

52. What does the woman mean when she says, "it's not rocket science"?

(A) You need legal skills.
(B) It does not concern space.
(C) It's not very difficult.
(D) It's not terribly easy.

---

53. What are the speakers discussing?

(A) The cost of a postage stamp
(B) A delayed order
(C) Payment for samples
(D) Supplementary delivery charges

54. How much did the samples use to cost?

(A) $3.50 (B) $50.00 (C) $100.00 (D) Nothing

55. What will the man likely do next?

(A) Transfer $50.
(B) Complain to the predecessor.
(C) Change company policy.
(D) Order the goods.

---

56. Where is the conversation likely taking place?

(A) In a factory
(B) In a florist shop
(C) In a hotel
(D) In a hospital

57. What are the employees grumbling about?

(A) The boss breathing too loudly.
(B) The boss constantly checking up on them.
(C) The boss stopping work all the time.
(D) The boss criticizing the work teams.

58. In the context of the conversation, what is MBWA likely to stand for?

(A) Mobile Broadband Wireless Access
(B) Met Basketball Writers Association
(C) Management by Wandering Around
(D) Massachusetts Black Women Attorneys

---

59. What is the conversation about?

(A) Eating dates from Morocco.
(B) Changing an appointment.
(C) Approving data on the spreadsheet.
(D) Laying the table for dinner.

60. How many countries will the traveler be visiting?

(A) 1
(B) 2
(C) 3
(D) 4

61. What does the woman dislike most?

(A) Having her own driver.
(B) Losing too much time.
(C) Eating nutritional food.
(D) First-rating travel arrangements.

---

62. Where is the conversation likely taking place?

(A) In a job interview
(B) In a team-building meeting
(C) In a project management meeting
(D) In an AGM

63. How many steps in product development are mentioned?

(A) 4
(B) 3
(C) 2
(D) 1

64. What do they need before launching mass production?

(A) To negotiate terms.
(B) To meet with the customer.
(C) At least three weeks
(D) Approval from the customer

MENU – HEALTH & SAFETY Seminar – 16th September 20--

10:30 am	Pastries, coffee, tea, soft drinks
Midday	Lobster, crab, T-bone steak, Steven's salad Local cheese selection Dessert trolley
3 pm	Cookies, coffee, tea, soft drinks

65. What is the maximum number of meals that need to be ordered?

(A) 40
(B) 20
(C) 15
(D) 5

66. Who is going to provide the food and drink?

(A) A laborer
(B) A caterer
(C) A waiter
(D) The boss

67. What is on the menu that the boss cannot eat?

(A) Pastries
(B) Lobster
(C) Cheese
(D) Desserts

CHECKLIST*

Janitor services	Yes / ~~No~~	
Heating costs	Included / ~~Not included~~	
Cleaning services	~~Included~~ / Not included	
Internet access	Included / ~~Not included~~	
Bike parking	Yes / ~~No~~	If "yes", how many spaces: 15

* Delete as applicable

68. What is the conversation mainly about?

(A) A new office block by the station
(B) Not having enough space in an office.
(C) Paying rent to use office space.
(D) A meeting point at the station

69. What mistake did the man make in his checklist?

(A) Heating costs are in the rental package.
(B) There is a caretaker on the premises.
(C) You have to pay for office cleaning.
(D) There are 15 places to put bicycles.

70. What will the man likely do next?

(A) Chase up the agency.
(B) Chase off the agent.
(C) Come to work on a bicycle.
(D) Chase down a new office.

↓ CORRIGÉS p. 139-141

BOOST YOUR FOCUS 1 + 2 + 3 + 4

PART 1 PISTE 92

1.

2.

3.

4.

5.

6.

↓ CORRIGÉS p.141-142

PART 2 PISTE 93

7. Mark your answer on your answer sheet.
8. Mark your answer on your answer sheet.
9. Mark your answer on your answer sheet.
10. Mark your answer on your answer sheet.
11. Mark your answer on your answer sheet.
12. Mark your answer on your answer sheet.
13. Mark your answer on your answer sheet.
14. Mark your answer on your answer sheet.
15. Mark your answer on your answer sheet.
16. Mark your answer on your answer sheet.
17. Mark your answer on your answer sheet.
18. Mark your answer on your answer sheet.
19. Mark your answer on your answer sheet.
20. Mark your answer on your answer sheet.
21. Mark your answer on your answer sheet.
22. Mark your answer on your answer sheet.
23. Mark your answer on your answer sheet.
24. Mark your answer on your answer sheet.
25. Mark your answer on your answer sheet.
26. Mark your answer on your answer sheet.
27. Mark your answer on your answer sheet.
28. Mark your answer on your answer sheet.
29. Mark your answer on your answer sheet.
30. Mark your answer on your answer sheet.
31. Mark your answer on your answer sheet.

↓ CORRIGÉS p. 142-143

PART 3 PISTE 94

32. Where is the conversation likely taking place?

(A) In an office
(B) At a holiday camp
(C) In a coffee shop
(D) In Petersfield

33. What does the man say about Paula?

(A) She's got lots of shopping bags.
(B) She's drinking a lot of strong coffee.
(C) She's always away on holiday.
(D) She's working hard on the project.

34. What does the woman mean when she says, "I get it now"?

(A) She does not understand.
(B) She must get some holiday.
(C) She has got the picture.
(D) She will go and get the coffee.

---

35. What is the monthly deadline for deliveries?

(A) The 15th
(B) The 5th
(C) It's a yearly deadline.
(D) It doesn't matter.

36. Where will the goods be made available for collection?

(A) At the company headquarters
(B) It's the transporter's decision.
(C) At the supplier's factory
(D) At the purchaser's factory

37. What does the woman mean when she says, "Sounds good"?

(A) She likes the music.
(B) It's a good suggestion.
(C) She is feeling well.
(D) She doesn't agree.

---

38. What is the main problem with the project?

(A) It is too complicated for them.
(B) They are running late.
(C) The client is very demanding.
(D) They are ahead of schedule.

39. Which solution do the people choose?

(A) To cancel the project entirely.
(B) To cut the project short.
(C) To bypass certain steps.
(D) To work harder with more people.

40. What is the man going to ask the client?

(A) To give them a bit of extra time.
(B) To be politer in the future.
(C) To find a new workplace.
(D) To give them new milestones.

---

41. What are the people talking about?

(A) A building permit application
(B) A job application
(C) A driver's licence application
(D) A new smartphone app

42. What does the man want to do rapidly?

(A) Become a student at the university.
(B) Go to his graduation.
(C) Borrow money from the bank.
(D) Reimburse borrowed money.

43. What does the man mean when he says, "Gotcha"?

(A) He has gotta do something.
(B) She has been caught.
(C) He is teasing.
(D) He understands.

---

44. What work is being done?

(A) The office is being redecorated.
(B) A new office is being built.
(C) The employees are swapping office.
(D) An apartment block is going up.

45. When is the new office likely to be completed?

(A) In advance of the target date.
(B) Way after the due date.
(C) Once the electrician leaves the premises.
(D) During the Christmas break.

46. What does the man imply when he says, "my wife will lose it"?

(A) She will mislay her present.
(B) She will lose confidence.
(C) She will be pretty angry.
(D) He will be angry with his wife.

---

47. Why did the man call his boss?

(A) To purchase a company car.
(B) To discuss the advantages of a very large car.
(C) To tell her about a collision between two cars.
(D) To talk about a belligerent woman.

48. **According to the man, what is the key problem?**

(A) The client may not sign the contract.
(B) A pick-up is a huge car.
(C) He is likely to lose his job.
(D) He cannot get through to the HR department.

49. **What will the man most likely do next?**

(A) Send an e-mail to the client at some time.
(B) Contact his client promptly.
(C) Draw up a new contract.
(D) Go home to get over the shock.

---

50. **What is the woman asking for?**

(A) A plant
(B) A new light
(C) Some photocopies
(D) Some advice

51. **Where does the man first suggest she put the plant?**

(A) By the shredder
(B) Beside the photocopier
(C) Under the window
(D) Next to his desk

52. **What does the man imply at the end of the conversation?**

(A) He is annoyed.
(B) He is bored.
(C) He is pleased.
(D) He is untroubled.

---

53. **What are the speakers discussing?**

(A) Public transport
(B) Certain problems
(C) Travel arrangements
(D) Airport restrictions

54. **At what time did the woman want to be called for?**

(A) 7 am
(B) 7 pm
(C) 7:30
(D) 7:50

55. **Where will they be at 7:50 pm?**

(A) Out of the office
(B) In the taxi
(C) Beneath the door cover
(D) On the side of the road

---

56. **What is the conversation mainly about?**

(A) A closing speech
(B) An opening speech
(C) A seminar program
(D) Guests at a seminar

57. **What does the man say about Professor May?**

(A) He's into healthy eating.
(B) He sings in the opera.
(C) He is very demanding.
(D) He likes drinking tea.

58. **Why may Professor March not be available?**

(A) She is not very flexible.
(B) They cannot offer a lot of money.
(C) They are asking her at the last minute.
(D) She will not work for free.

---

59. **What does management want employees to do?**

(A) Rotate the shift.
(B) Volunteer work.
(C) Move to a new area.
(D) Renovate the new office.

60. **What advantage does the woman mention?**

(A) More time to go shopping.
(B) Having lots of children.
(C) Working fewer hours.
(D) Longer lunch breaks in a restaurant.

61. **What does the man mean when he says, "It's a no-brainer"?**

(A) It is easy to decide.
(B) It is complicated.
(C) It requires thought.
(D) It is a can of worms.

---

62. **What is the speaker calling about?**

(A) A missing spare part
(B) A plastic press machine
(C) A delayed order
(D) A broken red knob

63. **Who most likely is the woman?**

(A) An operative
(B) A colleague
(C) A supplier
(D) A client

64. **What does Jeremy Miles offer to do?**

(A) Make a delivery.
(B) Give instructions over the phone.
(C) Go downtown and make a purchase.
(D) Come around to fix the machine.

93% of our subscribers would recommend us. Why not you?

Protecting your loved-ones is a role we share.

– Satisfactory cover
– Good working relationship
– Expertise & personalized advice

We can contact them to talk about it, let us know how:

Recommend us by e-mail ☐ Recommend us by mail ☑

65. What is the discussion about?

(A) Dental treatment
(B) Health insurance
(C) Bank statements
(D) The reimbursement rate

66. What does the woman mean when she says, "Don't let on though"?

(A) He doesn't have to admit to getting more money.
(B) He ought to acknowledge receipt of the payment.
(C) He must not let them put him under pressure.
(D) He shouldn't tell the company about it.

67. How will the company get in touch with prospective customers?

(A) By the postal service
(B) By electronic mailing
(C) By telephone
(D) By visiting clients

APPLICATION FOR MEMBERSHIP

I/We would like to join the our of the Pastime Club.

Date: ____________

Applicant(s): Name*: ______________________ Signature:
Name*: ______________________ Signature:

Address: ____

Telephone n°: ______________ E-mail address: ______________________

Proposer: Name*: ______________________ Signature:

Seconder: Name*: ______________________ Signature:

(* Block capitals please)

Annual Subscription: $35 per person

68. What are the things the club offers to members?

(A) Sports competitions
(B) Epicurean meals
(C) Watching galloping horses.
(D) All of the above

69. What kind of people would be interested in joining the club?

(A) People working overseas
(B) People working in their home town
(C) People on a business making music
(D) People who like making music

70. What requirement to becoming a member does the man fail to mention?

(A) The need for a proposer
(B) The need for a seconder
(C) It would depend on his boss's mood.
(D) The need to already be on the books

↓ CORRIGÉS p. 143-146

PART 4 PISTE 95

71. Which number should you press if you need to talk to accounts?

(A) 1
(B) 2
(C) 3
(D) 4

72. What would a customer find more easily on the website?

(A) A close-by outlet
(B) A member of staff
(C) Menu suggestions
(D) Rental agreements

73. What will the caller likely do next?

(A) Hang upon.
(B) Hang on.
(C) Hang out.
(D) Hang up.

---

74. What type of organization is the Mary Stet Foundation?

(A) A non-profit organization
(B) An international corporation
(C) An SME
(D) A partnership

75. What can be said about the Woylie?

(A) It lives in the northern hemisphere.
(B) It eats grasses in the outback.
(C) It is known to be at risk.
(D) It is a kind of bird.

76. What will the company be doing for the Mary Stet Foundation?

(A) Asking for professional advice.
(B) Putting the public in the picture.
(C) Raising money for zoos.
(D) Teaching people about the foundation.

---

77. What is the subject of the message?

(A) Employee safety
(B) Moving office
(C) A day's instruction
(D) The corporate plants

78. What is said about the management and the trade unions?

(A) They are meeting with a consultant.
(B) They are all concerned about security.
(C) They require more training.
(D) They are organizing the event.

79. What will employees have to bring with them?

(A) Their lunch
(B) Hot drinks
(C) Computer equipment
(D) Teatime cake

---

80. Who is the advertisement for?

(A) Tourists
(B) Local residents
(C) Hotel chain owners
(D) Furniture stores

81. What kind of game is being advertised?

(A) An outdoor game
(B) An on-line game
(C) A board game
(D) A phone app

82. How much will each game cost?

(A) $100
(B) $60
(C) $20
(D) $5

---

83. Where is the announcement likely taking place?

(A) In a teashop
(B) In a hotel
(C) In an office
(D) In an apartment

84. What major change will be made?

(A) Some people will drop in and out.
(B) Clocks will be put on the walls.
(C) All staff will punch in and out.
(D) Employees can turn up at eleven.

85. What does the woman mean when she says, "you may get the push"?

(A) They may move office.
(B) They might be dismissed.
(C) They will keep their jobs.
(D) They could work together.

---

86. What is the purpose of the luncheon meetings?

(A) To have a good meal.
(B) To discuss business issues.
(C) To purchase components.
(D) To pay a low cost.

87. **How many years has Peter been a member?**

(A) 2
(B) 4
(C) 6
(D) 8

88. **What is Peter asked to do?**

(A) Resign from the group.
(B) Sit properly at table.
(C) Come to a meeting.
(D) Improve his manners.

89. **What is the purpose of the announcement?**

(A) To describe the industrial process.
(B) To explain what NPI is.
(C) To welcome a new employee.
(D) To promote continuous improvement.

90. **What is one of the reasons why the process has been reassessed?**

(A) Cheaper costs through outsourcing
(B) The pressure from rival companies
(C) The arrival of a new project leader
(D) The financial challenges the company is facing

91. **What are the 7 steps described as?**

(A) Tricky
(B) Straightforward
(C) Clean-cut
(D) Streamlined

92. **What is the talk mainly about?**

(A) Flying
(B) Jet lag
(C) Time zones
(D) The points of the compass

93. **What is one of the side-effects mentioned in the talk?**

(A) A sense of peace
(B) Slight sluggishness
(C) Complete insomnia
(D) Newfound strengths

94. **What does the speaker mean when he says, "grin and bear it"?**

(A) Laugh and avoid it.
(B) Give up trying.
(C) Smile widely.
(D) Put up with it.

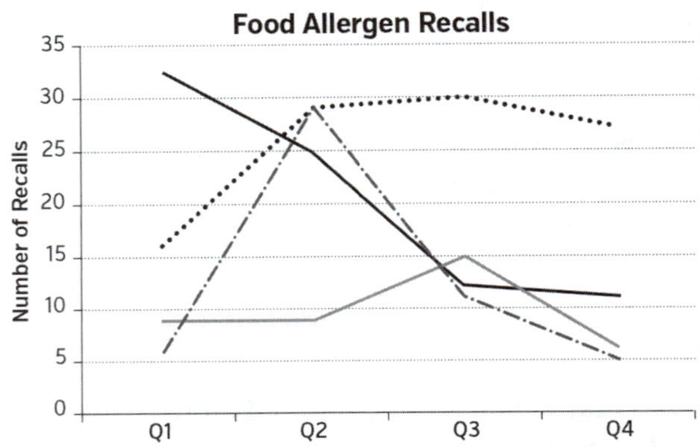

95. **Look at the graphic. Which product does the dotted line represent?**

(A) Eggs and poultry
(B) Dairy products
(C) Peanuts & other nuts
(D) Wheat and other grains

96. **What was the result of the product recalls?**

(A) The company closed.
(B) They made customized lists.
(C) The government announced new regulations.
(D) Corporate procedures were updated.

97. **What will the speaker likely do next?**

(A) Travel to the airport.
(B) Stay a while at the meeting.
(C) Go pick up a customer.
(D) Wait for the Q4 results.

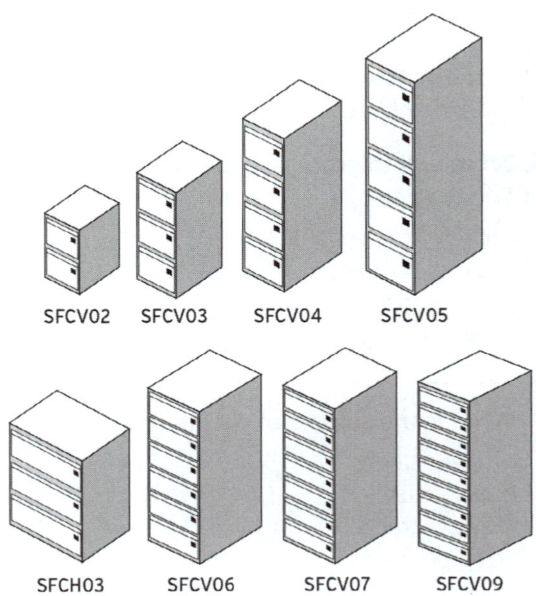

98. **What does the caller particularly appreciate?**

(A) The blueprints
(B) The 3-dimensional images
(C) The e-mail
(D) The diagrams

99. What is the caller's weak point?

(A) He prefers hard copies.
(B) He will not use paper.
(C) He likes small trees.
(D) He loves his dog.

100. Which of the filing cabinets will Bill order?

(A) SFCV03
(B) SFCV05
(C) SFCH03
(D) SFCV07

↓ CORRIGÉS p. 146-148

SCRIPTS & CORRIGÉS

PART 1

Starter

Script PISTE 01

Can.

(A) The delivery is late.
(B) The truck is driving down the street.
(C) There is food in the trunk.
(D) The people are buying lunch from the food truck.

Corrigé

(D) Les gens achètent leur déjeuner au food truck.

Exercice 1

Script PISTE 02

(A) The woman is inspecting the server.
(B) The doctor is examining the patient.
(C) The woman is checking in at the kiosk.
(D) The people are working in a lab.
(E) The group is having a conference call.

Corrigé

1. *Checking in for a flight: suitcase, kiosk, touchscreen, check-in, woman, computer*
2. *In a meeting: work, microphone, man, talk, table, discuss, woman, coffee cup*
3. *Fixing a computer: work, examine, server, inspect, woman, computer, adjustment*
4. *Doctor visit: examine, man, inspect, doctor, woman, thermometer*
5. *Laboratory work: work, research, man, table, microscope, goggles, test tubes, laboratory, woman*

1. (C) La femme est en train de s'enregistrer pour son vol.
2. (E) Le groupe participe à une conférence téléphonique.
3. (A) La femme inspecte le serveur.
4. (B) Le docteur examine la patiente.
5. (D) Les gens travaillent dans un laboratoire.

▶ The Real Deal #1

Script PISTE 03

Am.

(A) The woman works for a cafe.
(B) The woman is using a tablet.
(C) The woman is pouring a cup of coffee.
(D) The woman is washing the window.

Corrigé

(B) La femme utilise une tablette.

Exercice 2

Script PISTE 04

1. The pancakes are very big.
2. She is parking the dirty car carefully under the palm tree.
3. The boy is happily kicking a ball across the long field.
4. Maria is looking closely at the expensive jewels.
5. The large plane is descending rapidly.
6. They are very happy to be at the reception.
7. George will gladly take you to your luxury hotel.
8. The gardener is cutting the large lawn meticulously by hand.
9. Maggie isn't very happy about using the wooden cane.
10. The waiter is currently cleaning the dirty table.

Corrigé

1. Les pancakes sont énormes.
Nouns: pancakes. Verbs: are. Adverbs: very. Adjectives: big.
2. Elle est en train de garer soigneusement la voiture sale sous le palmier.
Nouns: car, palm tree. Verbs: is parking. Adverbs: carefully. Adjectives: dirty, palm.
3. Le garçon frappe joyeusement une balle à travers le grand champ.
Nouns: boy, ball, field. Verbs: is kicking. Adverbs: happily. Adjectives: long.
4. Maria regarde de près les coûteux bijoux.
Nouns: Maria, jewels. Verbs: is looking. Adverbs: closely. Adjectives: expensive.
5. Le grand avion descend rapidement.
Nouns: plane. Verbs: is descending. Adverbs: rapidly. Adjectives: large.
6. Ils sont très contents d'être à la réception.
Nouns: reception. Verbs: are, to be (inf.). *Adverbs: very. Adjectives: happy.*
7. George sera content de vous ramener à votre hôtel.
Nouns: George, hotel. Verbs: will take. Adverbs: gladly. Adjectives: luxury.
8. Le jardinier tond méticuleusement à la main la grande pelouse.
Nouns: gardener, lawn. Verbs: is cutting. Adverbs: meticulously, by hand. Adjectives: large.
9. Maggie n'est pas très contente d'utiliser la canne en bois.
Nouns: Maggie, cane. Verbs: isn't, using. Adverbs: very. Adjectives: happy, wooden.
10. Le serveur est actuellement en train de nettoyer la table sale.
Nouns: waiter, table. Verbs: is cleaning. Adverbs: currently. Adjectives: dirty.

Exercice 3

Script PISTE 05

1. (A) The man is scanning a document.
(B) The man is writing a paper.
2. (A) The breakfast is being paid by phone.
(B) She dropped her phone into her cup of coffee.
3. (A) They are watching the TV.
(B) They are having a video conference.
4. (A) The man is buying some stamps.
(B) The man is stamping a passport.
5. (A) The people are setting fire to the house.
(B) The firefighters are putting out the house fire.
6. (A) The store is out of business.
(B) The store is selling wooden boards.
7. (A) They are buying a house.
(B) They are painting the house.
8. (A) The man is signing a contract.
(B) The man is arguing with the woman.
9. (A) The women constructing something.
(B) The women are wearing hard hats.
10. (A) They are going on a flight.
(B) They are loading the freight on the plane.

Corrigé

1. (A) L'homme est en train de scanner un document.
2. (A) Elle paie son petit-déjeuner par smartphone.
3. (B) Ils font une vidéoconférence.
4. (B) L'homme tamponne un passeport.
5. (B) Les pompiers sont en train d'éteindre le feu de la maison.
6. (A) Le magasin est fermé définitivement.
7. (B) Ils sont en train de peindre la maison.
8. (A) L'homme signe un contrat.
9. (B) Les femmes portent des casques.
10. (B) Ils chargent la cargaison dans l'avion.

▶ The Real Deal #2

Script PISTE 06

Aus.
(A) The women are finishing work.
(B) They are having problems with their headsets.
(C) The woman is touching the screen.
(D) The women are working in a call center.

Corrigé

(D) Les femmes travaillent dans un centre d'appels.

▶ The Real Deal #3

Script PISTE 07

GB
(A) The man is walking on the grass.
(B) The man is running from a dog.
(C) The man has a prosthetic leg.
(D) The man has two shoes.

Corrigé

(C) L'homme a une prothèse de jambe.

Exercice 4

Script PISTE 08

1. Camilla, could you please give me access to the drive when you get a chance?
2. Take it from me, I advise you to buy stock in GeoTech. It's a sure thing!
3. How will the merger affect our pension plan?
4. The law says you're not allowed to be your own auditor and accountant.
5. Could you please buy an adapter before we go on our trip next week?
6. Before we can launch the prototype, we have to seek more capital because we don't have enough funds.
7. That match was incredible! I thought it would be a tie but it ended with a climactic end as Brazil scored three goals in the last minute.
8. The blue chairs in George's office complement the turquoise rug that's already there.
9. Before we proceed, you must seek proper legal counsel.
10. If you go to Dubai, I highly recommend doing a trek in the desert, even if it's a short one.
11. The police tried to elicit incriminating information from the suspect during the interrogation.
12. I think I will have the pasta with the four cheese sauce please.
13. Professor Crane won the award for her work on human rights' campaigns across the world.
14. If you lose this key card one more time, you will have to pay a €50 fee.
15. Welcome to the Prestige Hotel and please don't hesitate to call the maid if you need anything else for your suite.
16. We will meet in our Shanghai office next week to discuss the merger.
17. Anna and Leah are going to Sydney in November for the Pacific Trade Forum.
18. We passed 24th street just after getting off the freeway.
19. That was quite the presentation you gave during the meeting. Nice work!
20. Chrissy bought a yacht and is going to sail to Hawaii with her family.
21. As you saw in the description, our caramels are made with sea salt from Brittany.
22. Bill lost his sense of sight at the age of 12 but that didn't stop him from being an excellent student.
23. I work out one hour every morning on my stationary bike.
24. I think it'll be OK for them to stay the night but check with their mother just in case.
25. There is a consultant in London that I think would be very helpful with our pending merger.
26. The Wi-Fi in the Arcadia conference room is very fast unlike in the Sequoia Conference room.
27. Due to inclement weather, tonight's match has been postponed until Saturday afternoon.

28. Which one would you like? Fish or chicken?
29. Would you mind sending me your presentation, so I can proofread it?
30. Mrs. Talbot, your appointment with HR has been pushed back until 5 o'clock. Will that be all right?

Corrigé

1. (A) *access* = accès
2. (B) *to advise* = conseiller
3. (A) *to affect* = affecter
4. (A) *allowed* = autorisé
5. (B) *to buy* = acheter
6. (A) *capital* = capital
7. (B) *climactic* = culminant
8. (A) *to complement* = compléter
9. (B) *counsel* = conseil
10. (A) *desert* = désert
11. (A) *to elicit* = obtenir
12. (B) *four* = quatre
13. (A) *human* = humain
14. (B) *to lose* = perdre
15. (A) *maid* = femme de chambre
16. (A) *to meet* = rencontrer
17. (A) *Pacific* = Pacifique
18. (A) *passed* = avons passé
19. (B) *quite* = assez, tout à fait, plutôt
20. (B) *to sail* = naviguer
21. (B) *sea* = mer
22. (B) *sight* = la vue
23. (A) *stationary* = stationnaire
24. (A) *their* = leur
25. (B) *there is* = il y a
26. (B) *very* = très
27. (B) *weather* = météo (*inclement weather* = intempéries)
28. (B) *one* = un / une (*which one* = lequel / laquelle)
29. (A) *would* = forme conditionnelle
30. (A) *your* = votre / vos

Exercice 5

Script PISTE 09

1. She is checking her size.
2. The hare is in the field.
3. The patient is very weak.
4. He always tears up the paper when he's finished with it.
5. The whale's tail was bigger than we imagined.
6. This was one of the prettiest manors we saw on our trip to the UK.
7. This is the last of three volumes of the epic tale.
8. He has many fine wines in his cellar.
9. You will need to wind it up.
10. The thief used a crowbar to break it.
11. She rode a horse for hours.
12. He always sighs when I tell him to come home.
13. These days, the youth don't have very good manners.
14. She has a busy week ahead.
15. The bears are getting closer and closer to us every day.
16. The mechanic is fixing the brake.
17. She is cutting a lot of his hair.
18. The blind man is crossing the street.
19. The baby whines when he's hungry.
20. The road leads to the mountains.

Corrigé

1. *size* = taille
2. *hare* = lièvre
3. *weak* = faible
4. *to tear up* = déchirer
5. *tail* = queue
6. *manors* = manoirs
7. *tale* = histoire, conte, récit
8. *wines* = vins
9. *to wind up* = remonter
10. *to break* = casser
11. *rode* = (ici) a fait du cheval (passé simple – infinitif : *to ride*)
12. *sighs* = soupire (infinitif : *to sigh*)
13. *manners* = manières
14. *week* = semaine
15. *bears* = ours
16. *brake* = frein
17. *hair* = cheveux
18. *blind* = aveugle
19. *whines* = gémit (infinitif : *to whine*)
20. *road* = route

▶ The Real Deal #4

Script PISTE 10

Aus.
(A) She's buying a car.
(B) The woman is changing the tire.
(C) The ground is getting higher.
(D) She's about to go for a drive.

Corrigé

(B) La femme change le pneu.

▶ The Real Deal #5

Script PISTE 11

GB
(A) The counter is messy.
(B) She is buying lots of cans in the store.
(C) The kitchen is being cleaned.
(D) You can count on me for dinner.

Corrigé

(A) Le plan de travail est en désordre.

Exercice 6

Script PISTE 12

Across
2 A formal assembly or meeting of people

4 A flat screen device
6 An artificial limb or appendage
8 A place where experiments are conducted
10 Another term for cargo that is transported

Down
1 A machine that reproduces documents
3 A workspace in a kitchen
5 The conclusion of a financial transaction
7 Not very strong or forceful
9 Not tied down or well attached

Corrigé

Across
2 Une assemblée ou réunion de personnes : *conference* = conférence
4 Un appareil à écran plat : *tablet* = tablette
6 Un membre ou un appendice artificiel : *prosthetic* = prothèse
8 Un lieu où des expériences sont menées : *laboratory* = laboratoire
10 Un autre terme pour les marchandises transportées : *freight* = fret

Down
1 Une machine qui reproduit des documents : *photocopier* = photocopieur
3 Un espace de travail dans une cuisine : *counter* = comptoir
5 La conclusion d'une transaction financière : *payment* = paiement
7 Pas très fort ou énergique : *weak* = faible
9 Non attaché ou pas bien attaché : *loose* = relâché

PRACTICE TEST

Script PISTE 13

1. Am.
(A) They are boarding a plane.
(B) The door is closed.
(C) The jet is taking off.
(D) The people are coming down the stairs.

2. Am.
(A) He is buying a turtle.
(B) The man is swimming underwater.
(C) He is popping a bubble.
(D) The man is cooking some fish.

3. GB
(A) They're having lunch at the table.
(B) They're drawing on the paper board.
(C) The women are standing next to the windows.
(D) The man is giving a presentation.

4. Aus.
(A) The woman is making some frames.
(B) The woman is looking at the picture.
(C) The woman is hanging up her jacket.
(D) The woman is standing with lots of people.

5. Am.
(A) The man is building a snowman.
(B) The dog is jumping.
(C) The man is carrying his dog.
(D) The man is wearing gloves.

6. Can.
(A) The man is hunting wild animals.
(B) The man is shooting at a target.
(C) The man is making a fire.
(D) The man is going for a run.

Corrigé

1. (A) Ils sont en train d'embarquer dans l'avion. *To board* = embarquer.
2. (B) L'homme nage sous l'eau.
3. (D) L'homme fait une présentation.
4. (B) La femme regarde l'image.
5. (D) L'homme porte des gants.
6. (B) L'homme tire (avec un pistolet). *To fire a gun* = tirer un coup de feu.

PART 2

Starter

Script PISTE 14

1. GB Awfully cold, isn't it?
Am. (A) I can't get rid of my cold either.
(B) I know. Isn't it dreadful about their house?
(C) It sure is.

2. Am. Can we take a walk round the lake?
Can. (A) No, Jake's not from round here.
(B) Sure, we can go after lunch.
(C) It's too cold for swimming.

3. Can. How's the chicken?
Aus. (A) My kids prefer chicken to beef.
(B) I was just checking in with you.
(C) A little dry for my liking.

4. Aus. Do you think you could have that ready by 4 pm?
GB (A) I work for Hanley and Johnson.
(B) I wasn't thinking about the answer at all.
(C) It's gonna be tight, but I can do it.

5. GB How about that?
Am. (A) It's amazing, isn't it?
(B) What about Bob?
(C) Cheryl doesn't like boats very much.

Corrigé

1. (C) Oui, certainement.
2. (B) Oui, on peut y aller après le déjeuner.
3. (C) C'est un peu sec pour moi.
4. (C) Ça va être serré, mais je peux le faire.
5. (A) C'est incroyable, n'est-ce pas ?

Exercice 1

Script PISTE 21

1. Far too much for my liking.
2. The police estimate over 50,000!
3. Anything with chocolate.
4. That place over on 4th street is really good.
5. Why not!
6. We haven't decided yet.
7. Always just before eating.
8. He most certainly did!
9. I think it's next week.
10. They sure are.
11. I think she will.
12. You're right on time.
13. She can.
14. My grades weren't good enough.
15. You bet Professor Chang.

Corrigé

A. 3. *Anything with chocolate.* = N'importe quoi avec du chocolat.
B. 1. *Far too much for my liking.* = Beaucoup trop à mon goût.
C. 2. *The police estimate over 50,000!* = La police estime plus de 50 000 !
D. 5. *Why not?* = Pourquoi pas ?
E. 4. *That place over on 4th street is really good.* = Cet endroit sur la 4e rue est très bon.
F. 7. *Always just before eating.* = Toujours juste avant de manger.
G. 9. *I think it's next week.* = Je crois que c'est la semaine prochaine.
H. 6. *We haven't decided yet.* = On n'a pas encore décidé.
I. 10. *They sure are.* = Bien sûr que oui.
J. 8. *He most certainly did!* = Il l'a certainement fait !
K. 11. *I think she will.* = Je pense que oui.
L. 14. *My grades weren't good enough.* = Mes notes n'étaient pas assez bonnes.
M. 12. *You're right on time.* = Vous êtes bien à l'heure.
N. 15. *You bet Professor Chang.* = Absolument Professeur Chang.
O. 13. *She can.* = Oui, elle peut.

Exercice 2

Script PISTE 24

1. Do you like your new office?
(A) Yes, I do.
(B) Yes, I am.
(C) Yes, I like.

2. Have you talked to Louis about his tardiness?
(A) No, I didn't.
(B) No, I won't.
(C) No, I haven't.

3. Do you think the project will be done on time?
(A) I hope so.
(B) I hope to.
(C) I might.

4. Do you think the conference will be long?
(A) Yes, I expect so.
(B) Yes, it is.
(C) Yes, I will.

5. Did our new distributor talk to you about the invoices?
(A) No, she doesn't.
(B) No, she didn't.
(C) No, it wasn't.

6. Do you think the boss will be in a bad mood tomorrow?
(A) Yes, he might.
(B) Yes, I will.
(C) Yes, he is.

7. Everybody in Germany speaks English, don't they?
(A) No, they do. Not all of them.
(B) No, they all. Not all of them.
(C) No, they don't. Not all of them.

8. Are you going to Mary's retirement party?
(A) In a while.
(B) Perhaps.
(C) Tomorrow maybe.

9. Anna isn't arguing with you again, is she?
(A) Yeah, she hasn't stopped.
(B) Oh, not again!
(C) No, she won't.

10. Are Katie and Thomas interested in doing the presentation for our Japanese clients?
(A) It's not interesting.
(B) They don't.
(C) Most likely.

11. Didn't I tell you that the TPS reports need to have a cover sheet?
(A) I didn't.
(B) No need at all.
(C) I don't remember.

12. The printer is jammed again!
(A) I'll fix it.
(B) I don't like it.
(C) I'm printing.

Corrigé

1. (A) *Yes, I do.* = Oui, je l'aime bien.
2. (C) *No, I haven't.* = Non, je ne lui ai pas encore parlé.
3. (A) *I hope so.* = Je l'espère.
4. (A) *Yes, I expect so.* = Oui, je crois bien.
5. (B) *No, she didn't.* = Non, elle ne m'en a pas parlé.
6. (A) *Yes, he might.* = Oui, peut-être.
7. (C) *No, they don't. Not all of them.* = Non, pas tout le monde.

8. (B) *Perhaps.* = Peut-être.
9. (A) *Yeah, she hasn't stopped.* = Ouais, elle n'a pas arrêté.
10. (C) *Most likely.* = Probablement.
11. (C) *I don't remember.* = Je ne me souviens pas.
12. (A) *I'll fix it.* = Je m'en occupe.

Exercice 3

Script PISTE 31

1. What's this all about?
(A) There isn't any doubt.
(B) She wants to know more.
(C) She needs everything.

2. Can't we all just get along?
(A) He wants to buy a new lawn.
(B) He doesn't think good relations are possible.
(C) He wants better relations with everybody.

3. You don't have any change on you, do you?
(A) She wants to know if you have coins.
(B) She wants to know if you have changed.
(C) She wants to know if you have no money at all.

4. Can we go out for a bite to eat?
(A) He would like to go to a restaurant.
(B) He would like to bite somebody.
(C) He would like to be outdoors.

5. Are there any apps on your phone that you can't live without?
(A) She wants to know if it is boring with a telephone.
(B) She wants to know if she will die if she doesn't have the apps.
(C) She wants to know if there are any essential applications that she should get.

6. What's the best "hidden gem" attraction around here?
(A) He wants to know more about what's attractive.
(B) He would like to find the hidden jewellery.
(C) He would like to know if there is something very special but not famous.

7. Can you please get to the point?
(A) She wants to see the sharp end of the object.
(B) She wants someone to go straight to what is important.
(C) She wants somebody to take her to the cliff at the ocean.

8. Did Andrew drop out of school?
(A) He wants to know if Andrew stopped attending classes.
(B) He wants to know if Andrew fell down.
(C) He wants to know if Andrew was expelled by the school.

9. When do you think you can pay me back?
(A) He would like to think about revenge.
(B) He would like to know when he will be reimbursed.
(C) He would like to do something about his back.

10. It seemed really great. Why did you turn down that job?
(A) She wants to know how great the job is.
(B) She wants to know where to turn to go to work.
(C) She wants to know why somebody decided not to accept employment.

11. Could we do that last part over again?
(A) He would like to be at the very end.
(B) He would like something to finish.
(C) He would like to attempt something again.

12. How's the new job working out for you?
(A) She wants to know if the person needs exercise.
(B) She wants to know if the new post is acceptable.
(C) She wants to know if he is looking for a new job.

Corrigé

1. (B) Elle voudrait en savoir plus.
2. (C) Il veut de meilleures relations avec tout le monde.
3. (A) Elle veut savoir si vous avez des pièces de monnaie.
4. (A) Il voudrait aller au restaurant.
5. (C) Elle veut savoir s'il y a des applications essentielles qu'elle devrait obtenir.
6. (B) Il aimerait savoir s'il y a quelque chose de très spécial (à voir) mais qui ne soit pas connu.
7. (A) Elle veut que la personne aille rapidement à l'essentiel.
8. (B) Il veut savoir si Andrew a arrêté de suivre les cours.
9. (B) Il voudrait savoir quand il sera remboursé.
10. Elle veut savoir pourquoi quelqu'un a décidé de ne pas accepter le poste.
11. (C) Il voudrait tenter à nouveau quelque chose.
12. (B) Elle veut savoir si le nouveau poste lui convient.

Exercice 4

Script PISTE 32

1. Access
(A) We need better access to the networks.
(B) We should be worried about excess spending.
2. Adopt
(A) The company has taken a while to adapt to the new policy.
(B) The company has decided to adopt a new recycling policy.
3. Advice
(A) You should advise your client not to give out so much information.
(B) I got some good advice from my attorney concerning the tax bill we have.
4. Effect
(A) We are already beginning to see the serious effects of climate change.
(B) Many are skeptical as to how climate change will affect them.
5. Bazaar
(A) If you ever go to Istanbul, you need to spend some time wandering the bazaar.
(B) Last year, we were on safari and saw so many bizarre animals.
6. Conscious
(A) My client was fully conscious of his decisions when he made them.
(B) As CEO, I cannot in good conscience lay off my employees before the holidays.

7. Desert
(A) Who is bringing the dessert for the party?
(B) Who would want to spend summer in the desert?
8. Devise
(A) I am sorry but for security reasons, no electronic devices are allowed on board.
(B) The group was trying to devise a plan to overthrow the government.
9. Dissent
(A) It's tough to find a decent restaurant in this town.
(B) The dissent publication was shut down by the authorities.
10. Imminent
(A) Everybody was thrilled to have such an eminent professor teach the class.
(B) The storm was imminent, so we had to take shelter right away.
11. Latter
(A) I prefer the latter of the two options, it sounds better.
(B) She prefers to go to the later showing of the film, don't ask me why.
12. Liable
(A) Mercury airlines was liable for all the luggage they lost during the strikes.
(B) Francis was sued for libel last year and lost!
13. Lose
(A) These trousers seem really loose, I guess I have lost some weight.
(B) You're going to lose your things if you don't keep better track of these things.
14. Personal
(A) Dawn, just drop this off at the personnel office and everything will be fine.
(B) Mark, you need to stop asking me such personal questions!
15. Perspective
(A) We've had a couple of prospective offers for our start-up, so I'm optimistic.
(B) Thanks a lot for your perspective on these algorithms, I really appreciate it.
16. Quite
(A) Sshh! Could you please be quiet? Some of us are trying to sleep.
(B) Oh, I quite agree with you! Charlie is very noisy, especially when people are trying to sleep.
17. Sense
(A) I am beginning to sense that you're not too happy with the furniture I've picked out.
(B) Since you bought that couch, I have had horrible lower-back pain.
18. Sit
(A) Margaret Baldridge was a successful businesswoman and used to sit on the boards of five corporations.
(B) Margaret Baldridge set out to change the way her father did business and put all the sales online.
19. Shone
(A) He shone the light across the room and found the rat in the corner.
(B) He has just shown me the rat he caught in the bedroom.
20. Tact
(A) To put up the pictures, you will need to tack them to the wall. I'll show you.
(B) The American President didn't show much tact during his last visit overseas.

Corrigé

1. (A) *access* = accès
2. (B) *adopt* = adopter
3. (B) *advice* = conseil
4. (A) *effect* = effet
5. (A) *bazaar*
6. (A) *conscious* = conscient
7. (B) *desert*
8. (B) *devise* = concevoir
9. (B) *dissent* = contestation
10. (B) *imminent*
11. (A) *latter* = dernier
12. (A) *liable* = responsable
13. (B) *lose* = perdre
14. (B) *personal* = personnel
15. (B) *perspective*
16. (B) *quite* = assez
17. (A) *sense* = sens
18. (A) *sit* = elle est au conseil.
19. (A) *shone* = briller
20. (B) *tact*

▶ The Real Deal #1

Script PISTE 33

1. GB What are the odds of getting a job there?
Aus. (A) I work Tuesday to Saturday.
(B) It is odd, isn't it?
(C) For you they'd be pretty good.

2. Am. Would you care for some coffee?
Can. (A) Not right now, maybe later.
(B) I don't care about that!
(C) Many people have difficulties with caffeine.

3. Aus. How much do you think we could earn?
Can. (A) I have many thoughts on that subject.
(B) You don't learn much in school these days.
(C) Quite a bit if we work hard.

4. GB I've been waiting for an hour.
Can. (A) No, it's a quarter to four.
(B) I'm sorry, somebody will be with ya' shortly.
(C) My mother is a patient person.

5. Am. He isn't going to sit next to me, is he?
Can. (A) I'm afraid he is.
(B) Oh, that's just next door!
(C) Where are you sitting?

6. Can. Put that on my desk, will you?
GB (A) Awfully big desk you have.
(B) Sure, no problem.
(C) There is a lot of work to do here.

7. **Aus.** How do you do?
Can. (A) I do it just fine.
(B) No, I don't.
(C) Very well, thank you.

8. **GB** Why can't I have access to that?
Am. (A) You're not allowed to, that's why.
(B) It's in excess of $20,000.
(C) That is the company intranet.

9. **Am.** Oh, that's great news!
Aus. (A) I haven't heard any information.
(B) Be sure to lift the grate carefully.
(C) Thanks, we're very happy.

10. **Am.** What are you fixin' for lunch?
Aus. (A) It's at one o'clock.
(B) Sausage and mash.
(C) Nothing's broken here.

Corrigé

1. (C) Ce serait assez bien pour vous.
2. (A) Pas maintenant, peut-être plus tard.
3. (C) Beaucoup, si on travaille dur.
4. (B) Je suis désolé, quelqu'un sera avec vous bientôt.
5. (A) J'en ai bien peur.
6. (B) Bien sûr, pas de problème.
7. (C) Très bien, merci.
8. (A) Vous n'y êtes pas autorisé, voilà pourquoi.
9. (C) Merci, nous sommes très contents.
10. (B) Saucisse et purée.

▶ The Real Deal #2

Script PISTE 39

1. **Can.** May I go home early today?
Aus. (A) I think that'll be OK.
(B) She's never on time.
(C) I think it's tomorrow.

2. **Aus.** I'm afraid Mike's called in sick today.
Can. (A) Don't be afraid.
(B) Well, I'm not a doctor.
(C) That's the third time this month.

3. **GB** Which track is the train to Philadelphia?
Am. (A) The one just after the escalator.
(B) You should drive instead.
(C) Philadelphia is pretty this time of year.

4. **Am.** How long is that gonna take you?
Can. (A) Not more than an hour.
(B) That film was so long!
(C) I don't think anything is missing.

5. **Can.** What are you up to these days?
Aus. (A) Oh, I'm working part time!
(B) I'm up on the 5th floor now.
(C) It's Friday.

Corrigé

1. (A) Je pense que ça ira.
2. (C) C'est la troisième fois ce mois-ci.
3. (A) Celui juste après l'escalator.
4. (A) Pas plus d'une heure.
5. (A) Oh, je travaille à temps partiel !

Exercice 5

Script PISTE 40

1. It's awfully cold in here.
2. My handbag is missing.
3. This cheesecake is delightful.
4. Mr. Melegari will see you now.
5. I don't have any cash on me.
6. The courier's last pickup is at 6.
7. Here are your keys, madam.
8. You'll need to work this weekend.
9. I have the Murrow file if you need it.
10. It's a beautiful day today.
11. Stephanie isn't feeling well.
12. Let's go for a walk.
13. Crete is so crowded that time of year.
14. I don't think my Korean is that good.
15. You should apply for that new post in Miami.
16. That is really kind of you.

Corrigé

1. (C) *Somebody will offer to fix the temperature.* = Quelqu'un va se proposer de régler la température.
2. (A) *She wants to find it.* = Elle veut le trouver.
3. (B) *Somebody will give him the recipe.* = Quelqu'un lui donnera la recette.
4. (B) *Somebody will thank her.* = Quelqu'un la remerciera.
5. (A) *Somebody will tell her she can pay by card.* = Quelqu'un lui dira qu'elle peut payer par carte.
6. (C) *Somebody will say she'll have the package ready by then.* = Quelqu'un dira que son colis sera prêt d'ici là.
7. (C) *She will thank the lady.* = Elle remerciera la dame.
8. (A) *Somebody will complain about the situation.* = Quelqu'un se plaindra de la situation.
9. (B) *Somebody will confirm that they do need it.* = Quelqu'un confirmera qu'ils en ont besoin.
10. (A) *Somebody will agree with her.* = Quelqu'un sera d'accord avec elle.
11. (B) *Somebody will offer to go to the pharmacy.* = Quelqu'un proposera d'aller à la pharmacie.
12. (C) *Somebody believes it will rain.* = Quelqu'un pense qu'il va pleuvoir.
13. (A) *Somebody will insist that it's the best time of year.* = Quelqu'un insistera pour dire que c'est bien le meilleur moment de l'année.
14. (A) *Somebody will tell him to relax.* = Quelqu'un lui dira de se détendre.
15. (C) *Somebody will say his kids don't want to move* = Quelqu'un dira que ses enfants ne veulent pas déménager.
16. (B) *Somebody will say it was no problem.* = Quelqu'un dira que ce n'était pas un problème.

Exercice 6

Script PISTE 41

1. It's awfully cold in here.
(A) I'll buy a jacket.
(B) Let me turn down the air conditioning.
(C) I can make it colder.

2. My handbag is missing.
(A) Somebody will buy you a new one.
(B) Check with Roger, he knows.
(C) I can help you find it.

3. This cheesecake is delightful.
(A) Here's some more cheese if you'd like.
(B) Thanks, let me give you the recipe.
(C) Why are you scared?

4. Mr. Melegari will see you now.
(A) Who is Mr. Melegari?
(B) I can't see that well anymore.
(C) Thank you, I'm on my way.

5. I don't have any cash on me.
(A) Cash is a very old concept.
(B) It's fine, you can pay by card.
(C) You know it's not free.

6. The courier's last pickup is at 6.
(A) It'll be ready for him.
(B) He can pick it up later.
(C) Oh, I'm not a courier!

7. Here are your keys, madam.
(A) Do you have the keys?
(B) Thank you very much.
(C) I'm Mrs. Robinson.

8. You'll need to work this weekend.
(A) This job is fantastic.
(B) I think it's in Moony Ponds.
(C) That's the third time this month.

9. I have the Murrow file if you need it.
(A) Yeah, that'd be great.
(B) I was friends with an Edgar Murrow.
(C) Is somebody gonna buy filing cabinets?

10. It's a beautiful day today.
(A) Isn't it?
(B) No, it's Tuesday!
(C) I think Felicia is really ugly.

11. Stephanie isn't feeling well.
(A) Be careful of the open well in the backyard.
(B) I've known her for years.
(C) I can run up to the drug store.

12. Let's go for a walk.
(A) I walk 6 miles each day.
(B) No, I drove.
(C) It looks like it's gonna rain.

13. Crete is so crowded that time of year.
(A) I adore Greece!
(B) It's 7:10.
(C) I know but this is when the weather is the nicest.

14. I don't think my Korean is that good.
(A) Korean is very useful to learn if you live in Seoul.
(B) No, it's European.
(C) I think you're gonna be just fine.

15. You should apply for that new post in Miami.
(A) Yeah, but my daughters are still in school.
(B) The check is in the post.
(C) I'm not that crazy about Orlando.

16. That is really kind of you.
(A) Who are you?
(B) It was my pleasure.
(C) You have a very intelligent mind.

Corrigé

1. (B) Laissez-moi baisser la climatisation.
2. (C) Je peux vous aider à le trouver.
3. (B) Merci, je vous donne la recette.
4. (C) Merci, j'arrive.
5. (B) Ce n'est pas un problème, vous pouvez payer par carte.
6. (A) Il sera prêt pour lui.
7. (B) Merci beaucoup.
8. (C) C'est la troisième fois ce mois-ci.
9. (A) Ouais, ce serait génial.
10. (A) N'est-ce pas ?
11. (C) Je peux aller vite à la pharmacie.
12. (C) On dirait qu'il va pleuvoir.
13. (C) Je suis d'accord mais il fait plus beau à ce moment-là.
14. (C) Je pense que vous allez bien vous débrouiller.
15. (A) Ouais, mais mes filles sont toujours à l'école.
16. (B) Le plaisir était pour moi.

Exercice 7

Script PISTE 42

1. Aus. Why are we still dealing with that supplier?
2. Can. If we order at least 5,000 units, how much of a discount would we get?
3. GB Aren't they the most uncooperative clients we've ever had?
4. Am. The order was sent late last night, wasn't it?
5. Aus. So when do you think it'll arrive?
6. Can. Can't I speak to your supervisor?
7. GB Who do I need to speak to then?
8. Am. But I sent all that by e-mail, didn't you get it?
9. Aus. How often do you have this problem?
10. Can. Don't you have any idea how serious this is?
11. GB Can you tell me again why there is a delay with our order?
12. Am. I bet you tell all your customers this, don't you?

Corrigé

1. Pourquoi travaille-t-on toujours avec ce fournisseur ?
2. Si nous commandons au moins 5 000 unités, quelle sera notre réduction ?

3. Ne sont-ils pas les clients les plus difficiles que nous ayons jamais eus ?
4. La commande a été envoyée tard hier soir, n'est-ce pas ?
5. Alors quand penses-tu que cela arrivera ?
6. Je ne peux pas parler à votre responsable ?
7. À qui dois-je m'adresser alors ?
8. Mais j'ai tout envoyé par mail. Vous ne l'avez pas reçu ?
9. À quelle fréquence avez-vous ce problème ?
10. N'avez-vous aucune idée de la gravité de cette situation ?
11. Pouvez-vous me redire pourquoi il y a un retard avec notre commande ?
12. Je parie que vous dites ça à tous vos clients, n'est-ce pas ?

Exercice 8

Corrigé

A. 3. *I've seen worse.* = J'ai vu pire.
B. 7. *With our customer service office in Manila.* = Avec notre bureau de service à la clientèle à Manille.
C. 9. *Hardly ever.* = Presque jamais.
D. 12. *This has never happened before.* = Ceci n'est jamais arrivé avant.
E. 1. *Because we have a contract with them.* = Parce que nous avons un contrat avec eux.
F. 8. *Yes, but I don't have access to the server.* = Oui, mais je n'ai pas accès au serveur.
G. 4. *It was supposed to.* = C'était censé l'être.
H. 6. *He's out sick.* = Il est malade.
I. 2. *At least 10% off.* = Au moins 10 % de réduction.
J. 11. *Two of our machines aren't working.* = Deux de nos machines sont hors service.
K. 10. *We're very sorry about everything.* = Nous sommes vraiment désolés pour la gêne occasionnée.
L. 5. *Probably not until next week.* = Probablement pas avant la semaine prochaine.

Exercice 9

Script PISTE 43

1. Buying airplane tickets.
(A) I'm afraid of flying.
(B) You'll need to book soon.
(C) It is rather plain, isn't it?

2. Confirming a meeting time.
(A) I think it's from 4 to 6 in the Compass Room.
(B) No, it's not about that.
(C) I think it is time we meet up about that.

3. Looking for an internship.
(A) This is an internal matter.
(B) My niece is an intern.
(C) Send me your CV and I'll see what I can do.

4. Wanting to know what the boss thinks about something.
(A) Our boss is feeling ill today.
(B) I'm thinking we should have sushi for lunch.
(C) Don't worry, Joelle is open to lots of new ideas.

5. Asking for advice to do something better.
(A) I think that's enough butter.
(B) Do some more research on your subject.
(C) The advice column in the paper is quite funny.

6. Wanting to know the hours of a business.
(A) We're open from 8 am to 8 pm everyday.
(B) My business is in plumbing supplies.
(C) Yes, that's ours.

7. Wanting to know if a supplier is out of a product.
(A) Emma's outside. I'll go get her.
(B) Yes, we are but we should have more next week.
(C) The products are made in China.

8. Asking somebody if it's OK to smoke.
(A) If there's smoke, there's fire.
(B) It's not oak, it's mahogany.
(C) Not in the house, but the patio is ok.

9. Ordering something off the menu.
(A) We can do that but there'll be a three-dollar charge.
(B) I like breakfast.
(C) More men work here than women.

10. Asking for an address.
(A) This isn't a dress, it's a skirt.
(B) I don't live near here.
(C) Sure, the office is at 605 Hudson Drive.

Corrigé

1. (A) J'ai peur de prendre l'avion.
(C) C'est plutôt évident, non ?
2. (B) Non, ce n'est pas ça.
(C) Je pense qu'il est temps que nous nous rencontrions à ce sujet.
3. (A) C'est une affaire interne.
(B) Ma nièce est stagiaire.
4. (A) Notre chef ne se sent pas bien aujourd'hui.
(B) Je pense que nous devrions commander des sushis pour le déjeuner.
5. (A) Je pense qu'il y a assez de beurre.
(C) La page de conseils dans le journal est assez drôle.
6. (B) Je travaille dans les fournitures pour plomberie.
(C) Oui, c'est à nous.
7. (A) Emma est dehors. Je vais la chercher.
(C) Les produits sont fabriqués en Chine.
8. (A) Il n'y a pas de fumée sans feu.
(B) Ce n'est pas du chêne mais de l'acajou.
9. (B) J'aime le petit-déjeuner.
(C) Plus d'hommes que de femmes travaillent ici.
10. (A) Ce n'est pas une robe, c'est une jupe.
(B) Je ne vis pas près d'ici.

▶ The Real Deal #3

Script PISTE 44

1. Aus. Very well but lunch's on me!
GB (A) Well, if you insist.
(B) No, there's nothing on your shirt.
(C) I don't know how to cook.
2. GB You don't believe that he'll be on time, do you?
Aus. (A) Ah no, it's 3 o'clock.
(B) I believe you.
(C) Not at all.

3. Can. Could I bring it down to your office?
Aus. (A) No, I work up on the 7th floor.
(B) Sure, whenever you have time.
(C) Bring your notebook to the meeting.

4. Am. Careful, will you!
Aus. (A) Oh, sorry!
(B) I care about you too.
(C) It looks pretty full to me.

5. Aus. What d'ya think about that?
Am. (A) It's a random thought.
(B) That is a flamingo.
(C) It's pretty impressive.

Corrigé

1. (A) Bien, si vous insistez.
2. (C) Pas de tout.
3. (B) Bien sûr, quand vous avez le temps.
4. (A) Oh, désolé !
5. (C) C'est assez impressionnant.

PRACTICE TEST

Script PISTE 45

7. GB This tiramisu is awfully good!
Am. (A) It is awful.
(B) I'm not fond of Japanese food.
(C) Thanks, it's Sophie's recipe.

8. Aus. We haven't seen you in ages.
Am. (A) He's 12 years old.
(B) I know. We must get together more often.
(C) That supposedly happened in the Bronze Age.

9. Can. Would you care for a drink?
Am. (A) Sounds great, thanks!
(B) He's always careful.
(C) The dishes are in there.

10. Am. How's Harry doing?
Aus. (A) Not bad for his age.
(B) Just a little off the top.
(C) Sshh! I'm doing my homework.

11. Aus. Is the meeting running behind schedule?
GB (A) I can't, it's raining today.
(B) Just a few minutes.
(C) Ron is meeting Roly later today for lunch.

12. Can. Did they put on a good show?
Am. (A) Oh, it wasn't bad!
(B) She left her sweater upstairs.
(C) We'll show you later.

13. Am. Do you think our sales will take off?
Aus. (A) Yeah, put them in the corner.
(B) Tomorrow will be better for sailing.
(C) They will just after the holidays.

14. GB Are you gonna stick around after the party?
Am. (A) I don't know why it's sticky.
(B) It's Friday at 9 o'clock.
(C) Just for a little bit.

15. Aus. When are we going to run some tests?
Am. (A) Let me change shoes.
(B) Once I hear back from the engineers.
(C) But she didn't study!

16. Can. Captain, will we be landing on time?
Am. (A) Right on schedule.
(B) It's half past three.
(C) We'll be landing in Dubai.

17. Am. Who is taking Grandma to the doctor's tomorrow?
Aus. (A) I saw her last week.
(B) I can't, I've got class.
(C) Kate isn't a doctor.

18. GB Could you hold the mayonnaise on my sandwich?
Can. (A) My hands are full, sorry.
(B) Sure. Would you like something else instead?
(C) Yes, I'll sweep up the sand.

19. Aus. Is Mathilde coming over tonight?
Can. (A) She'll be here right after practice.
(B) I'm busy tonight.
(C) Yes, I'll be right there.

20. Can. Could you tell me about yourself, please?
GB (A) You know, I'm not feeling well myself.
(B) I'm a graduate student in Economics.
(C) As far as I know.

21. Am. Shouldn't you take a scarf?
Aus. (A) I'm not taking him anywhere.
(B) I got one last Christmas.
(C) Oh, thanks for reminding me!

22. GB Whose car is blocking the driveway?
Aus. (A) I think it's Eric's.
(B) Yeah, you're blocked all right.
(C) My ride is coming at five o'clock.

23. Can. Pardon me, do you have any canned beef stew?
GB (A) In the bottle and can.
(B) I'm afraid we're all out.
(C) I think it's delicious.

24. Am. Don't I know you from somewhere?
Aus. (A) No, the sum is greater than that.
(B) We used to be neighbors.
(C) Over by the fountain.

25. GB OK, how many people have you invited to the party?
Aus. (A) About twenty.
(B) It's Saturday night.
(C) The end is my favorite part.

26. Aus. Have you ever eaten at that restaurant?
GB (A) I don't like to cook.
(B) I shouldn't eat so much.
(C) Once and it wasn't bad.

27. Can. Did you remember to bring your phone charger?
Am. (A) No, I'll have to go home and get it.
(B) My new phone plan is really affordable.
(C) Heather brought some too.

28. Am. Why was Joanna so angry this morning?
Aus. (A) She goes running every morning.
(B) Audrey didn't do what she was supposed to.
(C) She arrived as usual at a quarter to nine.

29. GB It's hard to get any phone service here.
Am. (A) I'll call the waiter again.
(B) You served me last time I was here.
(C) The network isn't very reliable in this part of town.

30. Aus. Do you know when Raphael will be back?
GB (A) I'm not allowed to rub your back!
(B) For three years.
(C) Probably after lunch.

31. Can. How long has the network been down?
GB (A) Just pick it back up.
(B) About an hour.
(C) I can catch those things in my net!

Corrigé

7. (C) Merci, c'est la recette de Sophie.
8. (B) C'est vrai que nous devrions nous réunir plus souvent.
9. (A) Avec plaisir, merci !
10. (A) Pas mal pour son âge.
11. (B) Juste quelques minutes.
12. (A) Oh, ce n'était pas mal !
13. (C) Elles vont décoller juste après les vacances.
14. (C) Juste un petit peu.
15. (B) Dès que j'aurai reçu une réponse des ingénieurs.
16. (A) Pile à l'heure.
17. (B) Je ne peux pas, j'ai cours.
18. (B) Bien sûr. Voulez-vous autre chose à la place ?
19. (A) Elle sera ici juste après sa répétition.
20. (B) Je suis un étudiant de troisième cycle en économie.
21. (C) Oh, merci de me le rappeler !
22. (A) Je crois que c'est celle d'Éric.
23. (B) Je suis désolé, nous n'en avons plus.
24. (B) Nous étions voisins.
25. (A) À peu près vingt.
26. (C) Une fois et ce n'était pas mal.
27. (A) Non, il faudra que je rentre chez moi pour le récupérer.
28. (B) Audrey n'a pas fait ce qu'elle était censée faire.
29. (C) Le réseau n'est pas très fiable dans cette partie de la ville.
30. (C) Probablement après le déjeuner.
31. (B) Environ une heure.

PART 3

Starter

Script PISTE 46

Aus. **Woman:** So, you're interested in upgrading phones.
Am. **Man:** Yeah, this one's getting kinda slow and the screen's cracked. Frankly, I just think it's time for something else.
Woman: Well, here's the X-phone, the latest model from GeoTech. It has all the features you were looking for plus finger print lock, 100 giga of memory and a virtual reality app.
Man: That sounds incredible! How much is it gonna cost me?
Woman: We've got two options.
Man: OK!
Woman: The phone's yours for a one-time payment of $579 or we can spread that out over 18 payments of $40.
Man: But that's more expensive.
Woman: Yes, but that's also the price of convenience.

1. What is the man planning to do?
2. Where does this conversation most likely take place?
3. What does the woman mean when she says, "spread that out"?

Corrigé

1. (B) *to purchase a new phone* = acheter un nouveau portable
2. (D) *in a phone shop* = dans un magasin de téléphones
3. (A) *over a period of time* = pendant un laps de temps ; *have to* + base verbale = obligation

Exercice 1

Script PISTE 47

Conversation 1
Man: Excuse me? I was wondering if you know where I can find the shuttle that goes direct to the campus.
Woman: That's a private shuttle, right?
Man: That's correct.
Woman: I only work for the public transportation department, so I wouldn't know anything about the private shuttles and such.
Man: But it leaves right around here.
Woman: Maybe, but I don't really know. You should try asking in one of the shops around here.
Man: Thanks, you've been a real help.

Conversation 2
Woman: Can you believe the nerve on that guy?
Man: I know! They think that we are supposed to know everything.
Woman: I get that we're a customer service center but I'm not paid to help people beyond my job.
Man: Some people are just really demanding.
Woman: You can say that again. There are some days where I'm just so fed up with dealing with the public.
Man: Tell me about it.

Conversation 3
Man 1: Vicki, Robert, glad to see that you're here for work, and on time.
Man 2: Mr. Garrison, what brings you here today?

Woman: Is something wrong, sir?
Man 1: I suppose you could say that.
Woman: What do you mean?
Man 1: We've had a number of complaints from the public about the lack of service they receive from the two of you at this station.
Man 2: Really?
Woman: Are we in trouble?
Man 1: I'm not exactly thrilled by this but am proposing the two of you to attend a customer service seminar next weekend.

Conversation 4

Man: This is insane! I'm not paid to be nice to people. I'm paid to do a job.
Woman: Calm down! The boss says that we're not in trouble yet.
Man: First, it's a customer service training, on a weekend nonetheless, then they'll ask me to do more.
Woman: Oh, but this training could be helpful!
Man: I don't see how it could! You know what? I don't think I'm gonna go.
Woman: Oh, I don't think you can do that!

Conversation 5

Man 1: I would like to welcome all of you to today's seminar on improving relations with the public.
Man 2: Excuse me, are we gonna have a break this morning?
Man 1: Afraid not, no. We're gonna go straight on til' lunch.
Woman: Do you know where the toilets are?
Man 1: Now, how would I know that? I'm giving a seminar, I don't work in the toilets.
Man 2: OK. Could you just tell us the program so we can get this over with?
Man 1: Gladly. We're going to begin with a presentation about customer service, then we will do some role plays and after lunch…

Corrigé

1. (C) Un homme voudrait savoir où il peut trouver la navette.
2. (A) Deux employés se plaignent d'un client. *I'm so fed up* = j'en ai tellement marre.
3. (B) Le responsable souhaite que les employés assistent à un séminaire afin d'être plus aimables avec le public.
4. (C) L'homme est furieux d'être obligé d'assister à la formation car il n'est pas payé pour le faire.
5. (A) L'animateur informe les participants du programme.

Exercice 2

Script PISTE 48

1. On behalf of the Bourne Corporation, it is my pleasure to welcome your majesties to our laboratories here in Seattle.
2. Ladies and gentlemen of the jury, I instruct you to take the commentary you've heard into consideration as you embark into deliberations.
3. Hey, you wanna hang out at my place this Friday night?
4. Monroe, would you please hang out the sheets for the guest suite. I like the bedding nice and fresh.
5. We went to the mall just outside L.A. and you wouldn't believe the tons of deals we got.
6. Everything must be in order with the financial authorities so that the merger can proceed without difficulties.
7. This is a pretty nice car you've got here. How long you had it for?
8. We had the opportunity of viewing the offspring of many primates during our expedition to the African bush.
9. Watcha wanna do tonight?
10. We'd love to stay but we've gotta go. Our babysitter is watchin' our kids and we can't be late.

Corrigé

1. *Formal – on behalf of* = de la part de ; *your majesties* = vos majestés.
2. *Formal – ladies and gentlemen* = mesdames et messieurs ; *I instruct you* = je vous invite.
3. *Casual – you wanna hang out at my place* = tu veux passer du temps chez moi.
4. *Formal* – La femme donne des ordres à son employé de maison.
5. *Casual* – Il s'agit d'une conversation à propos de courses. *Tons of deals* = des tonnes d'offres.
6. *Formal* – L'homme parle d'affaires financières et juridiques.
7. *Casual – This is a pretty nice car you've got here.* = C'est une belle voiture que vous avez là.
8. *Formal* – Il s'agit probablement d'une présentation dans un institut. *Offspring* = progéniture (terme scientifique).
9. *Casual – Watcha wanna do tonight?* = Tu veux faire quoi ce soir ?
10. *Casual – we've gotta go* = il faut qu'on y aille ; *is watchin'* = garde (ce sont des formes contractées).

▶ The Real Deal #1

Script PISTE 49

Aus. **Man:** Excuse me, officer. I'm trying to get to the Prestige Hotel.
Am. **Woman:** Oh, that's at Union Square!
Man: Yes, that's correct.
Woman: Well, you'll wanna cross the park here and then turn left at California St.
Man: That's the street…
Woman: Just at the traffic light there. Then after two blocks, you'll wanna turn right on Powell St.
Man: OK, got it!
Woman: Then you'll go down five blocks and the hotel'll be on your right.
Man: Thank you, ma'am.
Woman: Don't mention it!

1. What job does the woman have?
2. Where does this conversation most likely take place?
3. What does the woman mean when she says, "Don't mention it"?

Corrigé

1. (C) Elle est policière car l'homme l'appelle « *officer* ».
2. (A) Elle lui dit de traverser le parc.
3. (B) *Don't mention it* = il n'y a pas de quoi / je vous en prie.

Exercice 3

Script PISTE 50

Conversation 1
MAN: Hey, Molly, it's Elliot! Whatcha doin'?
WOMAN: Not much. What about you?
MAN: Oh, I was just callin' about the soccer match. I've got an extra ticket and was wonderin' if you wanna go with me.
WOMAN: I'm up for that. What time?
MAN: I'll pick ya up round 6 o'clock.
WOMAN: See ya then!
Question: What does the woman mean when she says, "I'm up for that"?

Conversation 2
MAN 1: Good evening to both of you, welcome to The Beach House Restaurant. Are you ready to order?
WOMAN: Yes, we are. I'll have the lobster tortellini.
MAN 1: Excellent choice. And for you, sir?
MAN 2: The guidebooks say that your crab bisque is out of this world.
MAN 1: We get that a lot but, personally, I'd go for the crab legs. A lot of people get turned off by the effort to crack the shells but it's delicious and the butter sauce is superb.
MAN 2: You sold me!
WOMAN: Oh, well, make that crab legs for two!
Question: What is the waiter's advice?

Conversation 3
WOMAN: Good evening. How may I help you?
MAN: Yes, I'm sorry to trouble you at such a late hour but I'm afraid that I have a situation.
WOMAN: Really? What's the problem, sir?
MAN: It seems that I have left my key in my room and I am not able to get back in. Could I trouble you for another key?
WOMAN: I'll have one ready for you in a second.
Question: What does the man want?

Conversation 4
MAN: Hello, this is Bryan Potter and I'm trying to reach Ms. Wrightson. Is she in?
WOMAN: No, I'm sorry, she's stuck in meetings all day but will be able to talk to you tomorrow. Would you like to leave a message?
MAN: Is she going to come back to the office after her meeting?
WOMAN: I'm afraid she's away from the office today but as I said, you can reach her tomorrow.
MAN: OK, thanks a lot.
Question: What is the man trying to do?

Corrigé

1. (B) C'est une manière familière de dire qu'elle en a envie (= je suis partante).
2. (B) *I'd go for the crab legs* = les pinces de crabe, sans hésitation.
3. (A) *Could I trouble you for another key?* = Puis-je vous déranger pour une autre clé ?
4. (D) *I'm trying to reach…* = j'essaie de joindre…

Exercice 4

Script PISTE 57

1. Could I get you anything else tonight?
2. Could this day get any worse?
3. Wow! You look amazing.
4. What are you doing tomorrow?
5. What are you doing? Don't you know that's dangerous?
6. Can you tell me how to get to Hudson Street from here?
7. Can you tell me anything, or is everything a secret?
8. Well, that's great news!
9. This is just great!
10. Wow, you look amazing.

Corrigé

1. *helpful, inquiring, question, formal – could I…?* = pourrais-je… ?
2. *angry, sarcastic* – Cette journée pourrait être pire.
3. *declaration, statement, positive* – Tu as l'air magnifique.
4. *question, casual* – Que fais-tu demain ?
5. *angry, urgent* – Qu'est-ce que tu fais ? C'est dangereux !
6. *inquisitive, formal, polite* – Pourriez-vous me dire comment aller à Hudson Street depuis ici ?
7. *angry, sarcastic* – Tu peux me dire quelque chose, ou tout est un secret ici ?
8. *sarcastic, upset* – La tonalité montre qu'elle n'est pas contente : Bon, c'est génial !
9. *happy, joyful* – La tonalité monte vers la fin, ce qui indique qu'elle est contente : C'est génial !
10. *sarcastic, mean* – La tonalité monte au début de la phrase.

▶ The Real Deal #2

Script PISTE 58

Am. **MAN 1:** Hi! How can I help you?
GB **MAN 2:** You cancelled our flight to London. How are we supposed to get home?
GB **WOMAN:** This is outrageous. I demand an upgrade!
MAN 1: I apologize for the inconvenience but there was a technical problem with the plane, so it was beyond our control.
WOMAN: What kind of airline are you people running here?
MAN 1: One that's gonna get you home. Just gimme a second. OK, tonight is a pretty busy night but there is a flight to Frankfurt.
MAN 2: Oh, that airport is dreadful! Can't you fly us somewhere else?
MAN 1: Well, there is another option.
WOMAN: Go on.
MAN 1: We have two seats to Paris but then you'll have to take the train to London. You arrive in the morning but we can't get you on a train til' 3 pm.

Man 2: But that gives us time to enjoy Paris.
Woman: We'll take it!

1. Why was the flight canceled?
2. What does the woman want?
3. What time was the couple supposed to leave?

Corrigé

1. (A) *mechanical issue* = problème technique
2. (D) *upgrade* = surclassement
3. (D) Leur vol pour Londres a été annulé.

Exercice 5

Script PISTE 59 et corrigé

1. What's this issue at hand today?
2. Every Wednesday, we go to our favorite café and have chocolate cake.
3. You wanna come in and take a seat?
4. Come on, it'll take just a minute.
5. I shoulda done a better job. Don't you agree?
6. We're thinking Bob coulda made a bigger effort.
7. I gotta agree with you, this chair is really comfortable.
8. Catch him before he goes up to the fifth floor!
9. I've some vegetables fresh from the garden.
10. The temperature in the laboratory is gonna be hot.

Exercice 6

Script PISTE 60

1. How Brad ever got that job I'll never know.
What does the woman imply?
2. Lucy, that's such a shame about your car breaking down.
What does the man infer?

3. Man: Dan is one of the strangest people I've ever met.
Woman: Steve, I'll second that.
What does the woman think about Dan?
4. I hope Donna has cleaned her house.
What does the man imply?
5. With a car like that, I don't think Joe's hurting for money.
What does the woman mean?
6. Perhaps this time the supermarket might actually have what I'm looking for.
What does the man infer about the supermarket?
7. Fine, we'll go to Chez Remy, but dinner's on me!
What does the woman mean?
8. So from the fancy new clothes, Nicholas has come into some money.
What can be inferred about Nicholas?

Corrigé

1. (D) *How Brad ever got that job I'll never know.* = Je ne comprendrais jamais comment Brad a obtenu ce poste.
2. (A) *Lucy, that's such a shame about your car breaking down.* = Lucy, c'est tellement dommage que ta voiture soit tombée en panne.
3. (A) *I'll second that.* = Je suis d'accord (manière informelle).
4. (C) *I hope Donna has cleaned her house.* = J'espère que Donna a nettoyé sa maison (implicitement, la maison de Donna n'est pas propre).
5. (B) *With a car like that, I don't think Joe's hurting for money.* = Avec une telle voiture, je ne pense pas que Joe ait des problèmes d'argent.
6. (D) *Perhaps this time the supermarket might actually have what I'm looking for.* = Peut-être que cette fois le supermarché aura ce que je cherche (implicitement, il y a souvent des ruptures de stock).
7. (C) *dinner's on me* = c'est moi qui invite
8. (B) *Nicholas has come into some money.* = Nicholas a reçu de l'argent.

Exercice 7

Script PISTE 61

Question 1 refers to the following chart and conversation.

Woman: Hi, Jon! It's Beatrice at the restaurant.
Man: Hi! What can I do for you?
Woman: Well, I'm in a bit of trouble here. Our dishwasher called in sick and nobody else can come in during the morning.
Man: We're not supposed to be that busy.
Woman: No, we're not, but lunch is a different story. We have two tour groups coming in and I'll need to be going back and forth from the kitchen to help serve and was wondering if you could do dishes at that time.
Man: I don't know.
Woman: You can have the dinner rush on Friday night to make up for it.
Man: Deal!

1. Who will be only doing table service at 11:00?

Question 2 refers to the following chart and conversation.

Woman: Thank you for calling the Toy Barn. How can I help you?
Man: Hi, this is Rick from dandytoys.net and I'm calling about your order.
Woman: Oh, please, tell me it'll be here for the Christmas rush!
Man: Well, not exactly. There's a problem with one of the items, the um, Destructobot.
Woman: What's the problem?
Man: It seems that there's twice as much demand for the darn thing and the manufacturers in China can't keep up with the orders. So, we have to ration our stock.
Woman: What does that mean? How many am I gonna get? I have to have these on my shelf!
Man: I know but we can only give you half of whatever was already ordered.
Woman: Fine, but then you're gonna have to give me a discount.
Man: We can give ya 10% off.
Woman: Deal!

2. How many Destructobots will The Toy Barn receive?

Question 3 refers to the following plan and conversation.

Woman: Excuse me? My family and I checked in online last night and we were given seats 21 A, B, C and D but when I printed my ticket at the kiosk it says, "see agent" on my boarding pass.
Man: Yes, you had chosen emergency exit row seats and children aren't allowed to sit in that section.
Woman: OK, but where will we sit?
Man: Um, let me see... Today is a busy day and your flight is pretty full.
Woman: I wanna keep everybody together.
Man: That'll be tough. Ah, here's something I can put everybody together but you'll be all the way in the back near the toilets and galley.
Woman: I guess I don't have much of a choice.

3. Where will the woman and her family sit during the flight?

Corrigé

1. (A)
2. (C) *twice as much demand* = deux fois plus de demande. Le magasin de jouets n'aura que la moitié de sa commande, qui est de 24 unités, suite à un problème de production.
3. (D) *back near the toilets and galley* = près des toilettes et de la cuisine.

PRACTICE TEST

Script PISTE 62

Questions 32 through 34 refer to the following conversation.

Am. **Woman:** Sorry, but I think you're in my spot.
GB **Man:** Um, no this is my seat, plus I already have my things put away.
Woman: OK, but my ticket here says that I'm in seat 27, car 9 which we're in, and you're still in my seat.
Man: Listen, it's just a bug in the reservation system. Look, there are loads of other seats on this train. Just leave me alone, all right?
Woman: The conductor said this was a full train. Could I just take a look at your ticket?
Man: Would that make you feel better? Fine, but I'm telling you it's just a glitch. Here.
Woman: Yep, seat 27, car 9 but your ticket is for Wednesday.
Man: And?
Woman: It's Thursday today.

32. Why is the woman talking to the man?
33. What does the man imply when he says, "it's just a bug"?
34. What has happened to the man?

Questions 35 through 37 refer to the following conversation.

Am. **Man 1:** As you can see, the place is move-in ready.
Can. **Woman:** So, there aren't any improvements that need to be made?
Man 1: None at all.
Aus. **Man 2:** How much will we have to pay a month?
Man 1: With everything, charges included, we're looking at $4,500 a month.
Woman: That's pretty steep!
Man 2: I agree with her. Plus, with all of the co-op rules, we can't make any improvements to the apartment.
Man 1: You're both right but should your lease be accepted, the two of you will be living in one of New York's premier buildings just a stone's throw from the park.
Woman: You know, honey, this place has everything and I think it could really make our time here really nice.
Man 2: Yeah, I think we should make the most of our two years here in the city. Sir, we'll take it!

35. What kind of dwelling are the people most likely in?
36. What does the woman mean when she says, "that's pretty steep"?
37. What does the man imply when he says, "a stone's throw from the park"?

Questions 38 through 40 refer to the following conversation.

Am. **Woman:** Mr. Wilson, so nice to see you again.
Can. **Man:** Thanks doc, it sure has been a while.
Woman: So we have you down for a routine check-up.
Man: That's right. I've been using that skin cream you suggested and have I seen a difference.
Woman: Glad to hear that but I can see that you haven't been following all of my advice.
Man: I'm sorry about that doctor. I went hiking on vacation last week and the wind blew my hat off on the trail. It was too far to turn back so I ended up doing the hike without a hat and got sunburned.
Woman: Well, it doesn't look too bad. But since you're at a high risk for melanoma, you should really do everything you can to stay out of the sun.
Man: Or at least protect myself better.
Woman: Right! Now, let's get on with the check-up.

38. What kind of doctor is the woman?
39. What is true about the man's last visit to the doctor?
40. Why did the man get sunburned?

Questions 41 through 43 refer to the following conversation.

Aus. **Woman:** Hello, everybody, this is Laveana in Sydney. Are the two of you there?
GB **Man 1:** Yes, this is Trevor in Manchester.
Am. **Man 2:** Rick in Detroit.
Woman: Great to have you both here. So, gentlemen, where are we with the retailers?
Man 1: Here in the UK, everything is on schedule. My sales team and I have deals with around 200 different shops and they'll be ready to sell on Friday just in time for the holidays.

WOMAN: So, it sounds like you're all on schedule. Rick, what about you?
MAN 2: Well, things are a bit different over here. We have a much bigger territory to deal with and frankly, distribution is kind of a problem.
WOMAN: What do you mean?
MAN 2: Your policy says that all of the merchandise has to be sent to the base in each country then distributed from there. Detroit is a long way from Sydney, so already that takes a long time but then we have to get the product all around the country. We've gotta blizzard that's blocking most of the country.
WOMAN: Are we gonna be ready to launch?
MAN 2: It doesn't look like it, no.
MAN 1: Should we hold back a week?
WOMAN: No, go for it in the UK. Get it out there. We'll just push the launch back a week in the US and hope for clearer skies.

41. What kind of event is taking place?
42. What is the problem in the American market?
43. What does the man mean when he says, "It doesn't look like it"?

Questions 44 through 46 refer to the following conversation.

Can. **MAN:** FalconView Drone Photography, how can I help you?
GB **WOMAN:** Hello, my name is Victoria Landsbury and I'm a real estate developer based near Thunder Bay.
MAN: What can I do for you, Ms. Landsbury?
WOMAN: My partners and I are rehabilitating three buildings in the Toronto area as well as a couple of adjacent brownfield sites past Pearson Airport. We'd like to make a promotional video for some potential investors.
MAN: What exactly did you have in mind?
WOMAN: We'd like images of the sites today but taken at different times of day so that the buyer could get a real feel for what could be. Could it be done in the next week?
MAN: We can do that, no problem, but I'll have one team and drone available for you during that time.
WOMAN: How long would it take?
MAN: I'd have to drag it out over two days.
WOMAN: Great! How much would that run to?
MAN: It might take a bit more but for each day, I'll charge you for a six-hour shoot plus the $150 urban air permit. It's mandatory anytime we film in an urban area.
WOMAN: Could you send all of that in an e-mail ASAP and perhaps we could finalize it all?
MAN: Will do!

44. How many properties will the woman's company develop?
45. What does the woman mean when she says, "How much would that run to?"
46. Based on the conversation and the information on the chart, how much will the woman's company spend?

Questions 47 through 49 refer to the following conversation.

Aus. **MAN 1:** Hello, good morning, well evening for both of you. Is the sound OK? Can you hear me? So, you two are getting close to the big day!
Am. **WOMAN:** Yeah, only a couple of months to go.
GB **MAN 2:** Frankly, I can't wait for all of this to be finished.
MAN 1: I completely understand. Organising a destination wedding from across an ocean is a big deal but you've got just about everything planned.
WOMAN: There's still the caterer.
MAN 2: Yes. What have you found with that?
MAN 1: My firm knows a caterer just outside Sydney and in fact, most of our clients end up using them.
WOMAN: But my family's pretty picky. Vegetarians, food allergies, guru diets.
MAN 2: Don't worry, mine'll eat anything.
MAN 1: Well, there's nothing to worry about as the caterers are prepared for all of this. I've just sent you their pricing chart and once you select the plan, they'll contact you to work out a menu.
WOMAN: The prices seem a bit high.
MAN 2: Don't worry darling, the exchange rate is in our favour so we're getting a deal.
MAN 1: These prices are pretty standard for the kind of budget and affair you're planning.
WOMAN: Family style might be too risky with all of the different tastes.
MAN 2: Let's go with the second package.
WOMAN: For sixty people total that should be just fine.

47. Where is this conversation taking place?
48. What is implied about the currency difference?
49. Looking at the chart, how much will the couple pay for food for 60 people at the wedding?

Questions 50 through 52 refer to the following conversation.

GB **WOMAN:** Yes?
Can. **MAN:** Hi, I have an appointment with Janice Schwab at GeoTech on the 6th floor.
WOMAN: One moment!
MAN: I'm just in kind of a hurry. My appointment is in five minutes and she doesn't tolerate tardiness.
WOMAN: Well, you need to be more prompt then.
MAN: There was a problem with the underground.
WOMAN: I'll need your ID.
MAN: What for?
WOMAN: If you wanna go beyond this desk, you need a badge.
MAN: Fine then, here you are.
WOMAN: Thanks… OK, Mr. Chen. You're all set. Here's your badge. The lift's down this morning so you'll have to take the stairs. Swipe your badge in front of the console on the door for it to open. You'll have to do the same on the 6th floor when you arrive.
MAN: And GeoTech's offices are right there?
WOMAN: No, you'll have to go down the corridor and turn left. Then do all of this again when you get to their reception.
MAN: This is intense!

50. What does the woman suggest the man should have done?
51. What will the man have had to do to get to the office?
52. What does the woman imply when she says, "The lift's down this morning"?

Questions 53 through 55 refer to the following conversation.

GB **Man:** So, Ron's retiring at the end of the month.
Am. **Woman 1:** I didn't know that. What's he gonna do? He's still pretty young.
Aus. **Woman 2:** I don't care what he does as long as I get his office once he leaves.
Man: Ron is so discreet and he probably didn't want anybody to know that he was leaving but I still think we should do something for him.
Woman 1: You mean like get him a present?
Woman 2: I think that's a great idea. But what does he like?
Man: He's rather fond of gardening. Maybe we could get him something along those lines?
Woman 1: No, don't you remember he and Joyce said they were gonna rip up the yard and put in a pool.
Woman 2: Oh, yeah! Say, the two of them like to go on long car trips, don't they?
Man: Yeah, last year, they went on a long drive through France.
Woman 1: And before that, they drove all the way to Scotland and back.
Man: What if we got them something like a picnic basket so they could use it on their road trips?
Woman 2: That doesn't sound like a bad idea at all.
Woman 1: I'll send out an e-mail to invite everybody to chip in.
Man: Sounds great.

53. What does the woman mean when she says, "He's still pretty young"?
54. What gift is decided upon?
55. What does the woman offer to do in an e-mail?

Questions 56 through 58 refer to the following conversation.

Am. **Woman:** So, what is it that you wanted to see me about? You said it was important.
Aus. **Man:** It's about your portfolio. The markets have been pretty bad lately but the Cobalt Fund that you've invested in has taken quite a beating.
Woman: How bad?
Man: You bought shares in it two years ago at $88 a share, as of this morning the price is hovering around $20 a share.
Woman: How did this happen? You said it was just a correction!
Man: Well, there are a lot of unseen variables. We can't predict everything.
Woman: What do you suggest I do? I have everything tied up in this fund!
Man: You don't have anything else saved up for a rainy day?
Woman: This was the rainy day fund.
Man: Then I suggest you purchase stock insurance.
Woman: You want me to spend more money? Is this even legal?
Man: It's sort of legal, in other countries. Look, the markets are in free fall right now and the price of your fund is just gonna keep dropping. If you buy the insurance now, you're covered and will recover the money at the current price should the share price drop even more.
Woman: I can still hold onto my 5,000 shares and not lose any more money.
Man: That's correct, but you'll have to act fast.

56. What kind of job does the man most likely have?
57. What does the woman mean when she says, "This was the rainy day fund"?
58. What can be inferred about the insurance policy?

Questions 59 through 61 refer to the following conversation.

Can. **Man:** Ok, Vicki I've just come out of the briefing from all our bureaus and affiliates. It looks like this is what we've got.
Am. **Woman:** You wanna lead off with the president's speech on Economics?
Man: Yeah, we've got a good panel of experts to talk about it.
Woman: I'm just afraid that we'll put the viewers to sleep.
Man: We can lead off with the train derailment story. That's pretty shocking.
Woman: Yes! What else have you got like that?
Man: Just serious news, I'm afraid. A story on insider trading with that big bank merger, massive sell off on Wall Street.
Woman: And another panel, great. Do you have any human interest pieces?
Man: I was going to end with two stories like that. One on a new heart medication and the other on how immigrant families find child care.
Woman: All right. Oh wait! Our affiliate in Miami is sending us a three minute breaking story about a bank robbery and car chase. Let's lead off with that!
Man: But we'll have to cut something.
Woman: Fine. Start with the bank robbery. Then go with the president's speech and the panel. Do a commercial break, followed by the business stories and panel. Commercial. Keep your medication story and bump the childcare to tomorrow night.
Man: Whatever you say. You're the boss.

59. What does the woman mean when she says, "I'm just afraid that we'll put the viewers to sleep"?
60. What will happen to the story about immigrant childcare?
61. Based on the woman's decision and looking at the chart, which of the first four segments will not be shown?

Questions 62 through 64 refer to the following conversation.

Am. **Woman 1:** About time you got back here. I've been waiting forever.
Aus. **Man:** Sorry about that, ma'am. We've got a full load today so it's taking us a while.
GB **Woman 2:** Well, we're glad you're here. I'm starving.
Woman 1: So whatcha got today?
Man: Chicken or fish, ma'am?

Woman 1: Wait a minute... How come up in the front rows they got beef? Why am I not being offered beef?
Man: Because we're all out, ma'am. I can offer you fish or chicken.
Woman 2: Excuse me. I ordered a vegetarian meal. Do you have that?
Man: Lemme check my manifest. Ma'am, it appears they only loaded one veggie meal and we've already given it away. I'm terribly sorry.
Woman 2: Well, what am I supposed to eat?
Woman 1: I wanted beef but that's not happening, so I guess we'll have to live with disappointment.
Man: I tell you what. Since you're both in the last row, I'll give you the two last meals, would that make up for not getting the beef?
Woman 1: I guess that'll do. But I'm gonna write a letter.
Man: Fine. Ma'am, I'm going to go up to business class and see what I can put together for you.
Woman 2: That'd be delightful.

62. Where does this conversation probably take place?
63. Why did the woman not get her first meal choice of beef?
64. What does the man mean when he says, "and see what I can put together for you"?

Questions 65 through 67 refer to the following conversation.

GB **Man:** Ms. Osbourne, sorry to bother you but I just need to go over the presents we're putting in the gift bags for the group from the Dallas office.
Can. **Woman:** Oh, let's get this over with. That office has had the worst results in the whole company so I wanna do the bare minimum with them.
Man: Very well, no electronic gifts then. How about this? Stationary items, they're practical and cheap.
Woman: Cheap, one of my favorite words. Ah, ah! That's it right there! Simple, functional and under 10 bucks.
Man: I'll take care of that right away. Shall I arrange for a light lunch when they're here?
Woman: Milo, I just don't see that happening.

65. Why does the woman not want to spend a lot of money?
66. What does the woman mean when she says, "I just don't see that happening"?
67. Look at the chart. What product does the woman like?

Questions 68 through 70 refer to the following conversation.

Am. **Woman:** Mr. Tisdale, is there anything else I can get for you today?
Aus. **Man:** No, thank you. I think the upgrade and the GPS are enough.
Woman: OK. Have you explored our fuel options today?
Man: No, I haven't. I always bring the car back with a full tank.
Woman: Well, locally gas is going around $4 a gallon. If you pay in advance, you get a little bit of a savings. But if you don't, we charge you just over $5 per gallon. It's a good idea just in case you're pressed for time when dropping it off.
Man: OK, it sounds good to me.

68. Where does this conversation take place?
69. What does the man mean when he says, "it sounds good to me"?
70. Looking at the chart, what option did the man take?

Corrigé

32. (B) Elle lui dit qu'il a pris sa place.
33. (C) Il pense qu'il y a eu un problème informatique.
34. (A) Il a pris son train avec une journée de retard.
35. (C) C'est un appartement car l'homme qui veut louer parle de copropriété et l'agent immobilier d'immeubles à New York.
36. (B) *steep* = (ici) salé (terme familier pour dire « cher »)
37. (D) Ce n'est pas du tout loin du parc.
38. (B) Les dermatologues traitent la peau.
39. (A) Il n'était pas venu depuis longtemps.
40. (B) Il a perdu son chapeau lors d'une randonnée.
41. (D)
42. (B) Une tempête de neige à Detroit bloque tout.
43. (C) L'homme ne pense pas que la météo va s'améliorer.
44. (D) Trois immeubles et deux champs.
45. (C) *How much will that run to?* = Combien cela va-t-il coûter ?
46. (D) Il faut inclure l'autorisation de droits aériens urbains dans le prix total.
47. (D) Les trois participants ne sont pas dans le même pays et un téléphone n'est pas parmi les options.
48. (C) Le couple paie en dollars américains, devise qui a plus de valeur que le dollar australien.
49. (B)
50. (C) *need to be more prompt then* = vous devez être plus rapide alors
51. (A)
52. (A) Quand un appareil est *down*, cela signifie qu'il est hors service.
53. (D) Elle avait l'impression qu'il n'avait pas l'âge de prendre sa retraite.
54. (B) Ils ont décidé de lui offrir un panier de pique-nique.
55. (D) La femme va écrire un mail pour inviter les gens à contribuer au cadeau.
56. (C) Il parle des actions de la Bourse.
57. (A) *rainy day fund* = réserve d'argent pour les mauvais jours
58. (C) L'homme dit que l'assurance est légale mais à l'étranger.
59. (D) Elle craint que le reportage soit ennuyeux et que le public ne s'endorme.
60. (C) *to bump* = (ici) déplacer
61. (D)
62. (D) *rows* = rangs ; *on board* = à bord
63. (D) Il n'y avait pas leur choix.
64. (A) Il va préparer un repas spécial pour elle.
65. (C) Elle n'est pas contente de la performance de l'équipe.
66. (B) Elle n'envisage pas d'organiser un déjeuner.
67. (D) Le cahier est vendu moins de 10 dollars ; *bucks* = dollars (familier)
68. (B) Dans une agence de location de voitures, on parle de rendre une voiture.
69. (A) *It sounds good to me.* = Ça me semble bien.
70. (B) Il a pris l'option que la femme lui suggérait.

PART 4

Starter

Script PISTE 63

Am. Welcome to another edition of the Business Builder podcast. I'm your host, Liz Bartley. Today's episode will focus on junior entrepreneurs and we'll look at how a group of high school students in New York City turned dog walking into a six-figure business. I'll also talk to a grandmother in Iceland who has started an online company knitting sweaters, for dogs! My final guest today will be a family in Alaska who created a board game in their living room last Christmas during a snowstorm, but then turned it into a nationwide sensation by selling it online. And this Christmas, they'll be celebrating it somewhere really far away and warm. All that and more but first a word from our sponsor…

1. Where would somebody most likely listen to this broadcast?
2. What is implied about the family that created the board game?
3. What will the listener hear next?

Corrigé

1. (A) Il s'agit d'un podcast, c'est donc logiquement un smartphone qui peut télécharger cette émission sur Internet.
2. (C) La famille était enfermée dans leur maison pendant une tempête hivernale et l'hiver prochain, elle le passera dans un endroit chaud.
3. (D) L'expression *word from our sponsor* indique que l'on va entendre une publicité.

Exercice 1

Script PISTE 68

1. Can. You know that was a great match last night. It's about time that they made a comeback! My favorite team's been losing for far too long you know. We might even make it all the way to the championships this year.
2. Am. No, I can't make it to your housewarming party next week cause I've gotta go to Toronto for a meeting. I asked my secretary to see if we could change it but she says it's not possible. So, we'll have to get together when I get back, OK? All right, thanks. Bye!
3. Aus. Have you been to Olivia's new beach house yet? I'm telling you it's an absolute treasure. There's not a bad view from anywhere in the house and the sand is just steps from the back deck. She's got a couple of extra rooms, so you should try and give her a call. Maybe you could tag a couple of extra days onto your holidays to spend up at Olivia's.
4. GB Good morning, everybody! The news you're waking up to this morning. An exclusive interview with Professor Juliana Chang on her dramatic breakthrough with cold fusion, she's taking the government to task on climate change and will talk about her initiative to encourage more girls to study science…
5. Aus. I knew that when I gave that speech, it was gonna be an important one, but I had no idea how powerful it would become. When I saw the opposition sitting there in their chairs looking very nervous, then when I saw the global reaction immediately afterwards, and in the days that followed, it was crystal clear that my speech was bigger than anything I had ever given before.
6. Can. Come on! My morning routine isn't very unique. It's like everybody's work process. I have breakfast and I work on my books. Now I know that my stories tend to creep people out and that is exactly what I want to do. I don't write my novels hoping that these things will happen. I write them to show everybody about what could happen and to make them more aware of their surroundings.
7. Am. Something's gotta be done about the rates of childhood obesity in this country. We are looking at alarming rates of severely overweight children but also at a generation that's gonna be plagued with health problems like diabetes, heart disease, and possibly even cancer. This could be the next big crisis of the century and nobody's payin' attention to this silent killer.
8. GB I'll be checking into the Prestige Hotel Times' Square on Tuesday the 5th of November and staying five nights. I was wondering if the concierge or another member of your staff would be so kind in getting me theatre tickets. I don't mind which show, I just want the experience of being at a Broadway show. On one of the days of my stay, I'd like to venture out of New York but will need help hiring a car. Could the hotel arrange all of that for me?

Corrigé

1. (D)
2. (A)
3. (B)
4. (C)
5. (B)
6. (D)
7. (A)
8. (C)

Exercice 2

Script PISTE 69

I think I saw my dream car today. It wasn't an old car, it was in really good shape. Frankly, it was the kind of car you'd wanna drive on a summer's day, you know to take everybody to the beach. It was big enough to take the whole family, but it wasn't a boxy minivan. In the end though, I don't think it'd be a good idea to buy it as the winters here are so harsh it would be unbearable, even with the top up.
1. Which car is the man talking about?

There were lots of people in the underground this morning, but a man helped me with my bags as I was getting off at St. Pancras. He was so kind but not very strong, but he made such an effort. My bag was stuck in the door and he helped me loosen it up, but just as he did that, a fat man bumped into him and knocked his glasses off. I felt so sorry for him, but he just smiled and waved as the train left the station.

2. Which man helped the woman with her bags?

We had a lovely place last year when we were on holiday. It was just perfect, so comfortable, with trees and plants in the front yard. We had an indoor pool, so the kids could swim every day. The roof was so charming, but the nicest thing of all was that even though we were a bit isolated, we were just a short drive to the city. A real gem that house was!

3. Which house did the woman stay in?

At lunch the other day, I had a fabulous dessert. Now, I love chocolate and believe me, at the restaurant, they had plenty of cakes and pastries with chocolate poured on the side. There was even this one cake that was so big, with flowers and fruit on top, and well, it was just too decadent for me. I just settled for an exotic fruit bowl and that was just so refreshing. I'll have to have that again.

4. Which dessert did the man have?

Corrigé

1. (B) Il décrit une décapotable.
2. (C) C'est le seul homme qui porte des lunettes.
3. (B) La maison était entourée d'arbres et de plantes. La piscine était au sous-sol.
4. (D) Il a eu un bol de fruits exotiques.

Exercice 3

Script PISTE 70

Set #1

Version 1

Diamante Motors introduces the X5 sedan a one-of-a-kind hybrid automobile that gets on average 80 miles to the gallon. Ideal for city driving to the office or long car trips with your loved ones, the X5 will give you a sense of comfort and safety that has never been seen before. With a hand-crafted leather interior and side and rear airbags, you'll know that you're in good hands. Available in five different colors, the X5 can be yours today at any Diamante dealership. Check it out at diamantemotors.net.au

Version 2

Diamante Motors introduces the Excetra a one-of-a-kind electric automobile that gets on average 480 miles on a single charge. Ideal for city driving to the office or long car trips with your loved ones, the Excetra will give you a sense of comfort and safety that has never been seen before. With a hypo-allergenic interior and side and rear airbags, you'll know that you're in good hands. Currently only available in cobalt blue or phantom white, the Excetra can be yours today via online purchase at diamantemotors.net.au

Set #2

Version 1

Ladies and gentlemen, I just wanna let you know why we're currently being held between two stations. I've been informed by control engineers that a group of protestors has descended onto the tracks further up at Watson Street Station, and as a precaution, we've cut the current for the entire line. Apparently, the police are intervening, but we don't know how long this is gonna take. I'll keep you informed on the situation so when I know something, you'll know something. Thank you very much for your patience.

Version 2

Ladies and gentlemen, I just wanna let you know why we're currently being held between two stations. I've been informed by control engineers that an unattended bag was left on the platform at Cathedral Heights Station, and as a precaution, we've stopped traffic for the entire line. Apparently, the police are intervening, but we don't know how long this is gonna take. I'll keep you informed on the situation so when I know something, you'll know something. Thank you very much for your patience.

Set #3

Version 1

Maximum temperature today near 87 degrees Fahrenheit. A partly cloudy and warm day is expected. Lowest relative humidity near 33 percent. Expect around 13 hours of sunshine which is 87 percent of possible sunshine. Average winds will be Northeast at 8 MPH during the morning and Northeast at 9 MPH during the afternoon.

Version 2

Maximum temperature today near 57 degrees Fahrenheit. A partly cloudy and cold day is expected. Lowest relative humidity near 73 percent. Expect around 8 hours of sunshine which is 57 percent of possible sunshine. Average winds will be Northeast at 18 MPH during the morning and Northeast at 29 MPH during the afternoon.

Set #4

Version 1

It's 12 o'clock and this is your Action News Update.
The King of Spain will visit City College this afternoon and will address the student body on the importance of bilingual education.
The Morris Avenue Bridge will reopen tomorrow morning to traffic after 3 months of repairs following a barge collision late last year.
Mayor Kevin Gates has announced that he's retiring from politics and will not seek re-election in the fall.
Councilwoman Jenna Ortiz has expressed strong interest in running for the position and will formally announce her candidacy on Friday.

Version 2

It's 5 o'clock and this is your Action News Update.
The King of Spain will have dinner with community leaders

at the City Art Museum this evening. The banquet will follow the opening of a temporary show on Spanish art that will be open to the public tomorrow.
The Morris Avenue Bridge will reopen next week to traffic after 3 months of repairs following a barge collision late last year. There was a slight delay in reopening after stress cracks were found in support beams earlier today.
Mayor Kevin Gates has announced that he's staying in politics after all. He said the rumor of his departure was launched by Councilwoman Jenna Ortiz, who has expressed strong interest in running for mayor and may announce her candidacy on Friday.

Corrigé

Set #1. The type of car (hybrid and electric), the mileage distance, the names of the cars, the different material in the interior cabin, the number of available colors, the manner in which we can purchase the car.
Set #2. The reason each train has stopped, the names of the stations where an incident is taking place.
Set #3. The temperature, a cold vs warm day, the humidity, the number of hours of sunlight, the wind speed.
Set #4. The time of the news, changes in the King's itinerary, the date of the opening of the bridge, the decision of the mayor to run for re-election, the potential announcement of another candidate.

Exercice 4

Script PISTE 72

Message #1
Hello, Mr. Salmon, this is Marcus down at Capitol Garage. I'm just calling to tell you that we've finished working on your car and you can come pick it up as soon as you're ready. We fixed the leaking brake fluid that you came in for as well as the regular tune-up, but we also found that you had a cracked fan belt. This could be really dangerous if it isn't fixed so we went ahead and replaced it. Don't worry, there's no additional charge to that as we had the part in stock and you're a Capitol Garage Elite member. All in all, your total for this visit will come to $279.85. We're open til six, so come on down as soon as you're ready. Thanks again and have a nice day.

Message #2
Hi, Mike, this is Stacy Chadwick from Babcock and Niven. I wish I was calling with better news, but I've just heard back from Conundrum Press and although they really liked your poetry anthology, they said it wasn't really their style and, well, um, they're gonna pass on it. I know we've had some bad luck with the various publishers here in the UK with your book, but I'm not giving up on you and am going to reach out to some of my partners in the US and Canada, and see how their markets would take to this. Once again, I'm sorry about this and especially hearing about it in a voice mail, but I wanted you to hear it from me and not a sterile e-mail. Call me back if you'd like and just hang in there, OK? Good bye.

Corrigé

Message #1 – Mechanic leaving a message for a client

Who?	What?	Why?	Where?
Two men: – Marcus, mechanic/ technician – Mr. Salmon: client/ customer	– Garage – Car – Leak – Brake fluid – Tune-up – Fan belt – Repair – Elite customer	– To say the car is ready. – The car had a problem. – Routine visit – Unexpected problem and/or discovery	Garage

Message #2 – Literary agent giving bad news to her client

Who?	What?	Why?	Where?
Man and woman: – Mike (poet, writer) – Stacy (publisher, agent)	– Literary agency – Publishers – Poetry – Anthology – Rejection – Contacting other publishers – UK, US, Canada	– Rejected – Denied – Not the appropriate style – Try again	Office

▶ The Real Deal #1

Script PISTE 73

Am. Rolanda, this is Monique from Bayview Bakery. I'm calling you because we've had a big mix-up here. The cake you ordered for your wedding tomorrow, the Organic Sicilian Orange Sponge cake with edible flowers, well… our new and soon-to-be ex-delivery driver delivered your cake to another wedding. Sadly, we don't have the time or ingredients to prepare a new cake for tomorrow at noon, but I do have four other possibilities. I'm gonna e-mail you a list describing what we can do on such short notice. You can take whichever one you want, and I'll even give you a 10% discount on this. It's three o'clock now, so if I don't hear from you in the next hour, I'm gonna call you again, all right. Once again, I'm really sorry about all of this.

1. Why is the woman calling?
2. What will happen to the delivery driver?
3. Looking at the chart, what is the cake that is closest to the original selection?

Corrigé

1. (B) Le gâteau de la cliente a été livré à un autre mariage.
2. (D) La femme dit : « *soon-to-be ex-delivery driver* » = notre futur ex-chauffeur-livreur.
3. (D) Le gâteau qui avait été commandé à l'origine était un gâteau à l'orange fait à l'italienne. Le plus ressemblant dans la liste est le Sorrento Lemon Cake, un gâteau au citron.

Exercice 5

Script PISTE 75

Talk #1
It's very nice to have you all here today. Your presence here is a sign of your true interest in the micro-credit loan program. This program has come a long way from when I started it ten years ago here at Tavistock College. It has obtained prestige for our university, notably our Sociology and Economics departments, but has also allowed for hundreds of struggling entrepreneurs across the world to become successful and serve as a shining example for others in such situations. Today, I'm going to tell you about the origins of the program, the people – and some of them are here on stage with me – who have benefited from it and where the program can go in the years to come. I know there is a lot to say, so I ask that you hold your questions for the Q&A session at the end. Now, let me begin...

Talk #2
Ladies and gentlemen, as I own 9% of the shares of Triumph Furniture, I think I believe I have the authority to tell the board of directors that I am not at all happy with how they've been running this company over the last year. Frankly, we're losing customers and not being aggressive enough with our suppliers in getting the fair deals we deserve. As we're meeting here today to voice our concerns as shareholders of this once fine company, I want to outline a three-point plan that the board should take into consideration. One, retrain all customer service staff in the 69 stores across Australia and New Zealand; two, invest more in the e-commerce and online shopping sectors; and three, look into cheaper suppliers in Indonesia or China so that we can make more profit. We should either vote on these options or vote for a new board of directors.

Corrigé

Talk #1 – Professor giving a talk

Who?	What?	Why?	Where?
– Woman (professor) – Entrepre-neurs – Students	– Micro-credit loan program – Sociology department – Economics department	– Informing students about a program – Improve the lives of others	– Tavistock College – Seminar

Talk #2 – Shareholder at a conference

Who?	What?	Why?	Where?
– Shareholder – Triumph Furniture – Board of directors – Customers – Suppliers – Staff	– Shareholder conference – Shares of the company – Owning 9% – Cheaper prices – Bad deals – Reform – Re-organi-zation – Vote	– Failing sales – Lower profits – More profit – Poor results	– Shareholder conference – Stores – Australia – New Zealand – Indonesia – China

▶ The Real Deal #2

Script PISTE 76

Aus. Good morning everyone, and welcome to Tokyo. I know you've all been on very long flights, but there's just a bit more and we're almost at the hotel, then you'll be able to relax for a bit. So, don't fall asleep on me yet! I'm Amanda Greer, assistant global training director of Diamante Motors. Congratulations to all of you for having been selected by your managers to come here on this all expenses paid trip to Japan. Tomorrow night you'll be able to meet the members of the Innovation Division and pick their brains during the reception. OK, thanks again for your attention and again, welcome to Japan!

1. Where does this talk take place?
2. How did the participants get to go on the trip?
3. Based on the information in the talk and on the chart, what will happen on Tuesday evening?

Corrigé

1. (B) La femme dit : « *we're almost at the hotel* » = nous sommes presque à l'hôtel.
2. (D) Les responsables ont sélectionné les participants du voyage.
3. (B)

Exercice 6

Script PISTE 78

Announcement #1
Attention, attention, Canyon Valley Mall guests! There is a grizzly bear with her cubs in parking lot A. Out of safety, our security guards have locked all the doors to the north and west parking lots. Should you need to leave the mall for whatever reason, please use the south and east exits, but avoid walking over to lots A, B, F, G, and H. The fire department and animal control authorities are working to contain the situation but please, do not try to enter these parking lots until the bears are contained. However, if you'd like to see the mama bear and her cubs, the best view can be found from the food court on the upper level. Thank you.

Announcement #2
Good afternoon, Compton's shoppers! Steer your carts or carry your baskets to our in-store fish market so you can enjoy our afternoon seafood sale where you're sure to catch some sweet deals like fresh Atlantic salmon for $7.99 a pound. Or you can reel in the savings with a fresh and beautiful oyster party pack for $19.99. Medium shrimp are a great catch too at just $5.99 a pound. Our live lobsters are snapping at those savings as well, at a whopping $29.99 a pound. Crabs too at $19.99 a pound. Come on back now to our seafood department, and grab those and some more amazing deals before somebody else catches them first!

Corrigé

Announcement #1 – Bears on the loose in a shopping mall parking lot

Who?	What?	Why?	Where?
– Canyon Valley Mall guests – Grizzly bear – Bear cubs – Security guards – Fire department – Animal control authorities	– Bears in the parking lot – Locked exits – Closed parking lot – Safety situation – Avoid walking over to lots A, B, F, G, and H	– Possible encounter with a bear – Avoiding a bad situation	– Canyon Valley Mall – Parking lot A – Parking lots A, B, F, G, and H – Food court on the upper level

Announcement #2 – Seafood sale in a supermarket

Who?	What?	Why?	Where?
– Compton's shoppers – Seafood department	– Discount prices – Salmon – Oyster – Shrimp – Lobster – Crab	– The sale is for a short time – Supplies are limited – Good discount	– Compton's supermarket – Seafood department

▶ The Real Deal #3

Script PISTE 79

GB Good evening, Crown Rail passengers. We regret to inform you that due to a security situation at Hollingsgate Station, all train services on the eastern lines will be suspended until further notice and will be replaced by a coach service for the affected passengers. We ask for your patience as seating is limited on the coaches. If you can refrain from travelling today, we will waive all rebooking fees and give you a voucher towards a future ticket. For passengers needing the coach service, you will be taken to McCarron Park as Hollingsgate Station is closed until further notice. We thank you for your understanding.

1. Why are the trains not running?
2. What will happen if passengers choose not to travel?
3. What does the man mean when he says, "closed until further notice"?

Corrigé

1. (D) Le trafic sur ces lignes est suspendu pour des raisons de sécurité.
2. (A) Si les passagers ne voyagent pas, ils recevront un bon pour un voyage futur.
3. (C) La gare rouvrira quand la situation se sera améliorée.

Exercice 7

Script PISTE 81

Broadcast #1
New Zealand ushered in a fresh era Tuesday by including four uncapped players in their first test squad since the scandalous tour of Australia this year. Tarnished players Max Oxbow, Oscar Branson and Matty Jenkins were suspended for their role in a doping scandal that sparked one of the worst crises cricket has ever encountered. Team selectors had little to choose from. Also missing for their series against Sri Lanka in the United Kingdom next month is injured fast bowler Justin Botswell, leaving New Zealand with one of its weakest squads in years.

Broadcast #2
New York has established an audacious goal of relying entirely on zero-emission energy sources for its electricity by the year 2035. Governor Julie Remadi signed a bill mandating the electricity target on Monday. She also issued an executive order calling for statewide carbon neutrality – meaning New York "removes as much carbon dioxide from the atmosphere as it emits" – by the same year. Remadi said that both documents put the state on the path to meet the goals of the Paris Accords. But it won't be easy as the law won't go into effect until next year and Remadi is up for election in November. The White House is also rolling back several federal guidelines to fight against climate change whereas states like California and New York have stepped up to take a leading role in the fight against global warming.

Corrigé

Broadcast #1 – Sports Report

Who?	What?	Why?	Where?
– New Zealand cricket team – Tarnished players: Max Oxbow, Oscar Branson, Matty Jenkins – Justin Botswell – Team selectors	– Weak team – Doping scandal – Crisis	Doping scandal has resulted in the weakest team for New Zealand	– New Zealand – Australia – United Kingdom

Broadcast #2 – News Report

Who?	What?	Why?	Where?
Governor of New York: Julie Remadi	– New law declaring carbon neutrality – Relaxed federal laws – New law on zero-emission energy sources	– Better for the environment – Controversial – Against the White House and Federal government	– State of New York – State of California – The White House

▶ The Real Deal #4

Script PISTE 82

Can. This is a Canada News Storm Watch Alert. Residents of southern Ontario are advised to stay close and seek shelter from severe thunderstorms and possible tornadoes late Monday night and early Tuesday. Flash floods have already been reported in Windsor and Chatham as well as funnel cloud sightings near London. For now, residents of Quebec are advised to keep up to date about the conditions but are for the time being, only experiencing strong rains as the storm is getting weaker as it moves east. This could change as another storm cell is brewing south of the border. If winds pick up and merge these storms together, there could be havoc in Quebec, even as far east as Montreal.

1. What was seen in the eastern skies?
2. What does the man imply when he says, "brewing south of the border"?
3. Based on the information and looking at the chart, which city is least likely to be affected by the advancing and potential storms?

Corrigé

1. (C) Les *funnel clouds* (nuages en entonnoir) se transforment en tornades dès qu'ils touchent le sol.
2. (D) L'expression *a storm is brewing* signifie qu'une tempête se prépare, qu'elle arrivera bientôt.
3. (C) North Bay est au nord et les tempêtes se dirigent vers l'est et resteront dans le sud.

Exercice 8

Script PISTE 84

Advertisement #1
Rich. Hearty. Bold. Corazon Coffee is the robust coffee that is above all other coffees. Grown in the mountains of Colombia, hand picked for generations and roasted to perfection, Corazon Coffee will give you satisfaction drop by drop. Its deep and penetrating aroma will captivate your senses first thing in the morning or just after a great meal. This is not to be associated with standard coffees. Cultivated and created for the coffee connoisseur, Corazon Coffee is available only through our signature boutiques or through our online catalogue at corazoncoffee.net.au.

Advertisement #2
See the sleek style of excellence, enjoy the comfort of total luxury, feel the awesome horse power and energy as you experience speed and exhilaration that you have never felt before. Take the keys of the most powerful luxury sedan ever conceived from Diamante Motors, the new Diamante 360, and have authentic style, authentic luxury, authentic power. Explore the Diamante 360 at your nearest dealership or online at diamantemotors.net.au.

Corrigé

Advertisement #1 – Coffee Ad

Who?	What?	Why?	Where?
– Corazon Coffee (Company) – Coffee drinkers – Coffee connoisseur	– Rich, hearty and bold coffee – True satisfaction – Extraordi-nary coffee – Deep and penetrating aroma	– Coffee not like any other – Unique	– Colombia – Signature boutiques – corazon-coffee.net.au

Advertisement #2 – Car Ad

Who?	What?	Why?	Where?
– Car owner – Somebody interested in buying a car	– Buying a car – New car (Diamante 360) – Excellence – Comfort – Luxury – Power – Energy – Speed – Authentic style	– Brand new car – Excellence – Comfort – Luxury – Power – Energy – Speed – Authentic style – Never seen before	– Car dealer-ship – diamante-motors.net.au

▶ The Real Deal #5

Script PISTE 85

Am. Everyday across the country, thousands of home owners fall victim to home break-ins, robberies, and vandalism. The emotional and financial trauma of such acts is appalling but can be prevented. SentinelHome security systems protect your home and family against unwanted intruders, giving you the peace of mind that you need. Discreet cameras and motion sensors blend in with your home's surroundings letting you have a normal life while keeping criminals at bay. SentinelHome is linked right up with an app on your smartphone; so even when you're away, you're alert to what is happening when you're gone. Protect yourself and your loved ones today with a plan that starts as little as $49 a month against unwanted trauma and a better life today. Make your home a SentinelHome today!

1. According to the ad, what can be inferred about the crime situation in the country?
2. What does the man mean when he says, "keeping criminals at bay"?
3. What is missing in a SentinelHome plan?

Corrigé

1. (D) La publicité raconte que, chaque jour, il y a des milliers de victimes de cambriolages.
2. (B) *To keep something at bay* = garder quelque chose à distance.
3. (D) Il n'y a aucune mention de patrouilles de garde privées.

PRACTICE TEST

Script PISTE 86

Questions 71 through 73 refer to the following talk.

Can.
Tired of all the clutter in your home? Embarrassed by messy tables and closets? Can't find your things among all your junk? Then get organized with Happy Home Personal Organizers. Our expert organizers will meet with you in your cluttered abode and get your home back in order. By putting manageable and practical systems in place, when we're finished, your home will have sense and style. Whether it's for a move, spring cleaning or the beginnings of hoarding, Happy Home is there to help. Each client is unique and will receive a special tailor-made treatment to find the best solution into making your home a Happy Home. Contact us today!

71. Who is most likely the target of this advertisement?
72. Where will the Happy Home staff meet with the potential customers?
73. What does the woman imply when she says, "a special tailor-made treatment"?

Questions 74 through 76 refer to the following talk.

Am.
On satellite radar, we are looking at some dry conditions for your Saturday. So, if you like the dry weather, you gonna get that today although changes are on the way. A storm system is sitting off the coast and that's gonna slowly move its way into our region by late Sunday. So, there are better chances that it's not really going to start raining until Monday and throughout the week. If you're just heading out the door today, we're looking at some cloudy skies, still dry, with temperatures hovering in the low 40s. A high of 41 and a low of 37 degrees. You're looking at a cool and cloudy weekend before the rains roll in tomorrow night and into next week.

74. According to the woman, when would be best to avoid precipitation?
75. What does the woman mean when she says, "if you're just heading out the door"?
76. What would you must likely need to wear outside in the afternoon?

Questions 77 through 79 refer to the following talk.

GB
Ladies and gentlemen, this is an emergency announcement. There is an unattended bag left under the escalator near the Crown Rail ticket counters. I repeat, there is a grey rolling suitcase left unattended under the escalator near the Crown Rail ticket counters. Due to the heightened security situation and terrorist threat we ask that the owner of this bag come immediately to retrieve the bag, otherwise the station will be evacuated and the bag will be destroyed by the police. As a precaution, access to these escalators will be closed until further notice. If this bag is yours, please contact any member of staff at once. Thank you for your cooperation.

77. Where does this announcement probably take place?
78. What will happen if nobody claims the suitcase?
79. Why is there such apprehension about the abandoned suitcase?

Questions 80 through 82 refer to the following talk.

Can.
Good afternoon and welcome to Chez Remy. I'm very pleased to have you with us for lunch today. To begin with, I'd like to recommend a wonderful dried ham with fresh melon from our private farm or a succulent tomato salad with a selection of herbs and artisan olive oil. For our main courses today, you have the choice of poached Maine lobster, roasted pheasant with red wine sauce or a ratatouille made with vegetables again from our private farm. Our dessert options include various cheeses, of course, but also a strawberry tart, chocolate mousse or a lemon cake. Let me give you a little more time to think about the menu but before I leave, may I take your drink orders, please?

80. Who most likely is the speaker?
81. What is unique about the vegetables?
82. What does the speaker ask?

Questions 83 through 85 refer to the following talk.

Aus.
Hello, Catherine, this is Elaine Dawson from Parker, Bingham and Fong. I'm calling you because my colleagues and I are very impressed with the freelance work that you've done for so many companies and organizations across Victoria and New South Wales that we'd like you to come to our offices here in Sydney and, um, see if you wanted to join our like-minded team. Frankly, a lot of your past projects fit right in with what our clients are asking for. The poster campaign you did for Koala Hotels up in Queensland was just sensational and I think some of our clients would love that kind of creativity for their adverts as well. Please give me a call as soon as you can so we can set something up. Again, I'm Elaine Dawson and my number is...

83. What kind of job does Catherine most likely have?
84. What can be inferred about the employees at Parker, Bingham and Fong?
85. What does the woman mean when she says, "we can set something up"?

Questions 86 through 88 refer to the following talk.

Am.
Thank you for calling Liberty Wireless account services. According to our records, your account is currently 30 days past due with a balance of $211. Your phone service will be deactivated for non-essential calls until this balance is paid. If it is not paid by June 24, you will have to pay an additional $29 reactivation fee. If you would like to make a payment now, please press 1. For further details, please press 2. To speak to a customer service agent, please press 3. To hear these options again, please press the pound key.

86. What is the purpose of this recording?
87. What will happen after June 24?
88. What should the caller do if he doesn't hear all the message instructions clearly?

Questions 89 through 91 refer to the following talk.

GB

Good afternoon, ladies and gentlemen, and welcome to Van Zaandt Mills. This is one of South Africa's oldest flour mills founded in 1878 and today it ships flour as far away as Sri Lanka. It's eleven o'clock, we're gonna begin our visit momentarily here and we really want you to enjoy it, but please follow all safety guidelines. This is a working mill, and there are loud and hazardous machines inside. Please wear your ear protectors and goggles at all times, and stay on the designated paths. After that, we've scheduled lunch in our private garden and then a Q&A session in the conference room at 2 pm with Max Van Zaandt, our president. But as much as he tries to be organized, his schedule changes often. So without further delay, let's begin!

89. What is the purpose of this announcement?
90. What time will the group meet with the president of the mill?
91. What can be inferred about Max Van Zaandt?

Questions 92 through 94 refer to the following talk.

Aus.

Hello, Mrs. Christopolous, this is Dr. Chen of the dermatology ward at Sydney General Hospital. I'm calling you about your upcoming appointment and to inform you about our offices. We're currently undergoing a massive renovation project and many of the staff have been relocated around the hospital grounds. Your appointment on Tuesday was supposed to be in my office but I'm now next to the outpatient surgery ward. As this is a sensitive area, you will not be able to go directly there. When you arrive, check in at reception and I will come and bring you to my office. Thank you and see you then.

92. What sort of doctor is Dr. Chen?
93. Why has the location been moved?
94. Look at the chart. Where was the appointment originally to take place?

Questions 95 through 97 refer to the following talk.

Am.

Good morning. The nation of Calpernia made history last night after its citizens voted in its first ever free elections. Polling places across the nation were under close watch by foreign observers in an effort to combat election fraud. Early exit polls estimated the National Party, one backed by the former regime, to be the victor but as the night carried on, the Freedom Party surged ahead and clenched the majority of seats in the Parliament. They announced a coalition with the Alternative Party and are expected in the coming weeks to align with other smaller groups. Lindsay Wells, reporting for Action News in Calpernia.

95. Why was the election being watched by foreign observers?
96. At the beginning of the voting, which party was deemed to be the winner?
97. Look at the chart. Which percentage of seats will the winning party have with its sure coalition?

Questions 98 through 100 refer to the following talk.

Can.

Fred, this is Jackie. I'm looking at my schedule that you e-mailed me and we're gonna have to make some changes. I'm gonna have to take off sooner from the breakfast because that's at the Apollo Club and there's no way I'm gonna make it on time to my speech, even if there is no traffic. Bump the interview with *Dividend Magazine*. The reporter's gonna try and make it go longer, so see if he can reschedule to the end of the day but do not invite him to the shareholder conference. Get me a room at the hotel so I can have a nap at the time I was supposed to do the interview. Thanks again for arranging this. See you at breakfast. Good night!

98. Why does the woman insist on leaving the breakfast early?
99. What does the woman mean when she says, "Bump the interview"?
100. Look at the chart. How long is the woman's nap likely to be?

Corrigé

71. (B) *messy* = désorganisé ; *junk* = déchet
72. (D) *abode* = domicile
73. (C) *tailor-made* = sur mesure
74. (A) La pluie arrivera tard le dimanche, samedi après-midi sera le meilleur moment pour sortir.
75. (B) *if you're just heading out the door* = si vous sortez
76. (D) Cette émission est d'origine américaine donc *37 degrees Fahrenheit* = 3 degrés Celsius.
77. (C) Il est question d'un *escalator*, de *ticket counters* (guichets) et de *Crown Rail* (une compagnie de chemin de fer).
78. (C) La gare sera évacuée et la police détruira la valise.
79. (A) La valise pourrait effectivement contenir une bombe.
80. (B) *waiter* = serveur ; *busboy* = aide-serveur
81. (A) Le restaurant possède une ferme qui cultive tous les légumes.
82. (B) Il laisse les clients regarder la carte ; *drink orders* = commandes de boissons.
83. (A) *poster* = affiche ; elle est donc probablement *graphic designer*.
84. (C) *like-minded* = qui partage les mêmes idées
85. (B) *to set something up* = organiser quelque chose
86. (B) *past due* = arriéré/retard de règlement
87. (C) Le client ou la cliente doit payer des frais de réactivation de 29 $.
88. (C) *pound key* = touche dièse (#) ; cette option permet d'entendre de nouveau toutes les options.
89. (A) Une employée d'un moulin accueille un groupe pour une visite guidée.
90. (C) *2 o'clock* = 14 h
91. (D) Le président est très occupé et il fait beaucoup d'efforts pour s'organiser mais son planning change souvent.
92. (D) *dermatology* = dermatologie
93. (A) *to relocate* = déménager/transférer

94. (B) Le bureau du Dr. Chen était au 2e étage mais suite au projet de rénovation, le médecin travaille maintenant au 1er ; *outpatient surgery ward* = service de chirurgie ambulatoire.
95. (C) Il y avait une suspicion de fraude.
96. (B) Au début, le National Party était en tête ; *to surge* = augmenter fortement.
97. (B) Le Freedom Party et le Alternative Party ont fait une alliance.
98. (C) Même s'il n'y a pas d'embouteillages, la distance à parcourir est trop longue.
99. (D) *to bump* = déplacer
100. (A) Elle a fait reporter l'entretien avec le magazine pour pouvoir faire une sieste.

BOOST YOUR FOCUS 1 + 2

PART 1

Script PISTE 87

1. GB
(A) The man is cutting the flowers.
(B) The man is harvesting grapes.
(C) The man is picking raisins.
(D) The man is washing his hands.

2. Am.
(A) She's walking down the road.
(B) She's playing the guitar.
(C) She's looking at the scenery.
(D) She's hitching a ride.

3. Am.
(A) He's wearing a bow tie.
(B) He's texting a friend.
(C) He's looking at the computer screen.
(D) He's writing on a piece of paper.

4. Can.
(A) The man is reading the meter.
(B) The youngster is playing with the remote.
(C) The man is making a phone call.
(D) The electrician is fixing the wires.

5. Aus.
(A) A man is running to catch the train.
(B) The train is pulling out of the station.
(C) A man is getting into his carriage.
(D) A man has already got off the train.

6. Am.
(A) The client is talking to the salesperson.
(B) The customer is paying for some soap.
(C) The shopper is deciding what to buy.
(D) The woman is wearing a cardigan.

Corrigé

1. (B) *grapes* = raisins ; *raisins* = raisins secs
2. (D) *to hitch a ride* = faire du stop
3. (C) *bow tie* = nœud papillon ; *tie* = cravate
4. (A) *meter* = compteur ; *remote* = télécommande ; *wire* = fil, câble
5. (A)
6. (D) *cardigan* = gilet

PART 2

Script PISTE 88

7. GB How would you like your tea?
GB **(A) Milk and two sugars please.**
(B) Not at all.
(C) Not very much really.

8. Am. What time does the meeting start?
Am. (A) It started yesterday.
(B) 10 am on the dot.
(C) It's in the boss's office.

9. Can. Can you tell me the way to the nearest ATM?
Can. (A) It'll take you 5 minutes.
(B) There is no foreign currency here.
(C) Sorry, I'm not from around here myself.

10. GB Whose boss is not going to be pleased when he sees those sales results?
Am. (A) Mine I guess.
(B) My results are so bad.
(C) He said I was sailing close to the wind.

11. Aus. Anyone want to go see a play after work tonight?
Am. (A) Yes, let's play baseball.
(B) I'm told he's got stage fright.
(C) Sounds like fun. What time?

12. Can. Didn't you say you were going to go out for some fresh air?
Am. (A) Fresh air is good for your mind.
(B) Yes, I said I'd go later.
(C) Just refresh my memory.

13. Am. So, what do you like doing in your spare time?
Am. (A) Anything sporty I guess.
(B) I'll have spare ribs with thyme.
(C) Oh, spare me your questions!

14. Aus. The sales last for 3 weeks, don't they?
GB (A) He sold it all last week.
(B) I honestly wouldn't know.
(C) Three or four weeks ago.

15. Am. Could you add Harry Bind to your mailing list?
Am. (A) Of course I can add.
(B) It'll be plain sailing.
(C) He's already on it.

16. GB What kind of food do you want the caterer to prepare?
Can. (A) As varied as possible I should think.
(B) The cook is not in a good mood.
(C) The laborer will prepare things well.

17. Am. How come Sheila got the promotion and not Harriet?
Am. (A) She'll come when she has time.
(B) I guess she's better at the job.
(C) Harriet really has notions about that.

18. Aus. Who told you about the job offer at BNB?
Can. (A) My brother will.
(B) Peter did.
(C) Scott has done.

19. Am. Why has Paul not given in his expenses for this month?
GB (A) He's been off sick for a week.
(B) Yes, it's very expensive.
(C) This month's gone by in a flash.

20. Am. Mike doesn't understand why he hasn't got a production bonus this month.
GB (A) So does John.
(B) The onus is on Mike.
(C) Neither does John.

21. Aus. Where can we hold the office end-of-year party?
Can. (A) Let's invite people for 9.
(B) How about at the Sunshine Club?
(C) What about Japanese food?

22. Am. Which supplier made us the best offer for the timber we need?
Am. (A) It's all been put into the storeroom.
(B) I'll make a counteroffer tomorrow.
(C) The one from North Maine Woods.

23. GB The bus is late again. How long do you think we'll have to wait?
GB (A) Yes, he has gained a lot of weight.
(B) I can't wait for it to start.
(C) Could be up to an hour I'm afraid.

24. Am. Is there any way you could come in to work this Sunday?
Aus. (A) I have come to work every day.
(B) Monday? Sure thing.
(C) I guess so if there's a rush job on.

25. Am. Do you think you'll have finished the job by the end of the day?
GB (A) It's time to clock off already.
(B) I'm doing my best.
(C) They did a good job yesterday.

26. Am. To whom should I speak to get a clear answer once and for all?
Can. (A) Yes, everyone needs a clear answer.
(B) I'll try and articulate more.
(C) Bill Bailly knows the most about the question.

27. Am. Have you got all the material you need for now?
Am. (A) It's immaterial really.
(B) He's got all the time he needs.
(C) Sure have thanks.

28. Aus. Your colleague often goes abroad on a business trip, doesn't he?
GB (A) Yes, he visits the art museums.
(B) He travels all over Europe for his job.
(C) He commutes by train every day.

29. Am. Julia, we need to discuss your vacation request.
Can. (A) I'm busy – can we talk about it later?
(B) I had a great time, thank you.
(C) The vacancy has been open for some time.

30. Aus. Have you seen how badly those people have parked their car?!
GB (A) No, I haven't seen the people yet.
(B) They're on a double yellow line.
(C) I'll see if I can do it tomorrow.

31. Am. When did you send the sample layout to the client for their approval?
Am. (A) He's a real layabout.
(B) The samples should be ready soon.
(C) Thursday or Friday last week.

Corrigé

7. (A)
8. (B) *on the dot* = exactement, pile
9. (C) *ATM (Automated Teller Machine)* = DAB (distributeur automatique de billets) ; *foreign currency* = devise étrangère
10. (A) Il faut ici un pronom possessif. *sail close to the wind* = être proche de la catastrophe
11. (C) *stage fright* = le trac
12. (B) *fresh air* = air frais ; *to refresh* = rafraîchir
13. (A) *to spare someone something* = épargner quelque chose à quelqu'un
14. (B) *sales* = (ici) soldes
15. (C) *It'll be plain sailing* = ce sera très facile
16. (A) *caterer* = traiteur ; *in a good mood* = de bonne humeur
17. (B)
18. (B) Le prétérit est le temps qui convient ici.
19. (A) *off sick* = en arrêt maladie ; *in a flash* = en un clin d'œil
20. (C) *onus* = responsabilité
21. (B) *end-of-year* = de fin d'année
22. (C) *timber* = bois de charpente
23. (C) Ne confondez pas *weight* = poids et *to wait* = attendre
24. (C) *rush job* = travail urgent
25. (B) *to clock off* = pointer (en partant)
26. (C) *once and for all* = une fois pour toutes
27. (C) *immaterial* = sans importance, insignifiant
28. (B) *business trip* = voyage d'affaires ; *to commute* = faire la navette domicile/travail
29. (A) *vacancy* = vacance, poste à pourvoir
30. (B)
31. (C) *layout* = mise en page ; *layabout* = paresseux, fainéant

BOOST YOUR FOCUS 1 + 2 + 3

PART 1

Script PISTE 89

1. Am.
(A) The woman is ordering a taxi.
(B) The man is deciding on his breakfast.
(C) The waitress is taking down the order.
(D) The woman is pointing to the menu.

2. Am.
(A) She's standing at the table.
(B) She's calling about her computer.
(C) She's typing on a computer.
(D) She's wearing glasses.

3. Can.
(A) Most of the people are looking at the paintings.
(B) The men and women are watching the picture.
(C) The guide is explaining the details.
(D) The art gallery has just closed.

4. Am.
(A) She's unwrapping the package.
(B) She's signing for the parcel.
(C) She's shutting the door.
(D) He's dispatching the parcel.

5. Aus.
(A) He's opening the filing cabinets.
(B) He's writing a letter.
(C) He's annoyed at his computer.
(D) He's waving to a friend.

6. Am.
(A) Few passengers are getting onto the plane.
(B) Many people are boarding the ferry.
(C) Several people are disembarking.
(D) A few travellers are taking photos.

Corrigé

1. (C)
2. (D)
3. (A) *most of the people* = la plupart des personnes ; *to look at* = regarder (porter son regard sur quelqu'un ou quelque chose) ; *to watch* = regarder (regarder attentivement, observer)
4. (B) *to unwrap* = déballer ; *to dispatch* = envoyer
5. (C) *filing cabinet* = classeur, meuble de classement ; *to wave* = (ici) faire un signe de la main
6. (B) *few* = peu ; *a few* = un peu ; *to disembark* = débarquer

PART 2

Script PISTE 90

7. Am. What time is your train?
Am. (A) It takes 10 minutes.
(B) Eleven eleven.
(C) It was late.

8. GB Why are you taking an umbrella to work?
GB (A) It's going to rain later.
(B) It rained hard during the night.
(C) Umbrellas are on sale at the store.

9. Am. Is something wrong? You look tired today.
Am. (A) I've always admired him.
(B) He retired last year.
(C) The neighbors had an all-night party.

10. Can. When will the new shopping mall be opened?
Can. (A) All the shops are closed today.
(B) Some time next week I believe.
(C) Window shopping is one of her hobbies.

11. Am. Has the new accountant arrived yet?
Am. (A) No, he should be here tomorrow.
(B) The accounts will be finished later.
(C) I am not accountable for your actions.

12. GB Where did you put the keys to the safe?
Aus. (A) It's quite safe, don't worry.
(B) In the second drawer on the right.
(C) Safety is a high priority for us.

13. Am. Who's going to write up the minutes after the meeting?
Am. (A) It's mine.
(B) Jenny is.
(C) Just a minute.

14. GB I'm fed up with sitting around – have you got anything for me to do?
Aus. (A) Are you boring the audience?
(B) Please take a seat over there.
(C) Boring people get bored.

15. Am. How old do you think the CEO really is?
Am. (A) She doesn't look a day over 60.
(B) She really is cold, isn't she?
(C) She's coming later today.

16. Am. Would you like to come to the conference with me next week?
Am. (A) It was very interesting, thank you.
(B) If I can take the time away from the office.
(C) The conference is on the first Friday of every month.

17. Aus. Which printer did you decide to order in the end?
Can. (A) He didn't decide anything.
(B) We will probably reorder next week.
(C) The most expensive one.

18. GB What's your estimate of how many people were at the demonstration?
Am. (A) The demonstration will be on our street.
(B) Five hundred at the utmost.
(C) They sent us an estimate for $550.

19. Am. Could you meet me at the newsstand in the departure zone?
Aus. (A) Is that the one by the Starbuzz bar?
(B) I always have my meat well-cooked.
(C) The departure is scheduled for 2 pm.

20. GB How far do you run every day during lunch break?
Can. (A) Between 4 and 5 miles on a good day.
(B) It depends how much time you have.
(C) He broke the record last week.

21. GB Are you flying or taking a ferry to the Isle of Wight?
GB (A) Actually, I'll be going by helicopter.
(B) The Isle of Man isn't too far away.
(C) I'd rather have an aisle seat, please.

22. Am. What kind of software do you recommend for our purposes?
Am. (A) I get my hardware from the store down the road.
(B) I'm sorry, I didn't do it on purpose.
(C) I'd just get an off-the-shelf ERP system if I were you.

23. Can. How often should one back up one's data?
Can. (A) I would say once a day is best.
(B) We have a date every week.
(C) I'll pack it up and post it.

24. Am. Whose tools and equipment have been left all over the workbench?
Am. (A) I have.
(B) She's left.
(C) Not mine.

25. GB Did she warn staff that there may be layoffs in the autumn?
GB (A) Not as far as I know.
(B) It got very warm in September.
(C) Yes, she'll be hiring as from now.

26. Am. You've been working for the company for a long time now, haven't you?
Aus. (A) Yes, he's been here since 10 o'clock.
(B) It seems like a lifetime!
(C) Long time no see.

27. Can. Have you ever been overcharged in a restaurant?
Aus. (A) Never, I always check the bill.
(B) That place is really pricey!
(C) The service charge is included.

28. Am. How much baggage are we allowed to take on the plane?
Am. (A) The flight attendant read the instructions aloud.
(B) Check in luggage an hour before take-off.
(C) Two standard bags that weigh under 50 pounds each.

29. Can. Let's call it a day, shall we?
Aus. (A) Yeah, it's already way past 7.
(B) D-day's in a couple of weeks.
(C) I would have called it something else.

30. Am. To whom are you going to send the letter of complaint?
Am. (A) It came from the customer.
(B) He complains a lot.
(C) Someone in after-sales I think.

31. Can. How long do you think you'll be?
Can. (A) In about 20 minutes.
(B) Another half an hour.
(C) I'll be fine, thank you.

Corrigé

7. (B)
8. (A)
9. (C) *to retire* = prendre sa retraite
10. (B) *shopping mall* = centre commercial ; *window shopping* = lèche-vitrines
11. (A) *accountant* = comptable ; *account* = compte ; *accountable for* = responsable de
12. (B) *safe (n.)* = coffre-fort ; *safe* (adj.) = (ici) sûr ; *drawer* = tiroir
13. (B) *minutes* = compte rendu, procès-verbal
14. (C) *boring* = ennuyeux ; *bored* = ennuyé
15. (A) *She doesn't look a day over 60.* = Elle ne semble pas avoir plus de 60 ans.
16. (B)
17. (C) *to reorder* = commander à nouveau
18. (B) *estimate* = (ici) estimation, évaluation ; *utmost* = maximum
19. (A) *newsstand* = kiosque (à journaux) ; *to schedule* = prévoir, programmer
20. (A) *lunch break* = pause déjeuner
21. (A) *aisle seat* = siège/place côté couloir
22. (C) *software* = logiciel ; *hardware* = matériel informatique ; *purpose* = but ; *on purpose* = exprès ; *ERP (Enterprise Resource Planning)* = PGI (progiciel de gestion intégré)
23. (A) *to back up* = faire une sauvegarde ; *date* = (ici) rendez-vous ; *to pack something up* = emballer quelque chose
24. (C) *workbench* = établi
25. (A) *to warn* = prévenir ; *warm* = chaud ; *layoff* = licenciement ; *to hire* = embaucher ; *as far as I know* = à ma connaissance
26. (B) *long time no see* = cela faisait longtemps (qu'on ne s'était pas vus)
27. (A) *to overcharge* = surfacturer, faire payer trop cher ; *pricey* = cher, coûteux
28. (C) Pour rappel, *baggage* et *luggage* sont des noms indénombrables.
29. (A) *D-day* = jour J
30. (C) *after-sales (service)* = (service) après-vente
31. (B)

PART 3

Script PISTE 91

Questions 32 through 34 refer to the following conversation.

GB **Man:** Hello. I've been trying to get hold of Mr. Small in shipping for the past two days.
Aus. **Woman:** Yes…
Man: Well, he doesn't answer his direct line, his voice mail is full, so I can't leave a message, and his cell phone doesn't seem to work at all!
Woman: Have you tried someone else in the shipping department?
Man: Well no, I want to talk to Mr. Small.
Woman: Would you like to give me your number? I'll get him to call you back.

32. What are the speakers discussing?
33. What can be inferred about Mr. Small?
34. What does the woman suggest?

Questions 35 through 37 refer to the following conversation.

Am. **Woman:** Got a minute, Michael?
Am. **Man:** Yes, of course. What's up?
Woman: Well, it's Alice. She's just not doing her job and I end up doing everything for her.
Man: Have you spoken to her about it?
Woman: Yes, several times, but each time she says OK and that she will do it, and then…
Man: Nothing happens. I see. Perhaps her workload is already too heavy.
Woman: I don't think it's that at all! She wants the title of "manager" without doing the work.
Man: I'll have a word with her then.

35. Who are the two people discussing?
36. What can we infer about Alice?
37. What will Michael do next?

Questions 38 through 40 refer to the following conversation.

Can. **Woman:** Wow, he drives a hard bargain!
Can. **Man:** Who are you talking about?
Woman: That supplier! He'll only agree to give us a quantity discount if we order over 50 boxes.
Man: Well, that should be okay.
Woman: Yes, but he also needs to know how many we'll need 10 working days before production.
Man: That sounds fair.
Woman: And he says he wants a 3-week lead time. Then he will agree to giving us the 20% discount.
Man: I would go for it before he changes his mind!

38. What is the conversation mainly about?
39. What quantity discount does the purchaser want?
40. What does the man recommend?

Questions 41 through 43 refer to the following conversation.

GB **Man:** We're going to miss the train.
GB **Woman:** No, we're not.
Man: I tell you, we are going to miss the train!
Woman: We've got at least 20 minutes before it leaves…
Man: And we need to find a space to park the car, find the right platform, punch our tickets…
Woman: You should be accustomed to travelling with me! I looked on the website and added 10 minutes to the driving time. We should have lots of time to spare.
Man: And if we don't?
Woman: The trains go every hour on the hour. We'll just have to sit and wait for the next one.

41. What are the speakers discussing?
42. What can be inferred about the woman?
43. How often do the trains run?

Questions 44 through 46 refer to the following conversation.

Am. **Man:** So, you'll meet me in the lobby?
Am. **Woman:** Yes, as promised.
Man: And you won't be late?
Woman: I'll be there at least half an hour before curtain up.
Man: I've got butterflies. I've never given a speech in front of so many people before.
Woman: It'll be a doddle. Just don't look anyone in the eye.
Man: Why's that?
Woman: Well, you'll be looking for their reaction.
Man: Anything else?
Woman: Not much. It's up to you to do it right really.
Man: Thanks for nothing!

44. What are the people discussing?
45. What does the Woman suggest the man should do?
46. What does the man mean when he says, "Thanks for nothing"?

Questions 47 through 49 refer to the following conversation.

Can. **Man 1:** Sorry, Jane, but we'll have to make some changes to the program.
Can. **Woman:** Why is that?
Man 1: Henry James called in sick and Peter Jones has missed his connecting flight from Miami, so he won't be here on time.
Woman: David, can you step in for Henry?
Aus. **Man 2:** Yeah. If you give me an hour to get my brain in gear. I can talk about the connected object we are bringing out in November.
Woman: I appreciate that. Now, what about Peter's slot?
Man 2: Why don't you do it? You know all about the IoT market trends.
Man 1: Yes, go on.
Woman: OK, I guess it's the only option.

47. What is the problem with the program?
48. What does David need to do?
49. How does the Woman feel about the man's suggestion?

Questions 50 through 52 refer to the following conversation.

GB **Woman:** Hi! I'm calling because I can't make head or tail of the figures you sent through yesterday.
Am. **Man:** Okay. Could you tell me what is wrong?
Woman: Well, you said the royalties would be calculated pro rata the amount of work done by each author.
Man: That's right. And that's what's been done.
Woman: Well, I don't agree with the additions.
Man: What I suggest is that you tell me what you think is right.
Woman: I'll do that. After all, it's not rocket science.
Man: Then I'll get the legal department to have a look, and I'll get back to you.

50. What is likely to be the Woman's job?
51. What does the Woman disagree with?
52. What does the Woman mean when she says, "it's not rocket science"?

Questions 53 through 55 refer to the following conversation.

Can. **Man:** Could you send me a sample, so I can decide whether to order a full set or not?
Am. **Woman:** I'm afraid that I will have to charge you $50.
Man: Oh dear! Your predecessor always sent me one for nothing but I paid $3.50 postage.
Woman: Company policy has changed, and we can no longer do that, I'm afraid.
Man: Do I get the money back if I order at least 100 sets?
Woman: Of course, the cost is deducted from the final bill.
Man: OK then, I'll go for that.

53. What are the speakers discussing?
54. How much did the samples use to cost?
55. What will the man likely do next?

Questions 56 through 58 refer to the following conversation.

Aus. **Woman:** How are things going with the new plant supervisor?
GB **Man 1:** Could be better.
Woman: Why's that?
Am. **Man 2:** Some of the team are complaining about him always breathing down their necks. They say every time they stop for a second, he seems to be there!
Woman: Oh! So, have you tried talking to him to see what's going on?
Man 1: Yes, he says it's a modern way of running workshops. Something called "MBWA".
Man 2: Could that be My Boss Works Assiduously?!
Man 1: No, it's a real management term. It means…

56. Where is the conversation likely taking place?
57. What are the employees grumbling about?
58. In the context of the conversation, what is MBWA likely to stand for?

Questions 59 through 61 refer to the following conversation.

Am. **Man:** I need you to approve the dates.
Can. **Woman:** What dates?
Man: The ones on the table.
Woman: Which table?
Man: The table I sent you last week.
Woman: I've done it all already. It starts with my trip to Morocco.
Man: That's it. We agreed to take out Tunisia as it would have been too much.
Woman: Right.
Man: Then you travel to Egypt and end in southern Spain.
Woman: What about the journey? You know I hate wasting time.
Man: It's all been timed down to the second. You'll have a personal chauffeur, first class travel, and healthy meals all the way.

59. What is the conversation about?
60. How many countries will the traveler be visiting?
61. What does the Woman dislike most?

Questions 62 through 64 refer to the following conversation.

Am. **Woman:** So, do we agree on the timeline?
Can. **Man 1:** I think so. There is one point we must be clear on.
Woman: What's that?
Man 1: Time to market.
Woman: Why is that?
Man 1: Well, in the IoT world, things change very quickly. By the time, we have understood the customer's needs…
Aus. **Man 2:** Worked on developing and testing their product…
Man 1: Iterated and reiterated our ideas…
Man 2: Got the final green light from the customer for mass production…
Man 1: A lot of time can go by.
Woman: Is three weeks enough?
Men 1 & 2: Sounds good.

62. Where is the conversation likely taking place?
63. How many steps in product development are mentioned?
64. What do they need before launching mass production?

Questions 65 through 67 refer to the following conversation and menu.

GB **Man:** Is the food organized for next week?
GB **Woman:** Everything's planned for 40. I've had 20 "yeses" so far, but another 15 "probables" should come in during the week. And 5 extra "just in case". There'll be snacks and beverages mid-morning and mid-afternoon, and a meal at noon.
Man: Did you find the caterer I recommended any good?
Woman: A great help. The midday meal was terribly complicated because everyone seems to have an allergy, and so I've had to delete a lot of the options.
Man: Oh dear! Back to the drawing board.
Woman: What's wrong?
Man: The boss is allergic to seafood.

65. What is the maximum number of meals that need to be ordered?
66. Who is going to provide the food and drink?
67. What is on the menu that the boss cannot eat?

Questions 68 through 70 refer to the following conversation and checklist.

Can. **Woman:** Did the agency call back about leasing that office space near the station?
Aus. **Man:** No, I've been waiting for her call all day.
Woman: Have you heard from her about the unanswered questions?
Man: Yes, a text message at 11:30 pm about the janitor. He works 5 days a week. Heating and Internet are included. Likewise, for cleaning services.
Woman: You did mention the bike parking spaces, didn't you?
Man: There should be fifteen at least.
Woman: That sounds perfect! I think you should call her back.

68. What is the conversation mainly about?
69. What mistake did the man make in his checklist?
70. What will the man likely do next?

Corrigé

32. (A) *to get through to* = joindre, atteindre une personne ; *to get around* = contourner ; *to get back* = revenir / récupérer ; *to get something across to somebody* = faire comprendre quelque chose à quelqu'un
33. (C) *landline* = téléphone fixe
34. (B) *to give up* = abandonner
35. (A)
36. (B) *hard-working* = travailleur/travailleuse ; *lazy* = paresseux/paresseuse
37. (D) *to have a word* = avoir deux mots avec ; *to demote* = rétrograder
38. (B) *delivery* = livraison ; *lead time* = délai de fabrication
39. (B) *purchaser* = acheteur/acheteuse
40. (A) *go for it* = se lancer, foncer
41. (A) *to be accustomed to* = avoir l'habitude de ; *pouring rain* = pluie torrentielle
42. (B)
43. (D) *every hour on the hour* = toutes les heures à heure pile
44. (B) *curtain up* = début d'un spectacle (lever de rideau)
45. (B) *to avoid* = éviter
46. (C) *thanks for nothing* = merci quand même (ironique)
47. (B) *to be unwell* = être souffrant, malade
48. (C) *brainwave* = idée de génie ; *to change gear* = changer de vitesse ; *to get one's brain in gear* = faire fonctionner son cerveau
49. (A) *reluctant* = réticent ; *keen* = enthousiaste, passionné ; *thrilled* = ravi ; *horrified* = horrifié
50. (C) *royalties* = droits d'auteur
51. (C) *admission* = aveu / admission
52. (C) *it's not rocket science* = ce n'est pas sorcier ; *skill* = compétence
53. (C) *sample* = échantillon ; *delivery charges* = frais de livraison
54. (D)
55. (A) *company policy* = politique de l'entreprise
56. (A) *plant / factory* = usine
57. (B) *to grumble* = se plaindre ; *to breathe down someone's neck* = ne pas lâcher quelqu'un d'une semelle, regarder par-dessus l'épaule de quelqu'un
58. (C) *to wander* = errer, déambuler
59. (C) *table / spreadsheet* = tableur ; *date* = (ici) datte
60. (C)
61. (B) *waste time / lose time* = perdre du temps ; *first-rate* = de première qualité, excellent ; *travel arrangements* = préparatifs/modalités de voyage
62. (C) *job interview* = entretien d'embauche ; *AGM (Annual General Meeting)* = assemblée générale annuelle
63. (A)
64. (D) *green light* = feu vert ; *approval* = approbation
65. (A) *likely to* = susceptible de
66. (B) *to provide* = fournir ; *caterer* = traiteur
67. (B)
68. (C) *rent* = loyer ; *to rent* = *to lease* = louer
69. (C)
70. (A) *to chase up* = relancer ; *to chase off* = chasser, faire partir ; *to chase down* = (ici) trouver quelque chose que l'on cherchait

BOOST YOUR FOCUS 1 + 2 + 3 + 4

PART 1

Script PISTE 92

1. Am.
(A) The women are wearing plastic caps.
(B) The women are counting hens.
(C) The women are cracking the eggs.
(D) The women are selling egg boxes.

2. Aus.
(A) The man is flying a plane.
(B) The man is watching a movie.
(C) The man is travelling by plane.
(D) The man is sleeping during the flight.

3. Am.
(A) The women are typing on the keyboard.
(B) Everyone is sitting round the table.
(C) The man's computer is shut.
(D) The man is pointing to the whiteboard.

4. GB
(A) The workman is climbing a ladder.
(B) The builder is holding a shell.
(C) The man is checking the scales.
(D) The man is sitting on the roof.

5. Can.
(A) The people are on a sit-down strike.
(B) The people are moving office.
(C) The boxes are being sealed.
(D) The women are standing around.

6. GB
(A) The car is caught in a traffic jam.
(B) The man is pulling his car along the road.
(C) The car has got stuck in the snow.
(D) The man is driving through a heavy snowfall.

Corrigé

1. (A) *plastic cap* = (ici) charlotte
2. (C)
3. (D) *keyboard* = clavier ; *whiteboard* = tableau blanc
4. (A) *ladder* = échelle ; *shell* = coquillage ; *scales* = balance, pèse-personne
5. (B) *sit-down strike* = grève sur le tas ; *to seal* = sceller
6. (C) *traffic jam* = embouteillage ; *to get stuck* = se retrouver bloqué ; *snowfall* = chute de neige

PART 2

Script PISTE 93

7. Am. Did you answer that job ad last week?
Am. (A) You bet! I applied at once.
(B) It will be published on Friday.
(C) Jobs are advertised online mostly.

8. Am. What is the name of the company whose logo looks like a horse?
Am. (A) I'm told it's a no-go area.
(B) Please stop horsing around!
(C) I'm afraid I have no idea.

9. GB Does delivery on Tuesday between 8 am and 12 suit you?
GB (A) Not really, I need a more exact time.
(B) Yes, Tuesday afternoon is fine by me.
(C) The delivery arrived on time.

10. Can. Why is there a crowd outside the store?
Am. (A) The store opens every day at 10.
(B) The sales start this morning.
(C) Information is stored in a secure cloud.

11. Aus. Where are you going to hold the conference this year?
GB (A) It was a remarkable success last year.
(B) In the same venue as we always do.
(C) It must be on a weekday.

12. Am. It would be nice to just pack our bags and go away somewhere, wouldn't it?
GB (A) My suitcase got lost at the airport.
(B) I'm not sure we could afford to right now.
(C) Supermarkets don't pack plastic bags any more.

13. Am. What was your hotel like last week?
GB (A) It should be comfortable I hope.
(B) It was near the centre of town.
(C) Pretty shoddy unfortunately.

14. Can. Where do you think Martin has got to this time?
Can. (A) I dunno. He's never on time anyway.
(B) I'm sorry, I don't have a watch on me.
(C) I'm afraid I don't have the time right now.

15. Aus. Whose car is parked in the place reserved for the CEO?
Am. (A) The CEO doesn't know how to drive.
(B) He reserved a table for twelve thirty.
(C) It must be the supplier's.

16. GB When will you be able to give me a firm order quantity?
Am. (A) By the middle of the week at the latest.
(B) We will need at least 100 boxes, if not more.
(C) The firm closed down over a month ago.

17. GB I say, would you mind awfully if I opened the window?
Am. (A) Yeah, I wouldn't think so.
(B) Not at all. Go ahead.
(C) Lawfully, I don't think so.

18. Am. Which of you two is here to see the HR manager?
Can. (A) We are all waiting for him.
(B) He manages things very well.
(C) Neither of us.

19. Am. How often do you get to go to the Phoenix subsidiary these days?
Am. (A) I try to go at least once a month.
(B) The subsidy was refused last week.
(C) I am driving to Phoenix, so I can't talk.

20. Can. Who would you like me to invite for the keynote speech?
Can. (A) The invitations should go out this week.
(B) I took lots of notes during the talk.
(C) Why not Professor James? He's always interesting.

21. Am. Whose cell phone has been left in the conference room?
GB (A) Simon said that he would do it.
(B) It must be mine, I lose it all the time.
(C) He left about ten minutes ago.

22. Aus. Could you let me know when you'll be available for a video conference?
Can. (A) I'm busy this week, so perhaps early next?
(B) The conference will be held in the Sunset Hotel.
(C) It was the most interesting conference I've been to for some time.

23. Am. The training sessions will be held in the workshops, won't they?
Am. (A) He's been training very hard lately.
(B) We learnt so much about the production process.
(C) More likely in the meeting room.

24. GB I've heard there's going to be a shortage of steel next month.
Can. (A) So we'd better lay in some stocks now.

(B) Did he really steal all that money?
(C) Yes, the forecast glut is worrying.

25. Can. Why did you take out a subscription to that magazine you never read?
Aus. (A) We always order take out on Friday evening because we're tired.
(B) You never know. I might get some free time one day.
(C) I read the inscription you wrote. It's very nice.

26. Am. Does the supplier send you the statement every month as I requested?
Am. (A) He did last month.
(B) That's an understatement!
(C) He made a statement last week.

27. Can. From whom did you get the advice about the investment?
Can. (A) I advised you to invest that money carefully.
(B) The financial forecast is full of doom and gloom.
(C) My bank manager, who is very much in the know.

28. GB Have you got the number of that management consultant you were telling me about?
Aus. (A) So what was it I was telling you about?
(B) Yeah. I'll send it on to you when we finish our call.
(C) Management are consulting experts at the moment.

29. GB Do you remember that you have a doctor's appointment at 4 this afternoon?
Can. (A) He is pleased with his appointment as CFO.
(B) I'm sorry but I'm going to be busy all morning.
(C) I thought I had asked you to cancel it.

30. Am. The forecast is bad, so I think we should hold the event at another venue.
Can. (A) Yes, we'll have to choose the menu carefully.
(B) Okay, I'll look into it right away.
(C) The broadcast should be done at the studio.

31. Am. Do you prepare your calls before you dial the number?
Aus. (A) If I'm making a cold call, I certainly do!
(B) I often dial the wrong number if I'm not concentrating.
(C) E-mails outnumber phone calls these days.

Corrigé

7. (A) *you bet* = absolument, évidemment ; *at once* = tout de suite
8. (C) *no-go area* = zone interdite ; *to horse around* = chahuter
9. (A) *on time* = à l'heure
10. (B) *sales* = (ici) soldes
11. (B) *venue* = lieu, salle
12. (B) *to afford* = (ici) se permettre d'acheter
13. (C) *shoddy* = de mauvaise qualité (ici, malpropre)
14. (A) *dunno* = *don't know*
15. (C)
16. (A) *firm order* = commande ferme ; *firm* = entreprise
17. (B) *awfully* = extrêmement ; *lawfully* = légalement
18. (C) *neither* = ni l'un ni l'autre
19. (A) *subsidiary* = filiale ; *subsidy* = subvention
20. (C) *keynote speech* = discours inaugural
21. (B)
22. (A)
23. (C) *workshop* = atelier
24. (A) *shortage* = pénurie ; *to lay in* = accumuler ; *steel* = acier ; *to steal* = voler ; *glut* = surplus
25. (B) *subscription* = abonnement ; *to order take out* = commander des plats à emporter ; *inscription* = (ici) dédicace
26. (A) *statement* = déclaration / relevé ; *understatement* = minimisation / euphémisme ; *that's an understatement* = c'est peu dire
27. (C) *doom and gloom* = pessimisme ; *in the know* = au courant
28. (B)
29. (C) *appointment* = rendez-vous / nomination
30. (B) *forecast* = (ici) prévisions météorologiques ; *venue* = lieu ; *to look into* = examiner, étudier ; *broadcast* = émission
31. (A) *cold call* = démarchage téléphonique ; *to outnumber* = surpasser en nombre

PART 3

Script PISTE 94

Questions 32 through 34 refer to the following conversation.

Aus. **Woman:** Have you spoken to Paula yet this morning?
Am. **Man:** No, not so far. Why? Is anything wrong?
Woman: Well, I tried to talk to her about the timeline for the Petersfield project, and she didn't understand a thing I was talking about.
Man: Well, all I can say is that she's been to the coffee machine about 5 times already – and she was drinking the strongest one.
Woman: And she has huge bags under her eyes.
Man: Well, she did just have a week's holiday – with her 4 small grandchildren staying.
Woman: I get it now.

32. Where is the conversation likely taking place?
33. What does the man say about Paula?
34. What does the Woman mean when she says, "I get it now"?

Questions 35 through 37 refer to the following conversation.

Can. **Man:** So, if we promise to deliver before the 15th of each month, you will guarantee a first MOQ (Minimum Order Quantity) of 1,000 parts. In other words, at least 12,000 boards a year. Is that right?

GB **Woman:** Yes, and in return, you will also give us a 5% discount.
Man: You deal with and pay the transporter though. We provide Ex Works, so your guys will have to come and pick it all up.
Woman: Sounds good. I'm going to need a written record of all this.
Man: Yes, I know what you always say, "Words fly away, writings remain".

35. What is the monthly deadline for deliveries?
36. Where will the goods be made available for collection?
37. What does the Woman mean when she says, "Sounds good"?

Questions 38 through 40 refer to the following conversation.

Am. **Man 1:** OK, guys! We are really running behind schedule. We've gotta find a way to catch up.
Am. **Woman:** Yeah. Otherwise that client of ours is gonna find someone else.
Man 1: So, where can we make a few shortcuts? Or are we gonna have to take on more hands and work a lot of overtime?
GB **Man 2:** I'll go for the latter two. There's not a lot we can do without. Every step has to be done by the book.
Woman: I'll get on to the agency and see who they can come up with. Hopefully we can get some people we have used before.
Man 1: Great, and I'll work out new milestones – and call the client to see if I can get a few days' grace.

38. What is the main problem with the project?
39. Which solution do the people choose?
40. What is the man going to ask the client?

Questions 41 through 43 refer to the following conversation.

GB **Woman:** Anyway, thank you for calling us, Bob.
Am. **Man:** So, what do I have to do now? I don't want to miss this golden opportunity. I've only just graduated and wanna start paying back my student loan as soon as I can.
Woman: Well, you have to submit your application within the next 5 days.
Man: Can I do that online?
Woman: Of course. I'll send you the link by text message. I've got your number. If you are put on a shortlist, you'll be called for an interview.
Man: Gotcha!

41. What are the people talking about?
42. What does the man want to do rapidly?
43. What does the man mean when he says, "Gotcha"?

Questions 44 through 46 refer to the following conversation.

Can. **Woman 1:** Have you visited the building site lately?
GB **Woman 2:** Yes, I went yesterday in fact.
Woman 1: What's it like?
Woman 2: The builders are doing the finishing touches. The electrician, painter and plumber have all gone. The work should be finished way ahead of the December deadline.
Can. **Man:** I bet the HR department asks us to move our stuff to the new offices during the Christmas break. I remember it happened the last time we had to move things around. I hope they'll let us have at least one day off for present giving or my wife will lose it!

44. What work is being done?
45. When is the new office likely to be completed?
46. What does the man imply when he says, "my wife will lose it"?

Questions 47 through 49 refer to the following conversation.

Aus. **Man:** Hi, boss! I thought I'd better call you right away as I had a bit of an issue this morning. With a very aggressive Woman, in a very large car!
Am. **Woman:** And what is the company car looking like?
Man: Pretty battered I'm afraid. She was in this huge pickup thing, and the office car came off worst.
Woman: But shouldn't you be telling HR about this, and not me?
Man: Well, yes, but as a result, I couldn't get to see the client this morning, so I'm worried we may have lost the contract.
Woman: You'd better get in touch with her immediately then!

47. Why did the man call his boss?
48. According to the man, what is the key problem?
49. What will the man most likely do next?

Questions 50 through 52 refer to the following conversation.

Am. **Woman:** Where should I put this potted plant?
Can. **Man:** Why don't you put it over there by the shredder?
Woman: Well, over there it might get in the way, for people trying to get to the photocopier.
Man: So, how about beneath the window? It'll get a lot of light.
Woman: But it will block the light for everyone else.
Man: Or just to the right of my desk.
Woman: Then you would get all the benefit of it. No, I think I'll just leave it where it is.
Man: So why did you ask me in the first place?!

50. What is the Woman asking for?
51. Where does the man first suggest she put the plant?
52. What does the man imply at the end of the conversation?

Questions 53 through 55 refer to the following conversation.

Aus. **Woman:** Sorry, it's me again.
Can. **Man:** What can I do for you this time?

Woman: Yesterday, I ordered transport to and from the airport.
Man: Good, so that's settled.
Woman: Yes, but I asked to be picked up at 7 o'clock from your office.
Man: We should have finished our meetings by then.
Woman: But the confirmation from the company says they will pick me up between 7:30 and 7:50. Is that OK with you?
Man: The caretaker goes home at 7:45, so we'll have to wait under the awning or on the sidewalk if the ride gets late.

53. What are the speakers discussing?
54. At what time did the Woman want to be called for?
55. Where will they be at 7:50 pm?

Questions 56 through 58 refer to the following conversation.

Am. **Woman:** Hi, Cyril. Did you get the program for the seminar?
GB **Man:** Yes, it's looking good although I'm worried about the last speech at 7 pm. I don't think there'll be many takers.
Woman: It's the only time Professor May could be there. He can't come any earlier in the day.
Man: Couldn't we get someone else to close the day instead? He's a bit of a prima donna, and always asking for special teabags, full-cream milk, and snacks with chocolate on top!
Woman: It's late in the day, but I could try Professor March. She's much more flexible and may still be free.
Man: And she'd probably appreciate the fee we are paying too!

56. What is the conversation mainly about?
57. What does the man say about Professor May?
58. Why may Professor March not be available?

Questions 59 through 61 refer to the following conversation.

Am. **Woman:** Management is asking for volunteers to relocate to the new plant in the southwest.
Am. **Man:** That's not a bad idea.
Woman: What?! You like the idea? We'd be in the middle of the countryside – no stores, no sidewalks, no restaurants.
Man: Is that all bad?
Woman: It's certainly not what we are used to!
Man: Just think, if we relocate to the country, we can have a bigger house and garden and the kids can go to a nice school.
Woman: We could even afford for one of us to work part-time.
Man: It's a no-brainer really.

59. What does management want employees to do?
60. What advantage does the Woman mention?
61. What does the man mean when he says, "It's a no-brainer"?

Questions 62 through 64 refer to the following conversation.

GB **Woman:** Hello. Is that Jeremy Miles?
Can. **Man:** Speaking.
Woman: Jeremy, sorry to bother you but we have a real problem here. The nozzle on the plastic press machine is completely blocked.
Man: That's an easy one. You just need to turn the red knob and replace the nozzle with another. It'll take you about 10 minutes in all.
Woman: That sounds easy but… the problem is that the maintenance men forgot to mark down that they had used the last one. We don't have a backup.
Man: Perhaps I could bring a replacement part to your factory this afternoon. That way you can keep the machine downtime as short as possible.

62. What is the speaker calling about?
63. Who most likely is the Woman?
64. What does Jeremy Miles offer to do?

Questions 65 through 67 refer to the following conversation.

Can. **Woman:** So, what do you think of the cover you get from your insurance?
Am. **Man:** It's excellent. I got more back than what I had paid when I put in my expenses for dental care.
Woman: Don't let on though, or they'll ask for the difference back!
Man: You're right there. But generally, the statements are readable, the payback rapid, and it's much better than the company I used before.
Woman: It sounds good. I'll get them to send a letter to a list of people who might be interested.

65. What is the discussion about?
66. What does the Woman mean when she says, "Don't let on though"?
67. How will the company get in touch with prospective customers?

Questions 68 through 70 refer to the following conversation.

GB **Woman:** This looks like a fun club to join. What do you think?
GB **Man:** Yes, they seem to organize a plethora of events. Look at this, tennis and golf competitions, horse racing, delicious dinners in exceptional venues. It appears to be an effective way of meeting other people like us who have been seconded abroad.
Woman: We'll have to find someone to sign us up for the club. Do you know anyone who is already a member and would be able to recommend us?
Man: I could ask the boss. I know that I'm in his good books for now, so he'd be happy to do something for me.

68. What are the things the club offers to members?
69. What kind of people would be interested in joining the club?
70. What requirement to becoming a member does the man fail to mention?

Corrigé

32. (A)
33. (B) *timeline* = calendrier ; *bag* = sac ; *bags under the eyes* = poches sous les yeux
34. (C) *to get it* = piger / comprendre ; *to have a picture of something* = avoir une idée à propos de quelque chose
35. (A) *deadline* = date limite
36. (C) *Ex Works* = départ usine (incoterm)
37. (B) *sounds good* = cela semble bien
38. (B) *to run behind schedule* = prendre du retard ; *to catch up* = rattraper
39. (D) *shortcut* = raccourci ; *overtime* = heures supplémentaires ; *to cancel* = annuler ; *to bypass* = contourner, éviter ; *by the book* = selon les règles
40. (A) *milestone* = jalon (projet) ; *a few days' grace* = (ici) quelques jours de délai
41. (B) *building permit* = permis de construire ; *job application* = demande d'emploi
42. (D) *to pay back* = *to reimburse* = rembourser ; *student loan* = prêt étudiant
43. (D) *gotcha* = *I've got you* = compris, pigé / je t'ai eu/attrapé (bien regarder le contexte). *gotta* = *got to* (obligation)
44. (B) *to swap* = échanger
45. (A) *due date* = *target date* = *deadline* = date limite/butoir
46. (C) *to lose confidence* = perdre confiance ; *to lose it* = péter les plombs
47. (C) *belligerent* = belliqueux/belliqueuse, agressif/agressive
48. (A) *to lose a contract* = perdre un contrat
49. (B) *promptly* = rapidement ; *to draw up* = (ici) rédiger ; *to get over* = surmonter
50. (D) *advice* = conseils
51. (A) *shredder* = déchiqueteuse
52. (A) *annoyed* = agacé ; *bored* = ennuyé ; *untroubled* = serein
53. (C) *travel arrangements* = préparatifs de voyage
54. (B) Notez qu'en général, les anglophones utilisent un système horaire sur 12 heures et non 24.
55. (A) *beneath* = sous ; *awning* = auvent
56. (A) *closing speech* = discours de clôture
57. (C) *fussy eater* = mangeur difficile ; *demanding* = exigeant
58. (C) *late in the day* = en fin de journée
59. (C) *to relocate* = délocaliser
60. (C)
61. (A) *it's a no-brainer* = c'est évident ; *can of worms* = panier de crabes / sac de nœuds / boîte de Pandore
62. (A) *nozzle* = buse / embout ; *knob* = (ici) poignée ; *missing* = manquant ; *spare part* = pièce détachée
63. (D) *operative* = ouvrier
64. (A) *downtime* = temps d'arrêt ; *downtown* = centre-ville ; *by hand* = à la main / (ici) en mains propres
65. (B) *cover* = couverture ; *statement* = relevé ; *payback* = *reimbursement* = remboursement
66. (D) *Shouldn't* = ne devrait pas ; *let on* = dévoiler/révéler
67. (A) *e-mail* = courriel ; *mail* = courrier
68. (D)
69. (A) *abroad* = à l'étranger ; *overseas* = outre-mer
70. (B) *seconder* = celui qui appuie une motion/demande ; *to be seconded* = détaché

PART 4

Script PISTE 95

Questions 71 through 73 refer to the following recorded message.

Am.
Hello. You have reached Best Butchers Inc. Please select your language preference. For French, press 1; for English, press 2. [Bip] Thank you. For after-sales services, press 1. To reach a staff member by name, press 2. For gastronomic support and advice, press 3.
To speak to someone about an invoice or purchase order, press 4. To find the location of your nearest store, we suggest you look on our website bestbutchers.com. For any other request, please hold the line… [silence] We are sorry, but all our operators are busy. Please call back later.

71. Which number should you press if you need to talk to accounts?
72. What would a customer find more easily on the website?
73. What will the caller likely do next?

Questions 74 through 76 refer to the following announcement.

Aus.
Good morning, everyone. As you know, our company takes great pride in our ethical values. I am therefore very excited to announce our latest charity partner, the Mary Stet Foundation, who are doing an amazing job in protecting the Woylie and other imperilled species in the southern hemisphere. The Woylie is one among 10 mammals, 4 birds and 13 fish categorized as critically endangered species. The foundation is actively helping save these animals through conservation, education, and legislation. We are delighted to partner with the Mary Stet Foundation by providing advice and financial support and spreading awareness of the plight of these species.

74. What type of organization is the Mary Stet Foundation?
75. What can be said about the Woylie?
76. What will the company be doing for the Mary Stet Foundation?

Questions 77 through 79 refer to the following telephone message.

Am.
Hi, John. Moving forwards with our discussions about employee safety in the group's factories. Well, the good news is that management, along with the trade unions and

an outside consultant have arranged a training day, open to all. Operatives just need to turn up and the organizers will do the rest. The best thing is that it is not counted as a day off! Tea and coffee will be provided, but participants will have to bring a lunchbox for the midday break. I'll make sure the IT stuff is in place.

77. What is the subject of the message?
78. What is said about the management and the trade unions?
79. What will employees have to bring with them?

Questions 80 through 82 refer to the following advertisement.

Can.
How well do you know your local town? How much can you tell a tourist, couch surfer or traveler about local food and drink, the history of the town center, the customs and festivals that dot the calendar from January to end December? Why not test your knowledge (and that of your friends and family) with our cheap and cheerful puzzle software, each game packed with over 100 quizzes, crosswords, and brain-teasers? Ask your friends round for an informative and fun-packed evening! Order all 3 games now for just $60 – that's a $5 saving on each game – and you only pay postage once! Call us on 555 887 9986. If we can't answer, just leave a message and we'll call you back within 24 hours.

80. Who is the advertisement for?
81. What kind of game is being advertised?
82. How much will each game cost?

Questions 83 through 85 refer to the following announcement.

GB
Okay, everyone. We are going to be making some changes around here. I know that you all enjoyed working with Brian, but he's now left, and I've been asked to take his place at the head of the department. I'll be tightening up on things which have got rather slack in the past year or so. To begin with, everyone (and I mean everyone) will be clocking in and out. That will avoid certain of you arriving for elevenses and leaving before teatime. Also, lunch break lasts one hour, not two or three. Pull yourselves together, or you may get the push.

83. Where is the announcement likely taking place?
84. What major change will be made?
85. What does the Woman mean when she says, "you may get the push"?

Questions 86 through 88 refer to the following telephone message.

Aus.
This is a message for Peter Piper. I'm calling about your repeated absences from our luncheon group. As you know, the idea of our regular meetings is to discuss the electronics market, outsourcing to low-cost countries, and component prices. Members must be present at least 4 times a year. You have not been at all for the past 2 years, and your record over your 8 years' membership is not too good. As a result, we think perhaps you ought to step down. Could you call me back, so we can discuss this before it's tabled at the next meeting? My number is (02) 8874 5481.

86. What is the purpose of the luncheon meetings?
87. How many years has Peter been a member?
88. What is Peter asked to do?

Questions 89 through 91 refer to the following announcement.

Can.
As you know, NPI (New Product Introduction) is a key step in the industrial process. Improving our process has been the most striking challenge we have faced this year. We had to review our system because of the pressures of competition, increasing costs, and stricter client requirements along with the arrival of new customers. So, we have hired a project leader to galvanize the teams and instil a customer-oriented mentality. He will coordinate the projects from start to finish, throughout the 7 clear-cut steps: preliminary review, milestones, roll-out, pilot production, validation review, mass production and product launch. Please welcome Oliver Smart to our team.

89. What is the purpose of the announcement?
90. What is one of the reasons why the process has been reassessed?
91. What are the 7 steps described as?

Questions 92 through 94 refer to the following talk.

Am.
Many of you international businessmen have been complaining about the nefarious effect that all these meetings on other continents are having on you. So, we thought we should get down to brass tacks, which might make you all feel better about it. In fact, we are talking about the disturbance to your sleep patterns that happens when you cross several time zones, while flying either east or west (but not north or south). From Europe, it is usually worse if you're travelling east (like from Milan to Japan). So, you end up feeling tired, confused and lethargic, not propitious to a good day's work. It may take you 2 or 3 days to adjust but although it is inconvenient, it is not life-threatening, so we would like to suggest you just grin and bear it.

92. What is the talk mainly about?
93. What is one of the side-effects mentioned in the talk?
94. What does the speaker mean when he says, "grin and bear it"?

Questions 95 through 97 refer to the following announcement and graph.

GB
As I think you are all aware, we had very bad results in the summer months. Several of our food products had to

be recalled following customer complaints of undeclared allergens on the packaging, the greatest offenders being dairy produce, then eggs, peanuts and wheat. We have taken corrective action and renewed our procedures; complete with standardized checklists that are compliant with government regulations. Things improved in Q4, and our brand image is picking up. I shall be travelling around the country over the next few weeks to reassure our main customers. In fact, I'd better go now, or I'll miss my flight!

95. Look at the graphic. Which product does the dotted line represent?
96. What was the result of the product recalls?
97. What will the speaker likely do next?

Questions 98 through 100 refer to the following message and pictures.

Am.
Thanks, Bill. I got your e-mail and the blueprints about my new office. It looks good and I especially like the 3D pictures, which show what it'll look like – and I see you've included my two bonsais, and the life-size model of my dog! However, I do have a big shortcoming. I know we are supposed to be heading towards a paperless world, but to me there's nothing like something printed. It's easier to read, to memorize, and to file! That's why I need the tallest steel filing cabinet with 5 big drawers, and not the small drawers. Can you make sure the right reference number is on the order? Many thanks.

98. What does the caller particularly appreciate?
99. What is the caller's weak point?
100. Which of the filing cabinets will Bill order?

Corrigé

71. (D) *invoice* = facture ; *purchase order* = bon de commande
72. (A) *location* = emplacement ; *outlet* = point de vente ; *rental agreement* = contrat de location
73. (D) *to hang upon* = suspendre à ; *to hang on* = (ici) patienter ; *to hang out* = traîner ; *to hang up* = (ici) raccrocher
74. (A) *charity* = association caritative/de bienfaisance ; *non-profit* = à but non lucratif ; *SME (Small and Medium Enterprise)* = PME-PMI (petite et moyenne entreprise-petite et moyenne industrie) ; *partnership* = partenariat
75. (C)
76. (B) *plight* = situation critique/désespérée
77. (C)
78. (D) *management* = direction ; *trade unions* = syndicats ; *operative* = opérateur ; *machine operative* = machiniste
79. (A) *lunchbox* = boîte de déjeuner ; *IT (Information Technology)* = technologie de l'information
80. (B) *couch* = canapé
81. (C) *a board game* = un jeu de société
82. (C) *each* = chaque
83. (C)
84. (C) *to clock in and out / to punch in and out* = pointer à l'entrée et à la sortie ; *to drop in* = passer, faire un saut (venir à l'improviste)
85. (B) *to get the push / to be dismissed* = être renvoyé
86. (B) *component* = composant
87. (D)
88. (A) *to step down / to resign* = démissionner
89. (C) *improvement* = amélioration
90. (B) *reassessing* = réévaluation ; *competition / opposition* = concurrence
91. (B) *tricky* = délicat / difficile ; *straightforward / clear-cut* = clair ; *clean-cut* = soigné ; *streamlined* = (ici) simplifié
92. (B) *jet lag* = fatigue due au décalage horaire ; *time zone* = fuseau horaire ; *the points of the compass* = les points cardinaux
93. (B) *sluggishness* = lenteur / atonie
94. (D) *to put up with it / to grin and bear it* = supporter cela (prendre son mal en patience)
95. (B) *offender* = contrevenant ; *dairy products* = produits laitiers
96. (D) *compliant* = conforme
97. (A) *I'd better* = je ferais mieux de
98. (B) *blueprint* = plan ; *diagram* = (ici) schéma
99. (A) *shortcoming* = *weak point* = défaut ; *paperless* = « sans papier », c'est-à-dire dématérialisé, informatisé ; *hard copy* = version papier
100. (B) *filing cabinet* = classeur, meuble de classement

> Pour la table de conversion des scores, voir page 106 de la partie *Reading*.

LISTENING SECTION

1	Ⓐ Ⓑ Ⓒ Ⓓ	26	Ⓐ Ⓑ Ⓒ	51	Ⓐ Ⓑ Ⓒ Ⓓ	76	Ⓐ Ⓑ Ⓒ Ⓓ
2	Ⓐ Ⓑ Ⓒ Ⓓ	27	Ⓐ Ⓑ Ⓒ	52	Ⓐ Ⓑ Ⓒ Ⓓ	77	Ⓐ Ⓑ Ⓒ Ⓓ
3	Ⓐ Ⓑ Ⓒ Ⓓ	28	Ⓐ Ⓑ Ⓒ	53	Ⓐ Ⓑ Ⓒ Ⓓ	78	Ⓐ Ⓑ Ⓒ Ⓓ
4	Ⓐ Ⓑ Ⓒ Ⓓ	29	Ⓐ Ⓑ Ⓒ	54	Ⓐ Ⓑ Ⓒ Ⓓ	79	Ⓐ Ⓑ Ⓒ Ⓓ
5	Ⓐ Ⓑ Ⓒ Ⓓ	30	Ⓐ Ⓑ Ⓒ	55	Ⓐ Ⓑ Ⓒ Ⓓ	80	Ⓐ Ⓑ Ⓒ Ⓓ
6	Ⓐ Ⓑ Ⓒ Ⓓ	31	Ⓐ Ⓑ Ⓒ	56	Ⓐ Ⓑ Ⓒ Ⓓ	81	Ⓐ Ⓑ Ⓒ Ⓓ
7	Ⓐ Ⓑ Ⓒ	32	Ⓐ Ⓑ Ⓒ Ⓓ	57	Ⓐ Ⓑ Ⓒ Ⓓ	82	Ⓐ Ⓑ Ⓒ Ⓓ
8	Ⓐ Ⓑ Ⓒ	33	Ⓐ Ⓑ Ⓒ Ⓓ	58	Ⓐ Ⓑ Ⓒ Ⓓ	83	Ⓐ Ⓑ Ⓒ Ⓓ
9	Ⓐ Ⓑ Ⓒ	34	Ⓐ Ⓑ Ⓒ Ⓓ	59	Ⓐ Ⓑ Ⓒ Ⓓ	84	Ⓐ Ⓑ Ⓒ Ⓓ
10	Ⓐ Ⓑ Ⓒ	35	Ⓐ Ⓑ Ⓒ Ⓓ	60	Ⓐ Ⓑ Ⓒ Ⓓ	85	Ⓐ Ⓑ Ⓒ Ⓓ
11	Ⓐ Ⓑ Ⓒ	36	Ⓐ Ⓑ Ⓒ Ⓓ	61	Ⓐ Ⓑ Ⓒ Ⓓ	86	Ⓐ Ⓑ Ⓒ Ⓓ
12	Ⓐ Ⓑ Ⓒ	37	Ⓐ Ⓑ Ⓒ Ⓓ	62	Ⓐ Ⓑ Ⓒ Ⓓ	87	Ⓐ Ⓑ Ⓒ Ⓓ
13	Ⓐ Ⓑ Ⓒ	38	Ⓐ Ⓑ Ⓒ Ⓓ	63	Ⓐ Ⓑ Ⓒ Ⓓ	88	Ⓐ Ⓑ Ⓒ Ⓓ
14	Ⓐ Ⓑ Ⓒ	39	Ⓐ Ⓑ Ⓒ Ⓓ	64	Ⓐ Ⓑ Ⓒ Ⓓ	89	Ⓐ Ⓑ Ⓒ Ⓓ
15	Ⓐ Ⓑ Ⓒ	40	Ⓐ Ⓑ Ⓒ Ⓓ	65	Ⓐ Ⓑ Ⓒ Ⓓ	90	Ⓐ Ⓑ Ⓒ Ⓓ
16	Ⓐ Ⓑ Ⓒ	41	Ⓐ Ⓑ Ⓒ Ⓓ	66	Ⓐ Ⓑ Ⓒ Ⓓ	91	Ⓐ Ⓑ Ⓒ Ⓓ
17	Ⓐ Ⓑ Ⓒ	42	Ⓐ Ⓑ Ⓒ Ⓓ	67	Ⓐ Ⓑ Ⓒ Ⓓ	92	Ⓐ Ⓑ Ⓒ Ⓓ
18	Ⓐ Ⓑ Ⓒ	43	Ⓐ Ⓑ Ⓒ Ⓓ	68	Ⓐ Ⓑ Ⓒ Ⓓ	93	Ⓐ Ⓑ Ⓒ Ⓓ
19	Ⓐ Ⓑ Ⓒ	44	Ⓐ Ⓑ Ⓒ Ⓓ	69	Ⓐ Ⓑ Ⓒ Ⓓ	94	Ⓐ Ⓑ Ⓒ Ⓓ
20	Ⓐ Ⓑ Ⓒ	45	Ⓐ Ⓑ Ⓒ Ⓓ	70	Ⓐ Ⓑ Ⓒ Ⓓ	95	Ⓐ Ⓑ Ⓒ Ⓓ
21	Ⓐ Ⓑ Ⓒ	46	Ⓐ Ⓑ Ⓒ Ⓓ	71	Ⓐ Ⓑ Ⓒ Ⓓ	96	Ⓐ Ⓑ Ⓒ Ⓓ
22	Ⓐ Ⓑ Ⓒ	47	Ⓐ Ⓑ Ⓒ Ⓓ	72	Ⓐ Ⓑ Ⓒ Ⓓ	97	Ⓐ Ⓑ Ⓒ Ⓓ
23	Ⓐ Ⓑ Ⓒ	48	Ⓐ Ⓑ Ⓒ Ⓓ	73	Ⓐ Ⓑ Ⓒ Ⓓ	98	Ⓐ Ⓑ Ⓒ Ⓓ
24	Ⓐ Ⓑ Ⓒ	49	Ⓐ Ⓑ Ⓒ Ⓓ	74	Ⓐ Ⓑ Ⓒ Ⓓ	99	Ⓐ Ⓑ Ⓒ Ⓓ
25	Ⓐ Ⓑ Ⓒ	50	Ⓐ Ⓑ Ⓒ Ⓓ	75	Ⓐ Ⓑ Ⓒ Ⓓ	100	Ⓐ Ⓑ Ⓒ Ⓓ

LISTENING SECTION

1 Ⓐ Ⓑ Ⓒ Ⓓ	26 Ⓐ Ⓑ Ⓒ	51 Ⓐ Ⓑ Ⓒ Ⓓ	76 Ⓐ Ⓑ Ⓒ Ⓓ
2 Ⓐ Ⓑ Ⓒ Ⓓ	27 Ⓐ Ⓑ Ⓒ	52 Ⓐ Ⓑ Ⓒ Ⓓ	77 Ⓐ Ⓑ Ⓒ Ⓓ
3 Ⓐ Ⓑ Ⓒ Ⓓ	28 Ⓐ Ⓑ Ⓒ	53 Ⓐ Ⓑ Ⓒ Ⓓ	78 Ⓐ Ⓑ Ⓒ Ⓓ
4 Ⓐ Ⓑ Ⓒ Ⓓ	29 Ⓐ Ⓑ Ⓒ	54 Ⓐ Ⓑ Ⓒ Ⓓ	79 Ⓐ Ⓑ Ⓒ Ⓓ
5 Ⓐ Ⓑ Ⓒ Ⓓ	30 Ⓐ Ⓑ Ⓒ	55 Ⓐ Ⓑ Ⓒ Ⓓ	80 Ⓐ Ⓑ Ⓒ Ⓓ
6 Ⓐ Ⓑ Ⓒ Ⓓ	31 Ⓐ Ⓑ Ⓒ	56 Ⓐ Ⓑ Ⓒ Ⓓ	81 Ⓐ Ⓑ Ⓒ Ⓓ
7 Ⓐ Ⓑ Ⓒ	32 Ⓐ Ⓑ Ⓒ Ⓓ	57 Ⓐ Ⓑ Ⓒ Ⓓ	82 Ⓐ Ⓑ Ⓒ Ⓓ
8 Ⓐ Ⓑ Ⓒ	33 Ⓐ Ⓑ Ⓒ Ⓓ	58 Ⓐ Ⓑ Ⓒ Ⓓ	83 Ⓐ Ⓑ Ⓒ Ⓓ
9 Ⓐ Ⓑ Ⓒ	34 Ⓐ Ⓑ Ⓒ Ⓓ	59 Ⓐ Ⓑ Ⓒ Ⓓ	84 Ⓐ Ⓑ Ⓒ Ⓓ
10 Ⓐ Ⓑ Ⓒ	35 Ⓐ Ⓑ Ⓒ Ⓓ	60 Ⓐ Ⓑ Ⓒ Ⓓ	85 Ⓐ Ⓑ Ⓒ Ⓓ
11 Ⓐ Ⓑ Ⓒ	36 Ⓐ Ⓑ Ⓒ Ⓓ	61 Ⓐ Ⓑ Ⓒ Ⓓ	86 Ⓐ Ⓑ Ⓒ Ⓓ
12 Ⓐ Ⓑ Ⓒ	37 Ⓐ Ⓑ Ⓒ Ⓓ	62 Ⓐ Ⓑ Ⓒ Ⓓ	87 Ⓐ Ⓑ Ⓒ Ⓓ
13 Ⓐ Ⓑ Ⓒ	38 Ⓐ Ⓑ Ⓒ Ⓓ	63 Ⓐ Ⓑ Ⓒ Ⓓ	88 Ⓐ Ⓑ Ⓒ Ⓓ
14 Ⓐ Ⓑ Ⓒ	39 Ⓐ Ⓑ Ⓒ Ⓓ	64 Ⓐ Ⓑ Ⓒ Ⓓ	89 Ⓐ Ⓑ Ⓒ Ⓓ
15 Ⓐ Ⓑ Ⓒ	40 Ⓐ Ⓑ Ⓒ Ⓓ	65 Ⓐ Ⓑ Ⓒ Ⓓ	90 Ⓐ Ⓑ Ⓒ Ⓓ
16 Ⓐ Ⓑ Ⓒ	41 Ⓐ Ⓑ Ⓒ Ⓓ	66 Ⓐ Ⓑ Ⓒ Ⓓ	91 Ⓐ Ⓑ Ⓒ Ⓓ
17 Ⓐ Ⓑ Ⓒ	42 Ⓐ Ⓑ Ⓒ Ⓓ	67 Ⓐ Ⓑ Ⓒ Ⓓ	92 Ⓐ Ⓑ Ⓒ Ⓓ
18 Ⓐ Ⓑ Ⓒ	43 Ⓐ Ⓑ Ⓒ Ⓓ	68 Ⓐ Ⓑ Ⓒ Ⓓ	93 Ⓐ Ⓑ Ⓒ Ⓓ
19 Ⓐ Ⓑ Ⓒ	44 Ⓐ Ⓑ Ⓒ Ⓓ	69 Ⓐ Ⓑ Ⓒ Ⓓ	94 Ⓐ Ⓑ Ⓒ Ⓓ
20 Ⓐ Ⓑ Ⓒ	45 Ⓐ Ⓑ Ⓒ Ⓓ	70 Ⓐ Ⓑ Ⓒ Ⓓ	95 Ⓐ Ⓑ Ⓒ Ⓓ
21 Ⓐ Ⓑ Ⓒ	46 Ⓐ Ⓑ Ⓒ Ⓓ	71 Ⓐ Ⓑ Ⓒ Ⓓ	96 Ⓐ Ⓑ Ⓒ Ⓓ
22 Ⓐ Ⓑ Ⓒ	47 Ⓐ Ⓑ Ⓒ Ⓓ	72 Ⓐ Ⓑ Ⓒ Ⓓ	97 Ⓐ Ⓑ Ⓒ Ⓓ
23 Ⓐ Ⓑ Ⓒ	48 Ⓐ Ⓑ Ⓒ Ⓓ	73 Ⓐ Ⓑ Ⓒ Ⓓ	98 Ⓐ Ⓑ Ⓒ Ⓓ
24 Ⓐ Ⓑ Ⓒ	49 Ⓐ Ⓑ Ⓒ Ⓓ	74 Ⓐ Ⓑ Ⓒ Ⓓ	99 Ⓐ Ⓑ Ⓒ Ⓓ
25 Ⓐ Ⓑ Ⓒ	50 Ⓐ Ⓑ Ⓒ Ⓓ	75 Ⓐ Ⓑ Ⓒ Ⓓ	100 Ⓐ Ⓑ Ⓒ Ⓓ

LISTENING SECTION

1	Ⓐ Ⓑ Ⓒ Ⓓ	26	Ⓐ Ⓑ Ⓒ	51	Ⓐ Ⓑ Ⓒ Ⓓ	76	Ⓐ Ⓑ Ⓒ Ⓓ
2	Ⓐ Ⓑ Ⓒ Ⓓ	27	Ⓐ Ⓑ Ⓒ	52	Ⓐ Ⓑ Ⓒ Ⓓ	77	Ⓐ Ⓑ Ⓒ Ⓓ
3	Ⓐ Ⓑ Ⓒ Ⓓ	28	Ⓐ Ⓑ Ⓒ	53	Ⓐ Ⓑ Ⓒ Ⓓ	78	Ⓐ Ⓑ Ⓒ Ⓓ
4	Ⓐ Ⓑ Ⓒ Ⓓ	29	Ⓐ Ⓑ Ⓒ	54	Ⓐ Ⓑ Ⓒ Ⓓ	79	Ⓐ Ⓑ Ⓒ Ⓓ
5	Ⓐ Ⓑ Ⓒ Ⓓ	30	Ⓐ Ⓑ Ⓒ	55	Ⓐ Ⓑ Ⓒ Ⓓ	80	Ⓐ Ⓑ Ⓒ Ⓓ
6	Ⓐ Ⓑ Ⓒ Ⓓ	31	Ⓐ Ⓑ Ⓒ	56	Ⓐ Ⓑ Ⓒ Ⓓ	81	Ⓐ Ⓑ Ⓒ Ⓓ
7	Ⓐ Ⓑ Ⓒ	32	Ⓐ Ⓑ Ⓒ Ⓓ	57	Ⓐ Ⓑ Ⓒ Ⓓ	82	Ⓐ Ⓑ Ⓒ Ⓓ
8	Ⓐ Ⓑ Ⓒ	33	Ⓐ Ⓑ Ⓒ Ⓓ	58	Ⓐ Ⓑ Ⓒ Ⓓ	83	Ⓐ Ⓑ Ⓒ Ⓓ
9	Ⓐ Ⓑ Ⓒ	34	Ⓐ Ⓑ Ⓒ Ⓓ	59	Ⓐ Ⓑ Ⓒ Ⓓ	84	Ⓐ Ⓑ Ⓒ Ⓓ
10	Ⓐ Ⓑ Ⓒ	35	Ⓐ Ⓑ Ⓒ Ⓓ	60	Ⓐ Ⓑ Ⓒ Ⓓ	85	Ⓐ Ⓑ Ⓒ Ⓓ
11	Ⓐ Ⓑ Ⓒ	36	Ⓐ Ⓑ Ⓒ Ⓓ	61	Ⓐ Ⓑ Ⓒ Ⓓ	86	Ⓐ Ⓑ Ⓒ Ⓓ
12	Ⓐ Ⓑ Ⓒ	37	Ⓐ Ⓑ Ⓒ Ⓓ	62	Ⓐ Ⓑ Ⓒ Ⓓ	87	Ⓐ Ⓑ Ⓒ Ⓓ
13	Ⓐ Ⓑ Ⓒ	38	Ⓐ Ⓑ Ⓒ Ⓓ	63	Ⓐ Ⓑ Ⓒ Ⓓ	88	Ⓐ Ⓑ Ⓒ Ⓓ
14	Ⓐ Ⓑ Ⓒ	39	Ⓐ Ⓑ Ⓒ Ⓓ	64	Ⓐ Ⓑ Ⓒ Ⓓ	89	Ⓐ Ⓑ Ⓒ Ⓓ
15	Ⓐ Ⓑ Ⓒ	40	Ⓐ Ⓑ Ⓒ Ⓓ	65	Ⓐ Ⓑ Ⓒ Ⓓ	90	Ⓐ Ⓑ Ⓒ Ⓓ
16	Ⓐ Ⓑ Ⓒ	41	Ⓐ Ⓑ Ⓒ Ⓓ	66	Ⓐ Ⓑ Ⓒ Ⓓ	91	Ⓐ Ⓑ Ⓒ Ⓓ
17	Ⓐ Ⓑ Ⓒ	42	Ⓐ Ⓑ Ⓒ Ⓓ	67	Ⓐ Ⓑ Ⓒ Ⓓ	92	Ⓐ Ⓑ Ⓒ Ⓓ
18	Ⓐ Ⓑ Ⓒ	43	Ⓐ Ⓑ Ⓒ Ⓓ	68	Ⓐ Ⓑ Ⓒ Ⓓ	93	Ⓐ Ⓑ Ⓒ Ⓓ
19	Ⓐ Ⓑ Ⓒ	44	Ⓐ Ⓑ Ⓒ Ⓓ	69	Ⓐ Ⓑ Ⓒ Ⓓ	94	Ⓐ Ⓑ Ⓒ Ⓓ
20	Ⓐ Ⓑ Ⓒ	45	Ⓐ Ⓑ Ⓒ Ⓓ	70	Ⓐ Ⓑ Ⓒ Ⓓ	95	Ⓐ Ⓑ Ⓒ Ⓓ
21	Ⓐ Ⓑ Ⓒ	46	Ⓐ Ⓑ Ⓒ Ⓓ	71	Ⓐ Ⓑ Ⓒ Ⓓ	96	Ⓐ Ⓑ Ⓒ Ⓓ
22	Ⓐ Ⓑ Ⓒ	47	Ⓐ Ⓑ Ⓒ Ⓓ	72	Ⓐ Ⓑ Ⓒ Ⓓ	97	Ⓐ Ⓑ Ⓒ Ⓓ
23	Ⓐ Ⓑ Ⓒ	48	Ⓐ Ⓑ Ⓒ Ⓓ	73	Ⓐ Ⓑ Ⓒ Ⓓ	98	Ⓐ Ⓑ Ⓒ Ⓓ
24	Ⓐ Ⓑ Ⓒ	49	Ⓐ Ⓑ Ⓒ Ⓓ	74	Ⓐ Ⓑ Ⓒ Ⓓ	99	Ⓐ Ⓑ Ⓒ Ⓓ
25	Ⓐ Ⓑ Ⓒ	50	Ⓐ Ⓑ Ⓒ Ⓓ	75	Ⓐ Ⓑ Ⓒ Ⓓ	100	Ⓐ Ⓑ Ⓒ Ⓓ

LISTENING SECTION

1	A B C D	26	A B C	51	A B C D	76	A B C D
2	A B C D	27	A B C	52	A B C D	77	A B C D
3	A B C D	28	A B C	53	A B C D	78	A B C D
4	A B C D	29	A B C	54	A B C D	79	A B C D
5	A B C D	30	A B C	55	A B C D	80	A B C D
6	A B C D	31	A B C	56	A B C D	81	A B C D
7	A B C	32	A B C D	57	A B C D	82	A B C D
8	A B C	33	A B C D	58	A B C D	83	A B C D
9	A B C	34	A B C D	59	A B C D	84	A B C D
10	A B C	35	A B C D	60	A B C D	85	A B C D
11	A B C	36	A B C D	61	A B C D	86	A B C D
12	A B C	37	A B C D	62	A B C D	87	A B C D
13	A B C	38	A B C D	63	A B C D	88	A B C D
14	A B C	39	A B C D	64	A B C D	89	A B C D
15	A B C	40	A B C D	65	A B C D	90	A B C D
16	A B C	41	A B C D	66	A B C D	91	A B C D
17	A B C	42	A B C D	67	A B C D	92	A B C D
18	A B C	43	A B C D	68	A B C D	93	A B C D
19	A B C	44	A B C D	69	A B C D	94	A B C D
20	A B C	45	A B C D	70	A B C D	95	A B C D
21	A B C	46	A B C D	71	A B C D	96	A B C D
22	A B C	47	A B C D	72	A B C D	97	A B C D
23	A B C	48	A B C D	73	A B C D	98	A B C D
24	A B C	49	A B C D	74	A B C D	99	A B C D
25	A B C	50	A B C D	75	A B C D	100	A B C D

LISTENING SECTION

1	Ⓐ Ⓑ Ⓒ Ⓓ	26	Ⓐ Ⓑ Ⓒ	51	Ⓐ Ⓑ Ⓒ Ⓓ	76	Ⓐ Ⓑ Ⓒ Ⓓ
2	Ⓐ Ⓑ Ⓒ Ⓓ	27	Ⓐ Ⓑ Ⓒ	52	Ⓐ Ⓑ Ⓒ Ⓓ	77	Ⓐ Ⓑ Ⓒ Ⓓ
3	Ⓐ Ⓑ Ⓒ Ⓓ	28	Ⓐ Ⓑ Ⓒ	53	Ⓐ Ⓑ Ⓒ Ⓓ	78	Ⓐ Ⓑ Ⓒ Ⓓ
4	Ⓐ Ⓑ Ⓒ Ⓓ	29	Ⓐ Ⓑ Ⓒ	54	Ⓐ Ⓑ Ⓒ Ⓓ	79	Ⓐ Ⓑ Ⓒ Ⓓ
5	Ⓐ Ⓑ Ⓒ Ⓓ	30	Ⓐ Ⓑ Ⓒ	55	Ⓐ Ⓑ Ⓒ Ⓓ	80	Ⓐ Ⓑ Ⓒ Ⓓ
6	Ⓐ Ⓑ Ⓒ Ⓓ	31	Ⓐ Ⓑ Ⓒ	56	Ⓐ Ⓑ Ⓒ Ⓓ	81	Ⓐ Ⓑ Ⓒ Ⓓ
7	Ⓐ Ⓑ Ⓒ	32	Ⓐ Ⓑ Ⓒ Ⓓ	57	Ⓐ Ⓑ Ⓒ Ⓓ	82	Ⓐ Ⓑ Ⓒ Ⓓ
8	Ⓐ Ⓑ Ⓒ	33	Ⓐ Ⓑ Ⓒ Ⓓ	58	Ⓐ Ⓑ Ⓒ Ⓓ	83	Ⓐ Ⓑ Ⓒ Ⓓ
9	Ⓐ Ⓑ Ⓒ	34	Ⓐ Ⓑ Ⓒ Ⓓ	59	Ⓐ Ⓑ Ⓒ Ⓓ	84	Ⓐ Ⓑ Ⓒ Ⓓ
10	Ⓐ Ⓑ Ⓒ	35	Ⓐ Ⓑ Ⓒ Ⓓ	60	Ⓐ Ⓑ Ⓒ Ⓓ	85	Ⓐ Ⓑ Ⓒ Ⓓ
11	Ⓐ Ⓑ Ⓒ	36	Ⓐ Ⓑ Ⓒ Ⓓ	61	Ⓐ Ⓑ Ⓒ Ⓓ	86	Ⓐ Ⓑ Ⓒ Ⓓ
12	Ⓐ Ⓑ Ⓒ	37	Ⓐ Ⓑ Ⓒ Ⓓ	62	Ⓐ Ⓑ Ⓒ Ⓓ	87	Ⓐ Ⓑ Ⓒ Ⓓ
13	Ⓐ Ⓑ Ⓒ	38	Ⓐ Ⓑ Ⓒ Ⓓ	63	Ⓐ Ⓑ Ⓒ Ⓓ	88	Ⓐ Ⓑ Ⓒ Ⓓ
14	Ⓐ Ⓑ Ⓒ	39	Ⓐ Ⓑ Ⓒ Ⓓ	64	Ⓐ Ⓑ Ⓒ Ⓓ	89	Ⓐ Ⓑ Ⓒ Ⓓ
15	Ⓐ Ⓑ Ⓒ	40	Ⓐ Ⓑ Ⓒ Ⓓ	65	Ⓐ Ⓑ Ⓒ Ⓓ	90	Ⓐ Ⓑ Ⓒ Ⓓ
16	Ⓐ Ⓑ Ⓒ	41	Ⓐ Ⓑ Ⓒ Ⓓ	66	Ⓐ Ⓑ Ⓒ Ⓓ	91	Ⓐ Ⓑ Ⓒ Ⓓ
17	Ⓐ Ⓑ Ⓒ	42	Ⓐ Ⓑ Ⓒ Ⓓ	67	Ⓐ Ⓑ Ⓒ Ⓓ	92	Ⓐ Ⓑ Ⓒ Ⓓ
18	Ⓐ Ⓑ Ⓒ	43	Ⓐ Ⓑ Ⓒ Ⓓ	68	Ⓐ Ⓑ Ⓒ Ⓓ	93	Ⓐ Ⓑ Ⓒ Ⓓ
19	Ⓐ Ⓑ Ⓒ	44	Ⓐ Ⓑ Ⓒ Ⓓ	69	Ⓐ Ⓑ Ⓒ Ⓓ	94	Ⓐ Ⓑ Ⓒ Ⓓ
20	Ⓐ Ⓑ Ⓒ	45	Ⓐ Ⓑ Ⓒ Ⓓ	70	Ⓐ Ⓑ Ⓒ Ⓓ	95	Ⓐ Ⓑ Ⓒ Ⓓ
21	Ⓐ Ⓑ Ⓒ	46	Ⓐ Ⓑ Ⓒ Ⓓ	71	Ⓐ Ⓑ Ⓒ Ⓓ	96	Ⓐ Ⓑ Ⓒ Ⓓ
22	Ⓐ Ⓑ Ⓒ	47	Ⓐ Ⓑ Ⓒ Ⓓ	72	Ⓐ Ⓑ Ⓒ Ⓓ	97	Ⓐ Ⓑ Ⓒ Ⓓ
23	Ⓐ Ⓑ Ⓒ	48	Ⓐ Ⓑ Ⓒ Ⓓ	73	Ⓐ Ⓑ Ⓒ Ⓓ	98	Ⓐ Ⓑ Ⓒ Ⓓ
24	Ⓐ Ⓑ Ⓒ	49	Ⓐ Ⓑ Ⓒ Ⓓ	74	Ⓐ Ⓑ Ⓒ Ⓓ	99	Ⓐ Ⓑ Ⓒ Ⓓ
25	Ⓐ Ⓑ Ⓒ	50	Ⓐ Ⓑ Ⓒ Ⓓ	75	Ⓐ Ⓑ Ⓒ Ⓓ	100	Ⓐ Ⓑ Ⓒ Ⓓ

LISTENING SECTION

1 Ⓐ Ⓑ Ⓒ Ⓓ	26 Ⓐ Ⓑ Ⓒ	51 Ⓐ Ⓑ Ⓒ Ⓓ	76 Ⓐ Ⓑ Ⓒ Ⓓ
2 Ⓐ Ⓑ Ⓒ Ⓓ	27 Ⓐ Ⓑ Ⓒ	52 Ⓐ Ⓑ Ⓒ Ⓓ	77 Ⓐ Ⓑ Ⓒ Ⓓ
3 Ⓐ Ⓑ Ⓒ Ⓓ	28 Ⓐ Ⓑ Ⓒ	53 Ⓐ Ⓑ Ⓒ Ⓓ	78 Ⓐ Ⓑ Ⓒ Ⓓ
4 Ⓐ Ⓑ Ⓒ Ⓓ	29 Ⓐ Ⓑ Ⓒ	54 Ⓐ Ⓑ Ⓒ Ⓓ	79 Ⓐ Ⓑ Ⓒ Ⓓ
5 Ⓐ Ⓑ Ⓒ Ⓓ	30 Ⓐ Ⓑ Ⓒ	55 Ⓐ Ⓑ Ⓒ Ⓓ	80 Ⓐ Ⓑ Ⓒ Ⓓ
6 Ⓐ Ⓑ Ⓒ Ⓓ	31 Ⓐ Ⓑ Ⓒ	56 Ⓐ Ⓑ Ⓒ Ⓓ	81 Ⓐ Ⓑ Ⓒ Ⓓ
7 Ⓐ Ⓑ Ⓒ	32 Ⓐ Ⓑ Ⓒ Ⓓ	57 Ⓐ Ⓑ Ⓒ Ⓓ	82 Ⓐ Ⓑ Ⓒ Ⓓ
8 Ⓐ Ⓑ Ⓒ	33 Ⓐ Ⓑ Ⓒ Ⓓ	58 Ⓐ Ⓑ Ⓒ Ⓓ	83 Ⓐ Ⓑ Ⓒ Ⓓ
9 Ⓐ Ⓑ Ⓒ	34 Ⓐ Ⓑ Ⓒ Ⓓ	59 Ⓐ Ⓑ Ⓒ Ⓓ	84 Ⓐ Ⓑ Ⓒ Ⓓ
10 Ⓐ Ⓑ Ⓒ	35 Ⓐ Ⓑ Ⓒ Ⓓ	60 Ⓐ Ⓑ Ⓒ Ⓓ	85 Ⓐ Ⓑ Ⓒ Ⓓ
11 Ⓐ Ⓑ Ⓒ	36 Ⓐ Ⓑ Ⓒ Ⓓ	61 Ⓐ Ⓑ Ⓒ Ⓓ	86 Ⓐ Ⓑ Ⓒ Ⓓ
12 Ⓐ Ⓑ Ⓒ	37 Ⓐ Ⓑ Ⓒ Ⓓ	62 Ⓐ Ⓑ Ⓒ Ⓓ	87 Ⓐ Ⓑ Ⓒ Ⓓ
13 Ⓐ Ⓑ Ⓒ	38 Ⓐ Ⓑ Ⓒ Ⓓ	63 Ⓐ Ⓑ Ⓒ Ⓓ	88 Ⓐ Ⓑ Ⓒ Ⓓ
14 Ⓐ Ⓑ Ⓒ	39 Ⓐ Ⓑ Ⓒ Ⓓ	64 Ⓐ Ⓑ Ⓒ Ⓓ	89 Ⓐ Ⓑ Ⓒ Ⓓ
15 Ⓐ Ⓑ Ⓒ	40 Ⓐ Ⓑ Ⓒ Ⓓ	65 Ⓐ Ⓑ Ⓒ Ⓓ	90 Ⓐ Ⓑ Ⓒ Ⓓ
16 Ⓐ Ⓑ Ⓒ	41 Ⓐ Ⓑ Ⓒ Ⓓ	66 Ⓐ Ⓑ Ⓒ Ⓓ	91 Ⓐ Ⓑ Ⓒ Ⓓ
17 Ⓐ Ⓑ Ⓒ	42 Ⓐ Ⓑ Ⓒ Ⓓ	67 Ⓐ Ⓑ Ⓒ Ⓓ	92 Ⓐ Ⓑ Ⓒ Ⓓ
18 Ⓐ Ⓑ Ⓒ	43 Ⓐ Ⓑ Ⓒ Ⓓ	68 Ⓐ Ⓑ Ⓒ Ⓓ	93 Ⓐ Ⓑ Ⓒ Ⓓ
19 Ⓐ Ⓑ Ⓒ	44 Ⓐ Ⓑ Ⓒ Ⓓ	69 Ⓐ Ⓑ Ⓒ Ⓓ	94 Ⓐ Ⓑ Ⓒ Ⓓ
20 Ⓐ Ⓑ Ⓒ	45 Ⓐ Ⓑ Ⓒ Ⓓ	70 Ⓐ Ⓑ Ⓒ Ⓓ	95 Ⓐ Ⓑ Ⓒ Ⓓ
21 Ⓐ Ⓑ Ⓒ	46 Ⓐ Ⓑ Ⓒ Ⓓ	71 Ⓐ Ⓑ Ⓒ Ⓓ	96 Ⓐ Ⓑ Ⓒ Ⓓ
22 Ⓐ Ⓑ Ⓒ	47 Ⓐ Ⓑ Ⓒ Ⓓ	72 Ⓐ Ⓑ Ⓒ Ⓓ	97 Ⓐ Ⓑ Ⓒ Ⓓ
23 Ⓐ Ⓑ Ⓒ	48 Ⓐ Ⓑ Ⓒ Ⓓ	73 Ⓐ Ⓑ Ⓒ Ⓓ	98 Ⓐ Ⓑ Ⓒ Ⓓ
24 Ⓐ Ⓑ Ⓒ	49 Ⓐ Ⓑ Ⓒ Ⓓ	74 Ⓐ Ⓑ Ⓒ Ⓓ	99 Ⓐ Ⓑ Ⓒ Ⓓ
25 Ⓐ Ⓑ Ⓒ	50 Ⓐ Ⓑ Ⓒ Ⓓ	75 Ⓐ Ⓑ Ⓒ Ⓓ	100 Ⓐ Ⓑ Ⓒ Ⓓ

PART 5

Starter

Directions: A word or phrase is missing in each of the sentences below. Four answer choices are given below each sentence. Select the best answer to complete the sentence. Then mark the letter (A), (B), (C), or (D) on your answer sheet.

1. Our firm has .... built up a reputation for excellence over many years.

(A) pains

(B) painstaking

(C) painstakingly

(D) painstakingness

2. .... of the machines must be extremely careful at all times.

(A) Operators

(B) Operations

(C) Operate

(D) Operating

3. Double-checking all of the data is .... but essential.

(A) tire

(B) tired

(C) tiring

(D) tiredness

4. Over the holidays, there will only be .... service on bus line numbers 191, 192 and 193.

(A) partial

(B) arbitrary

(C) whole

(D) transferable

5. After many months of intense research, the team of scientists finally made a ....

(A) proposal

(B) dismissal

(C) discovery

(D) referral

↓ CORRIGÉS p. 249

Parts of Speech

Les questions sur les parties du discours (*Parts of Speech*) sont de loin les plus fréquentes en proportion dans la partie 5 du TOEIC : sur les 30 questions, il y en a souvent entre 7 et 9 (et on en trouve aussi dans la partie 6). C'est vraiment l'un des aspects de la grammaire anglaise le plus essentiel à comprendre pour réussir le test.

C'est une question de syntaxe, qui est la manière de construire une phrase. Il faut comprendre la différence entre un nom (ou substantif), un verbe, un adjectif et un adverbe.

Reprenons les choses simplement : pour écrire une phrase, il faut au minimum un sujet et un verbe.

EXEMPLE

The clerk works = L'employé de bureau travaille.

Un nom désigne une personne ou une chose (ici, *the clerk*) et un verbe désigne une action ou un état (ici, *works*).

Ensuite, on peut donner plus d'informations sur l'employé ou sur sa façon de travailler.

EXEMPLE

The English clerk works efficiently = L'employé anglais travaille efficacement.

– *English* est un adjectif, mot qui détermine ou qualifie un nom. Il faut savoir qu'en anglais, contrairement au français, l'adjectif se place généralement **avant** le nom auquel il renvoie (exemples : *a beautiful lobby, an attractive offer*). Il est possible aussi de mettre un adjectif après le verbe *to be* ou un verbe comme *to look* ou *to sound* (exemples : *the clerk is new, the lobby looks beautiful*).

– *Efficiently* est un adverbe qui qualifie un verbe. En anglais, la plupart des adverbes sont faciles à reconnaître car ils se terminent en « *-ly* ». Ils peuvent se placer avant ou après un verbe, selon leur nature. Enfin, les adverbes peuvent aussi qualifier des adjectifs (Exemple : *the clerk is relatively new* = l'employé est relativement nouveau).

Quelle est la technique à adopter pour trouver la bonne réponse dans ce genre de question ? En fait, elle est très simple. Souvent, les questions du TOEIC ne relèvent pas du langage, mais de la logique.

En amont du test, il faut savoir distinguer les différentes parties du discours (*Parts of Speech*). Il est très utile d'apprendre les suffixes typiques. Cela vous permettra souvent d'identifier de quelle partie il s'agit, même si vous ne connaissez pas le mot.

Voici les principaux **suffixes** à connaître (avec un exemple pour chacun) :

- **Noms :** *-ment (shipment) ; -tion / -sion (station) ; -age (baggage) ; -al (renewal) ; -ance / -ence (residence) ; -ity (technicality) ; -acy (pharmacy) ; -ion (collection) ; -ness (happiness) ; -hood (neighborhood) ; -dom (boredom) ; -ship (internship) ; -ware (hardware) ; -ist (pianist) ; -er (employer) ; -ee (employee).*
- **Verbes :** *-ate (complicate) ; -ize / -ise (economize) ; -fy (simplify) ; -en (soften).*
- **Adjectifs :** *-ic (allergic) ; -ive (distinctive) ; -ant / -ent (excellent) ; -al (professional) ; -ible / -able (capable) ; -ful (helpful) ; -less (careless) ; -ish (feverish) ; -ous (courteous) ; -y (sunny) ; -ary / -ory (satisfactory).*
- **Adverbe :** *-ly (generously).*

Ensuite, face aux questions, il faut suivre les 3Is.

Comment utiliser les 3Is pour ce type de question

- ***Investigate.*** Lisez bien la phrase. Cherchez le sujet principal et le verbe principal. Regardez bien l'emplacement du trou dans la phrase.
- ***Interpret.*** Posez-vous la question suivante : quelle partie du discours faut-il pour compléter la phrase : un nom, un verbe, un adjectif ou un adverbe ?
- ***Implement.*** Choisissez, en fonction de la réponse à la question précédente, le mot parmi les possibilités qui vous sont proposées en vous référant aux suffixes.

Prenons l'exemple de la première question du *Starter*. Le sujet principal est *Our firm* et le verbe principal est *has built up*. Le trou à compléter se trouve avant le verbe : il faut donc un adverbe pour qualifier ce verbe. Les adverbes se terminant généralement en « *-ly* », la réponse (C), *painstakingly* (méticuleusement), est donc correcte. Vous n'avez même pas besoin de comprendre le mot !

156

Exercice 1

Voici un exercice pour vous entraîner. Trouvez, pour chaque phrase, la partie du discours qui manque (nom, verbe, adjectif ou adverbe) puis complétez le trou avec un mot qui convient (il existe plusieurs possibilités).

1. Our new photocopier .... better than our old one.
2. Céline has worked .... on this project for many months.
3. The shop offers excellent .... to customers who purchase a loyalty card.
4. Ms Gréau was very .... in getting all of the participants seated in their correct seats.
5. Good .... is the key to good results in business.
6. Using this new software is .... easy.
7. Our after-sales team .... complaints like this all of the time.
8. A good marketing campaign is a(n) .... way to increase revenue.

↓ CORRIGÉS p. 249

The Real Deal #1

Maintenant, complétez les phrases suivantes, dans le style du TOEIC. En appliquant bien la méthode étudiée précédemment, il est impossible de faire une erreur : visez donc 6 bonnes réponses sur 6 !

1. There are a lot of .... apartments in this part of the city.

(A) afford

(B) affordable

(C) affordably

(D) affordability

2. Our new policy helps our departments and agencies to think more ....

(A) strategy

(B) strategize

(C) strategic

(D) strategically

3. Since the appointment of Ms Miles, the project has been an incredible ....

(A) success

(B) succeed

(C) successful

(D) successfully

4. The report was .... in many ways, and many of its recommendations were implemented.

(A) influence

(B) influences

(C) influential

(D) influentially

5. The governing body is .... responsible for its decisions.

(A) collect

(B) collection

(C) collective

(D) collectively

6. The principal .... of the event is the prize draw at the end.

(A) attract

(B) attraction

(C) attractive

(D) attractively

↓ CORRIGÉS p. 249

Noun Combinations

Vous avez compris quels sont les éléments essentiels pour bien répondre aux questions sur les parties du discours. Examinons maintenant quelques points qui peuvent ajouter à la difficulté de la question.
Commençons par les noms : une autre possibilité que l'on peut rencontrer dans des questions portant sur les « *Parts of Speech* » est ce que l'on appelle des *Noun Combinations*.
Une *Noun Combination* est composée de deux noms (ou plus) pour en faire un autre.

EXEMPLES

A shoe shop (une boutique de chaussures), *a furniture exhibition* (une exposition de meubles), *a newspaper article* (un article de journal), *a road safety policy* (une politique de sécurité routière), *winter sales* (les soldes d'hiver), *a board meeting* (une réunion du conseil d'administration), *education level* (le niveau d'éducation).

Il faut savoir que, contrairement au français, le nom général vient en deuxième position en anglais. Le premier nom fonctionne en tant qu'adjectif : il apporte plus d'informations sur le nom général. Pour reprendre le premier exemple ci-dessus, *shop* est le mot général : il y a beaucoup de genres de magasins. Dans cet exemple, de quel magasin s'agit-il ? D'une boutique de chaussures : *a shoe shop*. Par conséquent, dans les questions du TOEIC, il faut être conscient de cette possibilité quand le trou est placé avant ou après un nom.

EXEMPLES

The .... fee for joining our club is $1,500 dollars a year.
(A) registration
(B) register
(C) registered
(D) registers
La réponse (A) est correcte : *registration fee* = frais d'inscription. *Fee* est le nom général, *registration* est le nom spécifique qui sert d'adjectif.

Once you have placed your order, you will receive an order .... from us.
(A) confirm
(B) confirming
(C) confirmation
(D) confirmed
La bonne réponse est la (C) : *order confirmation* = confirmation de commande. Ici, *confirmation* est le nom général, *order* est le nom spécifique qui sert d'adjectif.

Person or thing?

Concernant les noms, il est aussi important de comprendre la différence entre la personne et la chose, l'action ou la matière. Par exemple, *the operator* désigne la personne et *the operation* désigne l'action. C'est pour cela que, dans le *Starter*, la réponse (A) est correcte à la question 2. En fait, les terminaisons « *-er* » et « *-or* » désignent souvent une personne. Ainsi, *administrator* est une personne, *administration* est une chose. Notez aussi *the accountant* (le comptable) et *accountancy* (la comptabilité).

Enfin, pour les noms, il faut savoir distinguer la différence entre les suffixes « *-er* » et « *-ee* » :
– « *-er* » pour la personne qui donne ;
– « *-ee* » pour la personne qui reçoit.

EXEMPLE

Employer (employeur), *employee* (employé) ; *trainer* (formateur), *trainee* (stagiaire).

«- ing » / « -ed »

Concernant les verbes, il faut savoir que le participe présent et le participe passé peuvent aussi servir d'adjectifs, et donc figurer avant un nom ou après un sujet et le verbe « être ».
Le participe présent se termine en « *-ing* » et a un sens actif. Il renvoie à la personne ou à l'objet qui fait l'action.
Le participe passé se termine en « *-ed* » pour les verbes réguliers. Il renvoie à la personne ou à l'objet qui subit l'action.
C'est un peu comme ce que nous venons de voir avec la différence entre les suffixes « *-er* » et « *-ee* ».

EXEMPLE

The trainer is motivating, so the trainee is motivated
= Le formateur est motivant, donc le stagiaire est motivé.

Il en est ainsi pour : *interesting / interested* (intéressant / intéressé) ; *annoying / annoyed* (embêtant / embêté) ; *satisfying / satisfied* (satisfaisant / satisfait) ; *tiring / tired* (fatigant / fatigué) ; *disappointing / disappointed* (décevant / déçu) ; *boring / bored* (ennuyeux / ennuyé) ; *encouraging / encouraged* (encourageant / encouragé).

Pour trancher entre « *-ing* » et « *-ed* », posez-vous la question suivante : la personne (ou la chose) est-elle le sujet ou le complément du verbe ? Ou bien : est-ce qu'elle provoque le sentiment ou le ressent ? Dans le premier cas, c'est « *-ing* » qui convient, dans le second, c'est « *-ed* ».
Ainsi, dans la question 3 du *Starter*, l'action de vérifier les données est le sujet du verbe *to tire* et cette action provoque le sentiment de fatigue. Par conséquent, la bonne réponse est la (C), *tiring* (fatigant).

TOP TIP

Un indice utile peut être le mot *by* (par), qui est souvent utilisé à la voix passive. Choisissez donc le participe passé (« *-ed* » pour les verbes réguliers) après *by*.

EXEMPLE

The presenter had a very monotonous voice and droned on for three hours, so everyone was bored by his presentation = Le présentateur avait une voix très monotone et a radoté pendant trois heures, donc tout le monde s'ennuyait pendant sa présentation.

Une phrase peut aussi commencer par un participe passé et le mot *by*. C'est ce que l'on appelle une proposition participiale (*participle clause*).

EXEMPLE

Encouraged by the success of her first company, Ms Ling decided to create another one.
= Encouragée par le succès de sa première société, Ms Ling a décidé d'en créer une autre.

Exercice 2

Complétez chaque phrase par un des deux mots proposés entre parenthèses. Utilisez bien la méthode que vous venez d'apprendre.

1. Sales have been .... this quarter, but we hope to do better next year. (disappointing / disappointed)

2. Our receptionist Ms Flood is on a training program until next Friday, so the office is .... until w3. The potential investors were very .... by our business plan, so I am sure they will invest. (impressing / impressed)

4. .... by the interviewee's answers, the Human Resources manager offered her the job. (Satisfying / Satisfied)

↓ CORRIGÉS p. 249

Comparatives and superlatives

Enfin, dans les questions portant sur les parties du discours, on peut trouver les comparatifs et les superlatifs, notamment avec les adjectifs et les adverbes.
Un comparatif est utilisé pour faire une comparaison entre des choses ou des personnes qui sont séparées. Concernant les adjectifs, il y a deux façons de former un comparatif en anglais : pour les adjectifs courts (d'une syllabe ou de deux syllabes, on ajoute « *-er* » à la fin, et pour les adjectifs longs (de deux syllabes ou plus), on place le mot *more* devant.

EXEMPLES

– *Cheaper, shorter, simpler*
– *More creative, more beautiful, more interesting*

TOP TIP

Pour relier les deux éléments de la comparaison, on utilise le mot *than*. Ainsi, si vous repérez ce mot dans la question, pensez à sélectionner le comparatif !

EXEMPLE

With the improvement in working conditions, all the workers are .... than before.
La réponse doit être un comparatif (par exemple, *happier*).

Le superlatif est utilisé pour comparer un membre d'un groupe avec l'ensemble dudit groupe (dont ce membre). Là encore, pour les adjectifs, il y a deux façons de former le superlatif : pour les adjectifs courts, on ajoute « *-est* » à la fin, et pour les adjectifs longs, on place le mot *most* devant.

EXEMPLES

– *The cheapest, the shortest, the simplest*
– *The most creative, the most beautiful, the most interesting*

TOP TIP

On trouve systématiquement le mot *the* avec un superlatif ; donc, si vous repérez ce mot, choisissez plutôt le superlatif que le comparatif.

EXEMPLE

We offer the .... Internet broadband connection in town.
La réponse doit être un superlatif (par exemple, *fastest*).

Enfin, n'oubliez pas d'apprendre les irréguliers !

Good (bon) → *Better* (meilleur) → *Best* (le meilleur)
Bad (mauvais) → *Worse* (plus mauvais) → *Worst* (le plus mauvais)

TOP TIP

Beaucoup de candidats ont tendance à confondre le comparatif *worse* et le superlatif *worst*. Pour ne pas faire cette confusion, pensez à la rime « *first / worst* ». *Worst* (le plus mauvais) est le contraire de *first* (le premier, donc le meilleur).

On peut aussi faire des comparaisons avec des adverbes en utilisant *more* avant l'adverbe.

EXEMPLE

This year, we have promoted our products more successfully than we did last year.
= Cette année, nous avons fait la promotion de nos produits avec plus de succès que l'an dernier.

Dans le test TOEIC, vous pouvez rencontrer une question comme celle-ci :

Factories today are able to produce goods more .... than before.
(A) cheap
(B) cheaper
(C) cheapest
(D) cheaply

Il faut identifier que l'on cherche un mot pour qualifier le verbe *produce*, c'est donc l'adverbe *cheaply* qui s'impose (D) : c'est la façon de produire, et non les marchandises elles-mêmes, que l'on compare. S'il était question des marchandises, le trou aurait été placé avant *goods* car, en anglais, les adjectifs se placent avant les noms.

Exercice 3

Voici un exercice pour vous assurer que vous avez bien compris. Appliquez bien la méthode étudiée et les « Top Tips » et vous ne pourrez pas vous tromper.

1. This exercise is .... than the previous one.
(easier / easiest / easily)

2. The .... information we have is that everything is returning to normal.
(later / latest / lately)

3. Our performance today was .... than normal. Are you feeling OK?
(bad / worse / worst)

4. Joe is the .... salesman we have ever had.
(good / better / best)

5. The audience reacted .... than we could have ever hoped.
(more enthusiastic / enthusiastically / more enthusiastically / most enthusiastically)

↓ CORRIGÉS p. 249

▶ The Real Deal #2

Voici quelques questions dans le style du TOIEC qui intègrent ce que vous venez d'apprendre sur les parties du discours, les combinaisons de noms, les participes et les comparatifs et superlatifs.

1. The town council is proud to announce the opening of a brand new computer ....

(A) center

(B) centering

(C) centers

(D) centred

2. Our sales this quarter have been .... damaged by the economic recession.

(A) heavy

(B) heavier

(C) heavily

(D) heaviest

3. Turnover has improved, but that does not mean that the management is .... with everything.

(A) satisfy

(B) satisfied

(C) satisfying

(D) satisfaction

4. Ms Murillo reads the financial papers every day to keep up with the .... developments on the stock market.

(A) late

(B) later

(C) latest

(D) lately

5. Ms Ferreira has still not sent us the documents, and as the deadline is on Monday, the situation is starting to become a bit ....

(A) worry

(B) worries

(C) worried

(D) worrying

↓ CORRIGÉS p. 249

Vocabulary

Typiquement, 10 questions sur les 30 de la partie 5 portent sur des questions de vocabulaire. Il est donc essentiel de s'y préparer. Évidemment, apprendre de nouveaux mots doit faire partie de votre préparation en amont. Nous vous donnerons des conseils à ce sujet plus tard. Ce que nous allons étudier maintenant, c'est une vraie méthode pour bien répondre à ces questions dans le test TOEIC. Il y a deux techniques très efficaces : « *Using the Word Collocation* » et « *Using the Context* ».

Use Word Collocation

En anglais, le mot *collocation* n'exprime pas la situation de deux personnes qui partagent un logement ! C'est la manière dont certains mots sont souvent utilisés ensemble : deux mots qui « s'aiment », si l'on veut.

EXEMPLES

Nom + verbe : *the employee works, the company hires, the train runs, the workers strike.*
Adjectif + nom : *fierce competition, successful candidate, lengthy delays, frequent errors.*
Adverbe + verbe : *steadily increase, gradually decline, successfully complete, completely refurbish.*
Verbe + adjectif / participe : *extremely difficult, notoriously strict, temporarily closed, accidently broken.*
Verbe + nom : *to commit a crime*

Pour cette technique, nous allons profiter du travail déjà acquis sur les parties du discours (*Parts of Speech*). Nous allons aussi utiliser la technique des 3Is, bien sûr !

Comment utiliser les 3Is pour ce type de question

• ***Investigate.*** Regardez bien les quatre possibilités et vérifiez s'il s'agit de noms, d'adjectifs, de verbes ou d'adverbes. Comme nous l'avons déjà vu, les suffixes vont vous aider.
• ***Interpret.*** S'il s'agit d'un nom, cherchez le verbe et/ou un éventuel adjectif ; s'il s'agit d'un adjectif, cherchez le nom auquel il renvoie ; s'il s'agit d'un adverbe, cherchez le verbe ou l'adjectif / participe auquel il renvoie ; s'il s'agit d'un verbe, cherchez le sujet et éventuellement un complément de celui-ci.
• ***Implement.*** Posez-vous la question suivante : lesquelles des quatre possibilités s'accordent le mieux avec l'autre mot ?

Prenons comme exemple la question 4 du *Starter*. En lisant bien les quatre possibilités, nous nous rendons compte que les quatre mots sont des adjectifs. Dans la phrase, le nom auquel l'adjectif renvoie est (*bus*) *service*. Lequel des quatre adjectifs proposés peut qualifier un service de bus ? La seule possibilité semble être *partial* (A), et c'est la bonne réponse. (Un service de bus arbitraire, transférable ou entier n'a pas beaucoup de sens.)

Exercice 4

Les mots en gras sont des noms. Choisissez, parmi les possibilités, l'adjectif qui s'accorde le mieux avec le nom.

1. **Hours:** flexible / postponed / mutual / hopeful
2. **Internship:** equal / paid / meticulous / frequent
3. **Price:** affordable / bearable / trustworthy / concise
4. **Feedback:** incompatible / straight / constructive / adjacent
5. **Discounts:** moved / repaired / complex / special
6. **Memo:** brief / positioned / determined / committed
7. **Deadlines:** tight / popular / analyzed / involved
8. **Updates:** regular / polite / controversial / energetic
9. **Strategy:** equal / innovative / bruised / vacant
10. **Subscription:** specified / attached / informal / annual

↓ CORRIGÉS p. 249

Exercice 5

Les mots en gras sont des verbes. Choisissez, parmi les possibilités, l'adverbe qui s'accorde le mieux avec le verbe.

1. **To fit:** excessively / cautiously / comfortably / paradoxically
2. **To improve:** lawfully / protectively / thoughtlessly / significantly
3. **To work:** instructively / previously / potentially / diligently
4. **To speak:** confidently / conveniently / mutually / finitely
5. **To express:** clearly / slightly / numerously / excessively

↓ CORRIGÉS p. 249

Exercice 6

Les mots en gras sont des adjectifs / participes. Choisissez, parmi les possibilités, l'adverbe qui s'accorde le mieux.

1. **Proved:** singularly / trustingly / scientifically / negligently
2. **Priced:** vaguely / reasonably / undeniably / decidedly

3. **Interested:** carefully / steadily / popularly / particularly

4. **Awaited:** unknowingly / unwillingly / instructively / eagerly

5. **Expanded:** essentially / mutually / theoretically / vastly

↓ CORRIGÉS p. 249

Exercice 7

Les mots en gras sont des compléments de verbes (des noms). Choisissez, pour chaque nom, le verbe qui peut avoir celui-ci comme complément.

1. **Service:** provide / borrow / lend / comply with

2. **Cultures:** deter / devise / adapt to / propose

3. **Research:** argue / determine / hire / fund

4. **Opening:** announce / pass / extricate / accomplish

5. **Event:** carry out / obey / implement / hold

↓ CORRIGÉS p. 249-250

Use the Context

Normalement, la technique du « *Word Collocation* » suffit à éliminer les trois réponses incorrectes et ainsi à trouver la bonne réponse. Cependant, il peut parfois arriver qu'elle ne permette d'éliminer que deux réponses, par exemple. Dans ce cas, c'est le contexte de la phrase qui permet de trancher entre les possibilités restantes. En effet, la réponse est souvent dans la question.

Prenons l'exemple de la question 5 du *Starter*. Nous pouvons bien « faire une proposition » (A) et « faire une découverte » (C). En lisant le reste de la phrase, nous nous rendons cependant compte que *discovery* est la bonne réponse car, après plusieurs mois de recherches, il est logique qu'une équipe de scientifiques fasse une découverte.

▶ The Real Deal #3

Voici, pour vous entraîner, quelques questions de vocabulaire dans le style TOEIC. Utilisez bien les deux techniques de « *Word Collocation* » et « *Use the Context* » pour éliminer les mauvaises réponses… et trouver les bonnes.

1. **Carpooling amongst colleagues and greater use of public transport will .... reduce the amount of carbon dioxide emitted in the atmosphere.**

(A) relentlessy

(B) overwhelmingly

(C) fatally

(D) significantly

2. **The whole department is .... to welcome our new colleague, Mr. Marques.**

(A) pleased

(B) disappointed

(C) distracted

(D) mechanical

3. Every Friday evening, the secretary will pin up on the noticeboard the .... for the week ahead.

(A) proposition

(B) accounts

(C) graduate

(D) schedule

4. The Personnel Officer .... the applications for any new available positions.

(A) handles

(B) improves

(C) draws up

(D) rejects

5. The team was set a .... challenge, but they managed to succeed.

(A) doubtful

(B) daunting

(C) deliberating

(D) drastic

↓ CORRIGÉS p. 250

PRACTICE TEST PART 5

Directions: A word or phrase is missing in each of the sentences below. Four answer choices are given below each sentence. Select the best answer to complete the sentence. Then mark the letter (A), (B), (C), or (D) on your answer sheet.

101. Head Office has suggested that either Mr. Hecklebottom .... Mr. Johnson take on the job.

(A) both
(B) or
(C) nor
(D) and

102. The local store is a little expensive, but as it's just around the corner it's very ....

(A) conversive
(B) consequent
(C) consistent
(D) convenient

103. Once again, please .... us for the slight delay in arrival; we hope this has not spoilt your trip on board Aero Airlines.

(A) advise
(B) excuse
(C) retard
(D) promise

104. Researchers seeking to advance .... careers should participate in as many conferences as possible.

(A) they
(B) them
(C) their
(D) theirs

105. Temperatures will exceed 30° this week, so it is .... recommended to wear a sunhat and to use sun tan lotion.

(A) high
(B) higher
(C) highest
(D) highly

106. To use the vending machine, just select the .... product and then pay using either coins or credit card.

(A) require
(B) requiring
(C) requires
(D) required

107. .... for the coming year will be to improve our customer service and boost our online sales.

(A) Priorities
(B) Prioritize
(C) Prioritizing
(D) Prioritized

108. Before .... the office at the end of the day, please ensure that you shut down completely your computer.

(A) leave
(B) leaving
(C) leaves
(D) to leave

109. Mr. Sharma has decided .... harder this year to improve his chances of promotion.

(A) work
(B) to work
(C) working
(D) worked

110. Our health and safety experts assure us that everything is now under control, and also that they will .... the situation closely to check everything remains safe.

(A) mention
(B) monitor
(C) conduct
(D) carry out

111. **Our headquarters are .... in Boston, Massachusetts.**

(A) located
(B) settled
(C) founded
(D) found

112. **We are waiting for the bank to .... our loan application.**

(A) approve
(B) terminate
(C) account
(D) foresee

113. **The economy has .... picked up in the last few years.**

(A) steady
(B) steadily
(C) steadier
(D) steadiest

114. **If the team from Angers .... a little in advance, the meetings would be so much more effective.**

(A) prepare
(B) prepared
(C) preparing
(D) to prepare

115. **It is essential that each employee .... present for the AGM next week.**

(A) is
(B) be
(C) being
(D) will be

116. **The company .... Mr. Harris after it learnt he had not been taking his responsibilities seriously.**

(A) resigned
(B) dismissed
(C) contracted
(D) hired

117. **Ms Dai-Ling was a .... choice as project manager, but there is no denying that she has been a great leader.**

(A) controversy
(B) controversial
(C) controversies
(D) controversially

118. **Our team of experts can process .... one hundred files per week.**

(A) away from
(B) up to
(C) in place of
(D) in addition to

119. **......... there are only a few weeks left, I am confident we can get everything finished before the deadline.**

(A) Despite
(B) Although
(C) In addition
(D) Yet

120. **Costs are becoming too high here, so we will have to .... to Asia.**

(A) relocate
(B) downsize
(C) reconstruct
(D) deliver

121. **......... we haven't had one for a long time, we will have a meeting with all staff next month.**

(A) Therefore
(B) Concerning
(C) Since
(D) Moreover

122. **Due to current Internet problems, no orders can be .... at the moment.**

(A) positioned
(B) postponed
(C) placed
(D) polluted

123. **Mr. Calabrese is an .... public speaker, giving many talks, presentations and conferences all over the world.**

(A) accomplish
(B) accomplishes
(C) accomplished
(D) accomplishment

124. **The chairman of the board .... advised the other directors to convene a meeting as soon as possible.**

(A) strong
(B) strength
(C) strengthen
(D) strongly

125. **A .... aspect of the year has been the lack of cooperation from some of our colleagues overseas.**

(A) frustrate
(B) frustration
(C) frustrated
(D) frustrating

126. **There are .... job opportunities in the sector today than 10 years ago.**

(A) less
(B) lesser
(C) few
(D) fewer

127. **Text messaging is the .... way to communicate today.**

(A) quicker
(B) quickest
(C) quick
(D) quickly

128. **Please note that patrons .... cars are parked illegally will be asked to move them.**

(A) who
(B) whom
(C) whose
(D) which

129. **Everybody was busy or on holiday, so Blanche had to deal with everything by ....**

(A) she
(B) her
(C) her own
(D) herself

130. **The report must be finished .... Friday next week at the very latest.**

(A) by
(B) within
(C) from
(D) as

↓ CORRIGÉS p. 250

PART 6

Starter

Directions: Read the texts that follow. A word, phrase, or sentence is missing in parts of each text. Four answer choices for each question are given below the text. Select the best answer to complete the text. Then mark the letter (A), (B), (C), or (D) on your answer sheet.

From:	darren@buildit.com
To:	derek@buildit.com
Subject:	Henford Tower – Urgent

Dear Derek,

Thank you for your recent update on the construction of the new "Henford Tower" project. I just wanted to let you know that unfortunately, we are continuing to have difficulties on the first floor.

Workers have reported problems with the plumbing. Some pipes have burst and .... (1.), there is water on the floor in some of the apartments. .... (2.)

I would be grateful if you could go on site and .... (3.) this ASAP. Mr. Jarvis .... (4.) for the team of potential buyers to come for a visit on Monday, so everything must be presentable by then.

Thank you for your help in this matter.

Yours,

Darren

1. (A) furthermore
(B) however
(C) as a result
(D) because

2. (A) It is starting to seep into the insulation system, and the matter needs to be dealt with urgently.
(B) The water supply has been turned off and everything is back to normal.
(C) The plumbing system has been modernized.
(D) The external elevator is out of order.

3. (A) apply
(B) finish
(C) arrange
(D) deal with

4. (A) arranges
(B) has arranged
(C) is arranged
(D) was arranging

↓ CORRIGÉS p. 250

Introduction et conseils généraux

La partie 6 du TOEIC est le prolongement de la partie précédente. Ici aussi, on trouve des questions de vocabulaire et de grammaire. La différence avec la cinquième partie est qu'il ne s'agit pas de questions isolées mais de questions en contexte.

Cette partie comporte quatre textes (par exemple, un courriel, une lettre, une annonce et un article). Il est possible aussi d'avoir une publicité ou un mode d'emploi. Le contexte est toujours très important, donc il faut bien prendre le temps de lire tout le document.

Les types de question les plus courants dans cette partie (par ordre de fréquence) portent sur :

- le vocabulaire ;
- la position d'une phrase ;
- la forme des verbes ;
- les parties du discours ;
- les mots de liaison ;
- les pronoms ;
- les prépositions.

Ce que vous avez appris dans la partie 5 sera donc très utile ici. De même, les points de grammaire qui vont être étudiés dans cette partie vous serviront pour la partie 5. Enfin, ce que vous allez apprendre sur la façon de structurer un e-mail ou une lettre est capital pour la réussite de la partie 7.

Les mots de liaison

Commençons par un nouveau point de grammaire : les mots de liaison. Ces conjonctions et adverbes permettent de lier deux phrases, ou deux parties de phrase, structurant un discours. C'est pour cela que nous les trouvons particulièrement dans cette partie du TOEIC.

Ils peuvent être catégorisés selon le lien qu'ils créent entre ces deux éléments : il peut s'agir d'une information supplémentaire, d'une alternative, d'un contraste, d'une cause ou d'une conséquence, ou encore d'une condition.

Voici les principaux mots de liaison que l'on trouve dans le TOEIC.

Information supplémentaire

and (et), *not only… but also* (non seulement… mais aussi), *in addition* (de plus, de surcroît), *in addition to* (en plus de), *moreover* (de plus, en outre), *as well* (aussi), *as well as* (en plus de), *furthermore* (en outre), *besides* (en plus, en outre, d'ailleurs), *too* (aussi), *both… and* (à la fois… ainsi que).

Alternative

either… or (soit… soit), *neither… nor* (ni… ni), *whether… or* (que… que), *instead* (au lieu), *instead of* (au lieu de), *otherwise* (sinon, autrement), *in place of* (à la place de).

Contraste

but (mais), *however* (cependant, toutefois), *nonetheless/nevertheless* (néanmoins), *although* (bien que, quoique), *even though* (bien que), *in spite of* (malgré, en dépit de), *despite* (malgré, en dépit de), *whereas/while* (alors que, tandis que), *on the one hand… on the other hand* (d'une part… d'autre part), *on the contrary* (au contraire), *even* (même), *even if* (même si), *yet* (cependant).

Cause/conséquence

because (parce que), *because of* (à cause de, en raison de), *as* (étant donné que, comme), *since* (puisque), *so* (donc), *thus* (ainsi, par conséquent), *consequently* (en conséquence, c'est pourquoi), *therefore* (donc, par conséquent, pour cette raison), *hence* (d'où), *as a result* (en conséquence), *as a result of* (à la suite de), *thanks to* (grâce à), *due to* (en raison de, dû à), *owing to* (en raison de, à cause de), *so that* (pour que), *given that* (étant donné que).

Condition

if (si), *if so* (si c'est le cas), *if not* (si ce n'est pas le cas), *so long as/as long as* (pourvu que), *provided that* (à condition que), *unless* (à moins que).

Comment utiliser les 3Is pour ce type de question

• ***Investigate.*** Lisez bien toute la phrase et, éventuellement, la ou les phrases précédentes pour comprendre le contexte.
• ***Interpret.*** Interrogez-vous sur la nature de la transition avec la phrase précédente ou le lien entre les deux parties de la phrase : s'agit-il d'une information supplémentaire, d'une alternative, d'un contraste, d'une cause, d'une conséquence ou d'une condition ?
• ***Implement.*** Choisissez la réponse en fonction de la question que vous vous êtes posée précédemment, en faisant attention aux nuances des mots si plusieurs d'entre eux appartiennent à la même catégorie. Par exemple, *despite* et *although* sont des mots qui désignent des contrastes, mais *despite* veut dire « malgré » et est suivi par un nom ou un verbe en « *-ing* » (la nominalisation du verbe), alors que *although* signifie « bien que » et est suivi d'un sujet et d'un verbe.

Prenons l'exemple de la première question du *Starter*. Il y a eu une rupture de canalisation et il y a de l'eau par terre. Quel est le lien entre les deux parties de la phrase ? C'est un lien de causalité, donc la bonne réponse est *as a result*.
Apprenez par cœur les expressions figées suivantes, qui se trouvent souvent dans le TOEIC :
– *both… and* (à la fois… ainsi que) ;
– *not only… but also* (pas seulement… mais aussi) ;
– *either… or* (soit… soit) ;
– *neither… nor* (ni… ni).
Lors du test, c'est très simple : si vous voyez un des deux éléments d'une expression figée dans la phrase, choisissez le deuxième élément correspondant.

Exercice 1

Complétez les phrases en choisissant parmi les trois propositions. Utilisez bien la méthode que nous venons d'apprendre et n'oubliez pas d'appliquer les 3Is !

1. .... the initial concern, the project was an unprecedented success. (Despite / Although / Moreover)

2. Ms. Petersen was highly recommended, ... she has proved to be a big disappointment. (despite / although / as)

3. Listening to the presentation was enjoyable .... instructive. (not / and / too)

4. .... being a great organizer, Mr. Shaw is a great motivator. (Besides / Moreover / However)

5. Our new energy-saving lighting and heating services will be good for our finances .... for the environment. (while / regardless / as well as)

6. Part of the freeway will be closed over the next week for roadworks. Expect traffic congestion during this time .... the reduced number of lanes. (out of / because / due to)

7. We are sorry to announce the sudden illness of our councilor Ms. Magnusson. Ms. Magnusson was scheduled to chair our next meeting on Monday 28. The meeting will still go ahead, but her deputy Ms. Page-Turner will chair it .... (instead / besides / moreover)

8. This new offer is open until the end of September. .... you wish to profit from this exciting opportunity, fill in the form below and send it to our address. (If / Since / Provided that)

↓ CORRIGÉS p. 250

La structure d'une lettre et d'un courriel

Pour chaque document de la sixième partie du TOEIC, un des trous doit être complété par une phrase entière et non un seul mot. Il faut donc bien comprendre la structure d'une communication écrite en anglais – nous verrons que c'est aussi essentiel pour réussir la compréhension écrite (partie 7 du TOEIC).
En principe, une communication est composée de quatre parties :
– *Introduction* (introduction) : le contexte, un retour en arrière, la raison pour laquelle on écrit ;
– *Details* (détails) : les faits et les chiffres ;
– *Call to Action* (appel à l'action) : la conclusion, un regard vers l'avenir ;
– *Close* (pour finir) : une expression typique.

On trouve cette structure dans le courriel du *Starter*.

Introduction

L'introduction est le premier paragraphe. Elle renvoie à une situation précédente (exemple dans le *Starter* : *Thank you for your recent update*) et/ou indique la raison de la communication (exemple : *I just wanted to let you know that...*).

EXEMPLES

Expressions typiques pour renvoyer à une situation précédente (donner le contexte) :
- *Thank you for your recent letter. You wanted to know if...*
- *Thank you for agreeing to...*
- *Thank you for your recent order.*
- *Thank you for the application to the position of...*
- *Thank you for enquiring about...*

Expressions typiques pour indiquer la raison de la communication :
- *I just wanted to let you know that...*
- *This is to remind you of the...*
- *I am writing to... / invite you to... / inform you of...*

Details

Les détails sont donnés dans les paragraphes suivants. C'est le corps de la communication.
Il faut ici connaître la manière anglo-saxonne de structurer un paragraphe : en règle générale, on commence un paragraphe avec une phrase-clé (*topic sentence*) qui annonce le sujet (*topic*), puis on développe avec des faits et des exemples. Un paragraphe est une unité cohérente et ne traite que d'une seule idée.

EXEMPLE

Dans le *Starter*, Darren fournit dans cette partie des informations spécifiques sur la nature du problème. L'idée générale est présentée dans la première phrase : *Workers have reported problems with the plumbing*. Après, des détails plus spécifiques sont donnés.

Call to Action

Le *Call to Action* se trouve dans le dernier paragraphe du corps de la lettre ou du courriel : la personne indique ce qu'elle va faire, ou, ce qu'elle veut que le destinataire fasse.

EXEMPLES

Dans le *Starter*, le *Call to Action* est la phrase : *I would be grateful if you could go on site.*

Expressions typiques pour le *Call to Action* :
- *Please let me know when you are available.*
- *Please let me know if I can be of any further help/assistance.*
- *I'd appreciate it if you could provide me with the requested information/documents by...*
- *If you have any questions, don't hesitate to contact me.*

Close

L'expression finale termine la communication.

EXEMPLES

Dans le *Starter*, il s'agit de la phrase : *Thank for your help in this matter.*

Expressions typiques pour clore une lettre :
- *We look forward to seeing you again/providing you with.../a productive meeting...*
- *Yours sincerely*

PART 6

Où placer la phrase

Pour bien répondre à ce type de question, il suffit de s'interroger sur le contexte. La phrase qui est la bonne réponse doit être la suite logique de la phrase précédente et/ou l'annonce logique de la phrase suivante.

Comment utiliser les 3Is pour ce type de question

Prenons la question 2 du *Starter*.
- ***Investigate.*** Quels sont les indices ? Dans la phrase précédente, Darren parle de l'eau par terre, et dans la suivante, il demande à Derek d'aller sur place.
- ***Interpret.*** Il faut trouver la phrase qui sert de pont entre ces deux éléments.
- ***Implement.*** En testant les quatre réponses fournies, on se rend compte que la réponse (A) est la plus logique.

Le pronom *it* renvoie clairement à *water* et l'état d'urgence annonce la demande suivante.
À l'instar de Sherlock Holmes, si vous menez bien votre enquête, vous trouverez sûrement des indices.

Voici le genre d'indices auxquels vous devez faire attention :

Les mots de liaison

Vous devriez les connaître par cœur maintenant, puisque nous venons de les étudier ! Par exemple, le mot *besides* dans la proposition indiquerait une information supplémentaire par rapport à la phrase précédente, alors que le mot *yet* indiquerait un contraste.

Les pronoms

Pour éviter une répétition, on utilise souvent les pronoms. Ainsi, au lieu de dire quatre fois *Mr. Drinkwater*, on n'appellera cet homme par son nom que la première fois, puis on aura recours aux pronoms *he, his, him*... Par exemple, si le pronom *He* se trouve au début de la proposition, pour que celle-ci soit la bonne réponse, il faudrait une référence à un homme quelconque dans la ou les phrases précédentes.
C'est le cas dans la question 2 du *Starter*, le pronom *it* dans la réponse (A) fait référence à un objet (ici l'eau).

Les déterminants

Dans une communication en anglais, les déterminants comme *this* et *these* renvoient à quelque chose de proche. Ainsi, si on lit *this* ou *these* dans la proposition, il convient de vérifier dans la phrase précédente à quoi ce mot pourrait faire référence.
Si l'on donne plus de précisions (par exemple, *these measures ou these instructions*), il faut qu'il soit question de mesures ou d'instructions dans la ou les phrases précédentes.

Les références temporelles

Si on trouve, par exemple, *the next day* (le lendemain) ou *by then* (d'ici là) dans la proposition, il faut une référence à une date spécifique dans la phrase précédente pour que l'expression soit la bonne réponse.

D'autres exemples de références au déjà dit

Par exemple :
– *both* renvoie à deux choses ou deux personnes. Il faut donc une référence à deux choses ou personnes dans la phrase précédente ;
– *more* (*details/information*...) veut dire « plus », ce qui implique une référence aux détails/informations... dans la phrase précédente.

Placement dans le paragraphe

Si le trou à compléter est :
– au début de la communication, il faut que la phrase annonce l'objet général du message (et non un détail spécifique, qui viendra par la suite) ;
– au début d'un paragraphe, il faut une phrase-clé pour annoncer le sujet (*topic*) du paragraphe. Il faut donc chercher une phrase générale parmi les propositions, une phrase qui annonce le thème développé dans les suivantes ;
– au milieu du paragraphe, c'est le contraire : il faut quelque chose de plus spécifique, qui développe l'idée générale annoncée en début de paragraphe ;
– à la fin de la communication, il faut une expression qui signale un *Call to Action*, une ouverture, un regard vers l'avenir ou la clôture (pas quelque chose de spécifique qui irait plutôt dans la partie *Details* de la communication). Souvent, pour « boucler la boucle », la fin reprend le début. Par exemple, pour un début de communication tel que : *I am writing to invite you to participate in*..., une conclusion logique serait : *We hope you decide to join us this year*.
Comme le disait le poète américain TS Eliot : « *In my beginning is my end... In my end is my beginning.* »

Exercice 2

Indiquez si les deux phrases de chaque série se suivent d'une façon logique ou illogique. N'oubliez pas que ce n'est pas juste une question de langage mais de logique. « *Elementary, my dear Watson!* » comme dirait Sherlock.

1. We wish to arrange a family holiday for two weeks from 15 August. We will need one room with a double bed for myself and my wife, and one with two single beds for our two children.

☐ Logique ☐ Illogique

2. Our monthly meetings will in fact take place on Fridays and not Thursdays. Please note the following schedule change, applicable as from next week.

☐ Logique ☐ Illogique

3. We are sorry to inform you that your washing machine is completely broken, and it is not possible for us to mend it. We can, however, provide you with a new one as it is still under warranty.

☐ Logique ☐ Illogique

4. Our accountant will be dealing with the payroll this week. Otherwise, the balance sheet will be published later.

☐ Logique ☐ Illogique

5. We would like you to welcome our two new recruits: Khalid Butt and Kay Hampton. Both of them have plenty of experience and expertise and will be great assets to the company.

☐ Logique ☐ Illogique

6. We are delighted to inform you that next year, our conservatory will offer lessons on even more musical instruments. Children may now take up the harp, the clarinet or the oboe, in addition to the piano, the violin or the guitar.

☐ Logique ☐ Illogique

↓ CORRIGÉS p. 250-251

The Real Deal #1

NOTICE TO ALL STAFF

Please be advised that Ms. Ball is no longer in charge of dealing with questions regarding contracts, schedules and reimbursement of travel expenses. .... 1.

.... 2., we kindly remind you that Ms. Ball is no longer the administrative assistant for department 2A, just for department 1A.

.... 3., please ensure that all questions referring to 2A be addressed to Mr. Pascale.

.... 4.

1. (A) Holidays must be reserved at least one month in advance.
   (B) She will be retiring at the end of the month.
   (C) No further changes to the schedule are allowed.
   (D) Any such enquiries should now be sent directly to HR.

2. (A) Moreover
   (B) In addition to
   (C) Nevertheless
   (D) Despite

3. (A) Regardless
   (B) While
   (C) Although
   (D) Thus

4. (A) We look forward to seeing you at the meeting.
   (B) Please ensure all correspondence is written in the correct shade of green.
   (C) We thank you for your cooperation.
   (D) Contracts are to be signed before the deadline on Monday.

↓ CORRIGÉS p. 251

Vocabulaire

Comme dans la partie 5, le type de question le plus commun dans la partie 6 porte sur le vocabulaire. Vous avez appris des techniques pour répondre aux questions de vocabulaire dans la partie précédente : pensez aux *Word Collocations* et au contexte de chaque phrase. Ces techniques vont être utiles ici, mais il faudra également utiliser le contexte du document. Là encore, il va falloir comprendre l'ensemble de la communication et sa structure, donc tout ce que vous venez d'apprendre pour les questions « où placer la phrase » va vous être utile ici aussi.

Comment utiliser les 3Is pour ce type de question

Prenons l'exemple de la question 3 du *Starter*.

• ***Investigate.*** La phrase est : *I would be grateful if you could go on site and ___ this ASAP.*
L'indice est le mot *this*.

• ***Interpret.*** *This* est un déterminant qui, comme nous l'avons vu, renvoie à quelque chose qui a déjà été mentionné dans la communication. Il faut chercher de quoi il s'agit dans le reste du courriel. Si on relit l'introduction, on comprend que Darren écrit pour parler de certaines difficultés qui sont survenues, et dans la partie « *Details* », il explique qu'il s'agit de problèmes de plomberie.
• ***Implement.*** Le(s)quel(s) des quatre verbes convien(nen)t le mieux ? Posez-vous la question suivante : qu'est-ce qu'une personne peut faire face à des difficultés ? La réponse est qu'elle peut s'en occuper : *deal with* est donc la bonne réponse.

Exercice 3

Pour chaque question, trouvez le mot juste pour compléter la phrase. Cherchez les indices dans la phrase qui contient le trou et les informations dans les phrases suivantes et précédentes.

1. When working in the laboratory, all members of staff must wear protective masks and the appropriate clothing. Long hair must be tied back. Such .... are essential to avoid any unnecessary risk. (restrictions / preventions / precautions)

2. I am afraid we will have to postpone our brainstorming session for the new marketing campaign. Victoria is off sick with a stomach bug. Please let me know when we could ....
(liaise / reschedule / train)

3. Thank you for your interest in our products. May I suggest you visit our .... where you can see a live demonstration of all our machines? (warehouse / factory / showroom)

4. Congratulations on your new appointment. On your first day, you will be required to attend the .... course where we will give you your badge and explain all the essential information about working with YTR associates. (IT / first aid / induction)

5. Tailor-Made provides all you need for .... occasions. We sell and lend out dinner jackets, tuxedos and a wide range of waistcoats, for balls, weddings and society events. (formal / informal / party)

↓ CORRIGÉS p. 251

La forme du verbe

Voici un autre point qui revient souvent dans les parties 5 et 6 du TOEIC : la forme du verbe. Généralement, parmi les réponses proposées, on trouve quatre formes différentes du même verbe (par exemple : *work, works, working, worked*), et il faut choisir la bonne.
Pour rappel, il existe 5 formes pour les verbes réguliers et 6 pour les verbes irréguliers. Voici un récapitulatif :

Verbe	Infinitif	Base verbale	« -*s* »	Forme en « -*ing* » : participe présent / gérondif	Forme en « -*ed* » : passé simple	Participe passé
Régulier	*to work*	*work*	*works*	*working*	*worked*	*worked*
Irrégulier	*to give*	*give*	*gives*	*giving*	*gave*	*given*

Voici ce qu'il faut savoir pour le test TOEIC, avec chaque fois un exemple. Il suffit de savoir quand utiliser chaque forme :

La base verbale

1. Le **présent simple** avec *I, you, we* et *they*.

EXEMPLE
We work flexi-time in this company.

2. Après les modaux : *can, must, should, will, may, might*... Les exceptions sont *ought to* (devrait) et *have to* (doit).

EXEMPLE

You must work on your English to pass the TOEIC test.

3. La **voix subjonctive**, utilisée après certains verbes pour donner des ordres et certaines expressions pour exprimer la nécessité. Les verbes et les expressions à connaître sont les suivants :
– verbes : *to ask, to command, to demand, to insist, to order, to recommend, to request, to require, to suggest, to urge that*... ;
– expressions : *it is advisable / essential / imperative / important / necessary / vital that*...

EXEMPLE

It is vital that he work harder.

4. Après les verbes causatifs *to make, to have* et *to let*, quand leur complément est le sujet du verbe suivant. En anglais, on dit que l'on *make / have / let somebody* ***do*** [base verbale] *something. To make / To have someone do something* traduit l'idée de faire faire quelque chose par quelqu'un ; *to let someone do something* signifie « laisser quelqu'un faire quelque chose ».

EXEMPLE

The manager made the clerk work overtime.

5. La **forme impérative** (pour donner des ordres).

EXEMPLE

Work! = Travaillez !

La forme en « *-s* »

Le **présent simple** avec *he, she* et *it*.

EXEMPLE

She works every day from 9 to 5.

L'infinitif avec *to*

1. Comme **sujet de la phrase** pour exprimer l'idée d'un but, d'un objectif, d'une intention ou d'un regard vers l'avenir (comme l'expression *in order to* (dans le but de)).

EXEMPLE

To work well is her main objective.

2. Après un autre verbe pour exprimer l'idée d'un but, d'un objectif, d'une intention ou d'un regard vers l'avenir. Les principaux verbes qui sont suivis par *to* dans ce sens sont : *to want, to wish, to hope, to aim, to promise, to try, to decide, to refuse, to expect, to guarantee, to advise*.

EXEMPLE

I hope to work well next week as I'll have the office to myself.

La forme en « *-ing* » (participe présent / gérondif)

1. Après une forme du verbe *to be* (au passé, au présent ou au futur) pour composer la forme dite « progressive » ou « continue », utilisée pour exprimer une action en cours.

EXEMPLES

- *We were all working very hard last week.*
- *We are all working very hard this week.*
- *We will all be working very hard next week.*

2. Après une préposition.

EXEMPLES

- *Before working for British Gas, my sister worked for Thames Water.*
- *I look forward to working with you.* (Le mot *to* n'est pas l'infinitif ici, mais une préposition.)
- *He is used to working with foreigners.* (Ici encore, le mot *to* est une préposition.)

3. Comme **sujet de la phrase** pour exprimer l'idée d'une action ou d'une activité.

EXEMPLE

Working with you is a real pleasure.

4. Après un autre verbe pour exprimer l'idée d'une action ou d'une activité. Les principaux verbes qui sont suivis par « *-ing* » dans ce sens sont : *to appreciate, to avoid, to consider* (envisager), *to enjoy, to suggest, to put off* (retarder, remettre à plus tard), *to detest, to involve* (impliquer). On trouve ainsi : *I don't mind doing something*… (cela ne me gêne pas de…), *I can't stand doing something*… (je ne supporte pas de faire…).

EXEMPLES

- *He avoids working too hard if he can help it.*
- *I am considering working in the financial sector.*

5. Après un autre verbe pour faire référence à une action qui a lieu avant l'action du premier verbe. Les verbes qui sont suivis par « *-ing* » dans ce sens sont principalement : *to admit, to deny* (nier), *to give up* (arrêter, cesser, renoncer), *to miss* (regretter, manquer), *to resent* (ne pas accepter, être contrarié par).

EXEMPLES

- *He admitted working for the competition.*
- *I miss working with Americans.*

6. Après *need* et *want* pour exprimer une action ou une activité nécessaire.

EXEMPLES

- *This business plan needs working on.*
- *The car wants cleaning.*

La forme en « *-ed* » (passé simple)

Pour former le passé simple avec les verbes réguliers, il suffit d'ajouter « *-ed* » à la base verbale. Cependant, il existe des verbes irréguliers qu'il faut apprendre. Le passé simple est la deuxième forme présentée dans les listes classiques (exemples : *eat, ate, eaten* ; *give, gave, given*).

1. Le **passé simple** : pour décrire une action terminée dans le passé.

EXEMPLE

I worked for Walmart when I lived in the US.

2. Le « **passé irréel** » : après les expressions *it's (high) time you/he/they*… (il est grand temps que tu/qu'il/qu'ils…) et *I'd rather you*… (je préférerais que tu…).

EXEMPLES

- *It's time you worked a bit more seriously.*
- *I'd rather you worked on the other project.*

3. Après le mot *if* dans une phrase au conditionnel (quand il y a *would* dans l'autre partie de la phrase).

EXEMPLE

If you worked hard this year, you would maybe get a promotion.

Le participe passé

Pour les verbes réguliers, le participe passé est aussi la forme en « *-ed* » ; pour les verbes irréguliers, il s'agit de la troisième forme présentée dans les listes classiques (exemples : *eat, ate, eaten* ; *give, gave, given*).

1. Avec l'auxiliaire *have* pour les temps dits « parfaits » : *past perfect, present perfect* et *future perfect*.

EXEMPLES

- *Mr. Brown has worked for this company for 20 years.*
(Lien entre le passé et le présent/bilan au présent)
- *Mr. Brown had worked for the company for 20 years before being made redundant.*
(Lien entre deux moments du passé/bilan au passé)
- *In December, Mr. Brown will have worked for this company for 20 years.*
(Lien entre deux moments, dont le deuxième est au futur/bilan au futur)

2. Avec une forme du verbe « être » pour composer le passif. Le nom n'est pas le sujet mais le complément du verbe.

EXEMPLES

- *Presents are given at Christmas.*
- *The cheese was eaten by the mouse.*

3. Après les verbes causatifs *to want, to have* et *to get* quand le complément de ces verbes est aussi le complément du verbe suivant. *To have / get something done* = obtenir que quelque chose soit fait ; *to want something done* = vouloir que quelque chose soit fait.

EXEMPLES

- *The manager wants the work done by the end of the day.*
- *Get your hair cut!*

Voici ce que vous devez savoir. Ensuite, il suffit d'appliquer notre méthode 3Is.

Comment utiliser les 3Is pour ce type de question

- ***Investigate.*** Lisez bien la phrase pour décider de quelle structure grammaticale il s'agit. Pour les questions sur les temps, cherchez les indicateurs de temps dans la phrase (pour la partie 5) ou dans le contexte général (pour la partie 6).
- ***Interpret.*** Pour les questions sur les temps, posez-vous la question suivante : « Quand l'action se déroule-t-elle : au passé, au présent ou au futur ? ». Posez-vous aussi éventuellement la question : « La personne/La chose est-elle le sujet ou le complément du verbe ? ». Si elle en est le sujet, il faut la voix active ; si elle en est le complément, il faut la voix passive.
- ***Implement.*** Choisissez la forme correcte du verbe en fonction de la réponse aux questions que vous venez de vous poser. Vérifiez éventuellement l'accord entre le sujet et le verbe.

Exercice 4

Choisissez la forme correcte du verbe pour compléter la phrase. Si vous maîtrisez bien les règles et la méthode présentées, vous n'aurez que les bonnes réponses !

1. Before .... your USB stick, close all of the files. (removes / removing / remove / to remove)
2. The company .... all of its goods abroad.
(manufactures / manufacturing / manufacture / manufactured)
3. Customer satisfaction is essential if you want your business ....
(succeed / to succeed / succeeding / succeeds)
4. My manager .... our contract for another year.
(extend / was extending / extending / has extended)
5. By this time next year, Mr. Din .... here for 25 years.
(works / will have worked / worked / has been working)
6. Interested candidates should .... their CV and cover letter to the following address.
(sent / sending / send / be sent)
7. The marketing team are looking at ways to .... our image.
(improve / improves / improved / improving)
8. Last month, the company .... a team-building session.
(organized / organizes / organizing / will organize)
9. Dogs must .... on a leash at all times. (be kept / keep / to keep / keeping)
10. As all the work was finished, the manager let everyone .... early. (leaving / to leave / leave)
11. Mr. Lester wants everything .... by the end of the week. (complete / completed / completing)
12. The manager demanded that the clerk .... more careful in the future. (are being / are / be)

↓ CORRIGÉS p. 251

PRACTICE TEST PART 6

Directions: Read the texts that follow. A word, phrase, or sentence is missing in parts of each text. Four answer choices for each question are given below the text. Select the best answer to complete the text. Then mark the letter (A), (B), (C), or (D) on your answer sheet.

Questions 131-134 refer to the following e-mail.

To:	rory.randall@hotmail.com
From:	mick.maeterlinck@maeterlinckstores.com
Subject:	Order No. 457525

Dear Mr. Randall,

.... (131.) Your barbecue set will be delivered on Monday afternoon as requested.

However, I am afraid that we are out of stock of the electric fan model at the moment. This is .... (132.) the extremely hot weather at the moment and the consequent excessive demand.

Our suppliers do, though, assure us that they will send us further stocks before the end of the week. Then we will deal with your order .... (133.) .

We apologize for the .... (134.) caused, but hope that you will enjoy your barbecue in the meantime!

Yours sincerely,

Mr. Maeterlinck

131. (A) Thank you for your order for our barbecue cooking set and electric pan.
(B) Thank you for coming into our offices yesterday.
(C) We hope you will have a great barbecue party on Saturday.
(D) Thank you for confirming our order.

132. (A) because
(B) due to
(C) since
(D) regarding

133. (A) prompt
(B) prompter
(C) promptest
(D) promptly

134. (A) inconvenient
(B) inconvenience
(C) inconvenienced
(D) inconveniently

Questions 135-138 refer to the following announcement.

DIY SUPERSTORE TO OPEN SATURDAY 20 JULY

It's the news everyone's been talking about! Courtley DIY is opening a new chain of stores throughout the country, and the first one will be right here in Brownsville!

We will give a .... (135.) tool-box to the first 30 customers past the door at 9:00 on our opening day, so make sure you're one of the first in line.

.... (136.) Come and admire our collection of pots and paints, wallpaper tiles and floors. Our salespeople are keen DIYers themselves, have in-depth knowledge of all our products and guide you to whatever you need.

.... (137.), we offer free delivery on any purchases over $200. For deliveries on items under this amount, there will just be a .... (138.) charge.

So come along on Saturday 20 July, and check it out!

135. (A) compliment
(B) complimenting
(C) complimentary
(D) complimentarily

136. (A) We even have plans to expand internationally.
(B) Our store has everything you could possibly want for your home.
(C) We look forward to seeing you.
(D) For those travelling by car, free parking is available.

137. (A) Furthermore
(B) In addition to
(C) Otherwise
(D) Despite

138. (A) minimal
(B) significant
(C) inconsequent
(D) unnecessary

Questions 139-142 refer to the following letter.

Grebely Banks, 44 Main Street, Oakley

Ms. Paterson
Highway Road
Haselmere

May 4th 20--

Dear Ms. Paterson,

I .... on a number of occasions since the beginning of the year that your current account
139.
No. HGF33444982 has been .... As you know, at Grebely Banks, it is not our policy to
140.
allow overdrafts, except by special arrangements in advance.

Under our .... agreement, a penalty charge of 3.6% per day is made on any unauthorized
141.
overdrafts. ....
142.

Should you wish to discuss the matter, then please call us on 0876 76 54 32 to arrange an interview.

Yours sincerely,

Mr. Greeble,
Managing Director, Grebely Banks

139. (A) noting
(B) noted
(C) will note
(D) have noted

140. (A) overdraw
(B) overdrawing
(C) overdrawn
(D) overdraft

141. (A) future
(B) current
(C) actual
(D) available

142. (A) Please find attached a leaflet explaining how to open an account.
(B) You may call into the bank at any time.
(C) Income tax will shortly be increasing.
(D) So please make arrangements to settle the balance as soon as possible.

Questions 143-146 refer to the following e-mail.

From:	mike@dreza.net
To:	jo@peterson.net
Subject:	Your enquiry

Dear Mr. Peterson,

Thank you for your enquiry about our laptops. .... (143.)

I would like to draw your attention to pages 5-9. The models on these pages are a perfect fit for the .... (144.) you asked for: 32 gigabytes of memory, an extended life-long battery and a widescreen display with webcam and wi-fi.

Be sure to check out too pages 15-19 where you will find our full range of computer .... (145.). Browse through our selection of multifunctional laptop bags, multimedia PC speakers and screen and keyboard wipes.

With the purchase of a laptop, you qualify for a special 5% discount on items on this section, ... (146.) you make your order before midnight on Saturday 21 May.

We look forward to your custom.

Yours,

Mike Dreza
Store Manager

143. (A) Be assured that our stationery is the best in town.
(B) Our store is open from 9:00 every day, except bank holidays.
(C) Our customer services department will be contacting you shortly.
(D) Please find attached a copy of our catalogue with full details about our complete range.

144. (A) specifications
(B) satisfaction
(C) hardware
(D) hard drive

145. (A) accessories
(B) holders
(C) kits
(D) software

146. (A) nonetheless
(B) given that
(C) so that
(D) provided that

↓ CORRIGÉS p. 251

PART 7

Starter

Directions: In this part you will read a selection of texts, such as magazine and newspaper articles, e-mails, and instant messages. Each text or set of texts is followed by several questions. Select the best answer for each question and mark the letter (A), (B), (C), or (D) on your answer sheet.

KooCars Ltd
63 James St
Mabery, CA 94231
www.koocars.com

6 May 20--

Beverington Consulting Group
20 Leverton Square
London W1U 3BC
United Kingdom

Dear Sirs,

[1] I am a representative of KooCars. KooCars is a company specialized in organizing carpooling. [2]

[3] We are currently looking for new opportunities abroad and are seeking experienced consultants to conduct a market study on our behalf. We think that your country has enormous potential but want to make sure that this market is compatible with our offer. [4]

The market study we need will have four main objectives:

- To gain an insight into British habits regarding public transport.
- To know the level of satisfaction with other ways of travelling (trains, planes, taxis, buses…) in order to assess potential demand for our service.
- To learn about British driving habits. This should show us if the British people can easily share their car for long journeys.
- To make a competitive analysis to learn about direct competition, and any previous attempts (successful or unsuccessful) in our field.

The research should be based both on fact-based data and surveys carried out on the general public.

If you are interested in working with us, we would like to schedule a meeting to discuss all the details. My team will provide you with historical data from other markets and will be available for any request.

I look forward to hearing from you.

Yours faithfully,

Samer Haji

Strategy Analyst, KooCars Ltd

1. What is stated about the company KooCars?

(A) It sells cars.

(B) It helps to arrange car sharing.

(C) It constructs swimming pools.

(D) It conducts market research on transport services.

2. Which of the following is NOT one of the main objectives of the proposed market study?

(A) To learn about how British people use transport.

(B) To learn about how happy British people are with various means of transport.

(C) To learn about unsuccessful attempts to solve the transport crisis in Britain.

(D) To learn about similar businesses to KooCars.

3. In which of the positions marked [1], [2], [3], or [4] does the following sentence best belong? "We propose not only a transportation service, but also an opportunity to have a fantastic journey with fascinating people."

(A) [1]

(B) [2]

(C) [3]

(D) [4]

4. The word "field" in paragraph 3, line 13, is closest in meaning to which of the following words?

(A) Piece of land

(B) Place outdoors

(C) Country

(D) Sector

↓ CORRIGÉS p. 252

Introduction and general Tips

Avec 52 questions, la partie 7 est la plus longue du test TOEIC et compte pour plus de 25 % du score. Il faut donc la préparer sérieusement.

L'un des problèmes majeurs est que vous ne disposerez pas de beaucoup de temps pour répondre à toutes ces questions. Il faut donc que vous appreniez à être rapide et efficace. Ceci nécessite une vraie méthode et de la pratique.

Let's go…

Pour avoir un bon score dans cette partie, il faut :

1. apprendre une méthode efficace ;
2. lire, lire, lire, idéalement un peu tous les jours ;
3. acquérir du vocabulaire TOEIC ;
4. s'entraîner avec les *Practice Test* et les *Boost your Focus* proposés dans cet ouvrage.

Nous allons vous donner des recommandations de lecture, des astuces pour apprendre du vocabulaire, des *Boosts* et un test pour vous entraîner, mais commençons par la méthode.

Dans la partie 7 du TOEIC, il existe plusieurs types de questions qui sont les suivants :

1. What is stated / indicated about…?
2. What is the purpose of…?
3. What is suggested / implied about…?
4. Who / What / Where most likely…?
5. What is NOT stated / indicated / suggested about…?
6. In which of the positions marked [1], [2], [3], or [4] does the following sentence best belong?
7. The word "…" in paragraph X, line Y, is closest in meaning to…?
8. What does Mr. X mean when he writes "…"?

Il y a une technique particulière pour chaque type de questions. Étudions-les l'une après l'autre.

What is stated / indicated about…?

C'est la question la plus fréquente, il est donc primordial de bien en maîtriser la technique. Pour y répondre de manière rapide et efficace, il suffit de suivre la méthode des 3Is.

Comment utiliser les 3Is pour ce type de question

• ***Investigate.*** Commencez toujours par bien lire la question (c'est la règle d'or dans tous les cas) et repérez le mot-clé.
Ensuite, lisez le texte en diagonale pour y trouver ce mot-clé (ou éventuellement un synonyme). « Lire en diagonale » signifie parcourir le texte assez rapidement afin de repérer certaines informations. Il ne faut pas buter sur chaque mot, mais survoler le passage pour identifier la phrase qui va vous permettre de répondre correctement à la question.
Le mot-clé n'est pas difficile à repérer car il commence souvent par une lettre majuscule. Il s'agit souvent, par exemple, du nom d'une personne ou d'une organisation, d'un jour de la semaine ou d'un mois de l'année.
Ainsi, dans la question 1 du *Starter*, les mots-clés sont *company KooCars*. Ce sont ceux à chercher dans la lettre. En survolant le texte rapidement, on les trouve tout de suite dans le premier paragraphe.

• ***Interpret.*** Lisez attentivement la phrase contenant ce mot-clé (et éventuellement la phrase suivante ou les phrases qui l'encadrent).
Dans le *Starter*, la phrase concernée est : *KooCars is a company specialized in organizing carpooling* = KooCars est une entreprise spécialisée dans l'organisation de covoiturage.

• ***Implement.*** Enfin, il faut comparer cette phrase avec les quatre réponses proposées. Pour les questions les plus simples, plutôt dans les tout premiers textes, vous trouverez le même mot que celui du passage original, il n'y a donc pas de difficulté particulière.

Toutefois, ce n'est pas toujours aussi simple. Il est utile de savoir ce qui constitue une bonne et une mauvaise réponse dans la partie 7 du TOEIC. Nous pouvons le résumer ainsi : les bonnes réponses sont de **bonnes reformulations** du passage ; les mauvaises réponses en sont de **mauvaises**.
Qu'est-ce qu'une « bonne reformulation » ? C'est une phrase qui **respecte le sens de l'originale, mais souvent en utilisant des mots différents**. Elle a recours aux **synonymes** ou éventuellement à une **paraphrase** ou **restructuration** de la phrase.
Ainsi, dans le *Starter*, la bonne reformulation est la phrase (B) : *It helps to arrange car sharing. Arrange* est synonyme de *organize* et *car sharing* est synonyme de *carpooling*.

Voici quelques autres exemples de bonnes réponses qui emploient des synonymes, puis des paraphrases / reformulations. Chaque fois, nous donnons le mot ou la phrase du passage et l'élément-clé de la bonne réponse.

• **Synonymes**

updated agreement = revised contract
fragile = breakable
complimentary = at no cost
discount = reduced price
come sooner than scheduled = arrive earlier than usual
coordinating meals = food arrangements
new location = new store
entrance fee = admission price
level 1 = on the first floor
offer rides = provide transportation
purchasing procedures = process for selling
annual = once a year
change color = revise a design
large orders = bulk orders

• **Paraphrases / Reformulations**

It's an expensive production and the budget is still an issue. = It might cost too much to produce.
It's been our busiest time of year. = We've had an increase in business.
Electronic checkout is available. = It sells items directly from its website.
The driver was nowhere to be found so I ended up waiting. = The driver arrived later than scheduled.

Exercice 1

Voici 10 mots et 10 synonymes. Reliez le bon mot au bon synonyme.

1. booking	A. sign up
2. coupon	B. change
3. enroll	C. reservation
4. switch	D. shop
5. flat	E. apartment
6. pets	F. city center
7. store	G. voucher
8. downtown	H. domestic animals
9. vacation / holiday	I. welcome
10. greet	J. time off

↓ CORRIGÉS p. 252

Les pièges à éviter

Comme pour la partie de compréhension orale, il est intéressant de comprendre comment un rédacteur de tests TOEIC conçoit les mauvaises réponses, ceci afin d'éviter de tomber dans ses pièges. Les pièges prennent souvent la forme suivante : un mot ou une partie d'une phrase est repris tel quel dans la proposition pour faire croire que celle-ci est fidèle au texte. En revanche, le sens de l'original n'est pas respecté. Nous avons vu que les bonnes réponses sont les bonnes reformulations du passage ; en effet, les **mauvaises réponses** sont souvent les **mauvaises reformulations** du passage.

EXEMPLE

Reprenons l'exemple de la question 1 du *Starter*.

1. What is stated about the company KooCars?
(A) It sells cars.
(B) It helps to arrange car sharing.
(C) It constructs swimming pools.
(D) It conducts market research on transport services.

La réponse (A) n'est pas correcte car l'entreprise est dans le secteur des voitures mais elle n'en vend pas. La réponse (C) n'est pas juste car il y a confusion entre *carpooling* (covoiturage) et *swimming pool* (piscine). Enfin, la réponse (D) n'est pas correcte car KooCars ne fait pas d'études de marché, elle demande à une autre entreprise de s'en charger.

Ce sont des exemples typiques de mauvaises réponses ou « pièges ». Pour qu'une reformulation soit bonne, tous les éléments qui la composent doivent être fidèles au passage : si un seul mot ne l'est pas, c'est toute la phrase qui est fausse.
Par exemple :
– la date mentionnée est juste mais l'événement prévu n'est pas tout à fait le même ;
– une personne a changé de poste mais pas de ville ;
– une personne donne quelque chose mais il s'agit de son temps, pas de son argent ;
– un employé a travaillé pendant 10 ans à son poste actuel mais 25 ans en tout pour l'entreprise ;
– il est bien question d'appartements mais il s'agit de les louer, pas de les acheter.

Il faut donc être attentif aux détails et ne pas aller trop vite, bien prendre le temps de trouver une reformulation qui soit complètement juste. Il faut trouver le bon équilibre entre vitesse et efficacité.

What is the purpose of…?

Cette question concerne le but de la lettre ou du courriel. Il existe des variantes à cette question : *What is the reason for the letter?* ou *Why did Mr. X write the e-mail to…?*

Pour répondre à cette question, il faut se rappeler la structure d'une communication en anglais, comme nous l'avons vu dans la partie 6. Les Anglais et les Américains étant pragmatiques et directs, ils ne perdent en général pas de temps avant d'aller à l'essentiel.
C'est dans le premier paragraphe, ou éventuellement dans la première phrase du deuxième paragraphe, que vous trouverez cette information. Cherchez une phrase du style : *I am writing to inform you of...* ou *I would like to bring to your attention to...*

EXEMPLE

Dans la lettre du *Starter*, il s'agit de la phrase : *We are currently [...] seeking experienced consultants to conduct a market study on our behalf*, au début du deuxième paragraphe.

Ensuite, il faut utiliser la même technique que pour les questions classiques : chercher la bonne reformulation parmi les propositions.

EXEMPLE

Phrase dans la lettre : *I want to let everyone know that management has decided to postpone our annual hiking trip.* Bonne réponse : *To announce a change in plans.*

What is suggested / implied about...?
Who / What / Where most likely...?

Implied veut dire « suggéré ». Il existe d'autres variantes de cette question : *What / Who / Where is likely...?* Le mot *likely* signifie « probablement ».
Pour ce genre de questions, la réponse se trouve implicitement dans le passage, pas explicitement. Cependant, les indices dans le texte sont assez clairs. Vous n'avez pas besoin d'avoir le génie de Sherlock pour déduire la bonne réponse.

EXEMPLE

Phrase dans la lettre : *Mr. Lloyd is not happy with my report and wants me to rewrite it completely.*
Réponse à la question *What is suggested about Mr. Lloyd? : He is the boss.*

Souvent, c'est le champ lexical qui permet de trouver la bonne réponse. Ainsi, avec des termes tels que *software, hardware, laptop* et *hard drive* dans le texte, la réponse à la question : *For what type of business does Mr. Farnetti work?* sera : *computers.*

Exercice 2

Pour chacun des deux e-mails suivants, imaginez une réponse convenable à la question.

1. What kind of business does Mr. Merry probably own?

> Hi, Clive,
> I've had Mr. Dziekanowki chasing me up again about the leaflets he ordered. Could you make sure they are all ready for this afternoon? There are also all of Ms. Martin's flyers to deal with today and those colour posters.
> Thanks,
> Mr. Merry

....

2. What is suggested about Eleonor?

> Hi, Elodie,
> I'm struggling a bit in the office all on my own without Eleonor. I was wondering if you could just pop by to explain a few things to me.
> Thanks a lot!
> Caroline

....

↓ CORRIGÉS p. 252

What is NOT stated / indicated / suggested about...?

La technique consiste ici à chercher les bonnes paraphrases mais cette fois dans le but de les éliminer. Il faut parvenir à en éliminer trois car la bonne réponse sera la mauvaise paraphrase. Étant donné qu'il faut procéder par élimination, cette question peut prendre un peu plus de temps...

EXEMPLE

Prenons l'exemple de la question 2 du *Starter* : *Which of the following is NOT one of the main objectives of the proposed market study?* Les mots-clés sont *main objectives* et *market study*. En lisant la lettre en diagonale, on trouve ces mots-clés dans le deuxième et le troisième paragraphe.
En comparant les quatre propositions, on se rend compte que la réponse (C) est la bonne. On peut éliminer les trois autres réponses :
– *to learn about how British people use transport* est une bonne reformulation de *to gain an insight into British habits regarding public transport ;*
– *to learn about how happy British people are with various means of transport* est une bonne paraphrase de *to know the level of satisfaction with other ways of travelling ;*
– *to learn about similar businesses to KooCars* est une bonne reformulation de *to make a competitive analysis to learn about direct competition, and any previous attempts (successful or unsuccessful) in our field.*
En revanche, la phrase *to learn about unsuccessful attempts to solve the transport crisis in Britain* n'est pas une bonne reformulation de *to make a competitive analysis to learn about direct competition, and any previous attempts (successful or unsuccessful) in our field*. Il est bien question de *unsuccessful attempts* dans la lettre, mais il s'agit d'essais visant à développer une entreprise comme KooCars, pas d'essais pour résoudre la crise des transports. La répétition des mots *unsuccessful* et *attempts* a pour but de vous induire en erreur.

In which of the positions marked [1], [2], [3], or [4] does the following sentence best belong?

Pour trouver la bonne réponse à ce type de question, il faut comprendre la logique de la communication écrite anglo-saxonne. Dans la méthode pour la partie 6, nous avons vu comment structurer un courriel ou une lettre en anglais, mais reprenons les bases. L'unité principale de l'écriture est le paragraphe. Un paragraphe est cohérent et traite d'une idée. Normalement, un paragraphe commence par une *topic sentence* qui annonce le sujet, puis il est développé avec des exemples et des précisions. On va du général au particulier. Ces connaissances de base vont vous aider à placer la phrase au bon endroit.

EXEMPLE

Prenons comme exemple la question 3 du *Starter*. La phrase à placer est : *We propose not only a transportation service, but also an opportunity to have a fantastic journey with fascinating people.* Le bon endroit est la place [2] (B) car la phrase est la suite logique de la phrase précédente : *KooCars is a company specialized in organizing carpooling*. Celle-ci est une phrase générale, pour laquelle plus de précisions sont données dans la phrase à placer. De plus, *not only a transportation service* renvoie clairement à *carpooling* (covoiturage), un type de service de transport.

Sachez qu'il y a systématiquement des indices dans la phrase qu'il ne faut pas ignorer. En effet, quand on passe le test TOEIC, il faut être un peu comme Sherlock Holmes, toujours à l'affût d'indices...

Quels sont les indices à chercher ?

Vous allez souvent trouver des petits mots qui renvoient à quelque chose qui a été mentionné juste avant.

- **Les pronoms possessifs**

EXEMPLE

En présence des pronoms possessifs *he, it, she, hers*... il faut chercher la phrase qui mentionne la personne à laquelle le pronom renvoie.

- **Les mots de liaison**

EXEMPLE

Reportez-vous à la partie 6 si vous ne les avez pas encore parfaitement appris.
Parmi tous les mots de liaison, on peut citer *yet* qui indique un contraste et *also* qui indique une information supplémentaire.

- **Autres indices :**

– *both of them* : trouvez la référence renvoyant aux deux personnes mentionnées ;
– *two more will open* : posez-vous la question *Two more what?* puis trouvez où il est fait référence à des choses qui vont ouvrir (des magasins, par exemple) ;
– *during this time* : trouvez une référence à une période ;
– *should you wish to be placed on one* : posez-vous la question *One what?* puis trouvez la référence dans le texte (une liste d'attente, par exemple).

▶ The Real Deal #1

From:	jjones@bsbusinessschool.eu
To:	All teachers
Subject:	Last-minute changes to student groups
Date:	1 September 20--

Dear Teachers,

Some of you will not be able to come to the meeting next week, so this mail is to inform you all of some of the last-minute changes we have had to make to the groups. [1]

As some of you may already know, Mike Marques will not be coming back in September as he has relocated to Sydney for family reasons. He will be sadly missed by all of us. [2]

He wasn't able to inform us until last week, which, as you will all understand, is really late for start-up on 3 September and consequently, our efforts to find teachers with the right qualifications to take all of his slots and at this point of the year have been unsuccessful.

I will continue to look for someone to replace him for semester 2, but at this point, our only option has been to re-distribute students in groups 5&6 as best we can into the other groups according to their level. [3]

All I can do is apologize to you all for the inconvenience and hope that you will do your best to help us in these exceptional circumstances.

[4]

Kind regards,

Julie Jones

Head of Department

BS Business School

1. What is the purpose of the e-mail?

(A) To look for a new teacher to fill in some slots.

(B) To give the agenda for a teachers' meeting.

(C) To inform teachers of some modifications.

(D) To give news of Mike Marques.

2. What is NOT suggested about Mr. Marques ?

(A) He is Australian.

(B) He was very popular with all his colleagues.

(C) He gave plenty of notice when he gave in his resignation letter.

(D) He taught a lot of classes at BS Business School.

3. In which of the positions marked [1], [2], [3], or [4] does the following sentence best belong? "Barry and I very much look forward to seeing those of you who can come next week."

(A) [1]

(B) [2]

(C) [3]

(D) [4]

↓ CORRIGÉS p. 252

The word "..." in paragraph X, line Y, is closest in meaning to...?

Pour trouver la réponse à ce type de question, il faut, dans un premier temps, lire attentivement la question. Le piège consiste à ignorer la partie *in paragraph X, line Y*, et de simplement chercher un synonyme du mot parmi les propositions.

Les mots ont souvent plusieurs sens, et ce type de question joue fréquemment sur leurs sens secondaires. Il faut donc bien étudier le contexte dans lequel ils sont placés. Mettez dans la phrase chaque mot proposé dans les réponses et décidez lequel a le plus de sens dans ce contexte. Cela rejoint un peu les techniques que vous avez apprises pour les questions de vocabulaire (parties 6 et 7).

EXEMPLE

Reprenons la question 4 du *Starter* : *The word "field" in paragraph 3, line 13, is closest in meaning to which of the following words?* L'erreur serait de choisir le synonyme du sens principal du terme *field* : *piece of land*. En effet, dans le contexte du courriel, cela ne voudrait rien dire. En lisant bien toute la phrase et en faisant attention au contexte, il est facile de comprendre que la bonne réponse est *sector* (« champ » dans le sens de « secteur »).

What does Mr. X mean when he writes "..."?

Ce type de question teste votre compréhension des expressions idiomatiques de la langue anglaise. C'est en regardant des séries et des films en langue anglaise que vous développerez votre connaissance de ces termes, qui sont très présents dans l'anglais oral. Nous les retrouvons dans la partie de compréhension écrite quand il s'agit d'un SMS ou d'une discussion en ligne (*online chat*).

Voici quelques exemples d'expressions pour exprimer son accord ou son désaccord (c'est le type d'expressions qui est le plus souvent testé) :

Count me in!	Je suis de la partie ! C'est d'accord pour moi ! J'en serai !
I'll go along with that.	Je suis d'accord avec vous sur ce point.
That'll be the day!	J'aimerais voir ça !
I'll say!	Et comment !
Isn't it!	C'est sûr !
You can say that again!	Tu as bien raison !
Way to go!	Bravo !
Absolutely!	Absolument !
I couldn't agree more.	Je suis entièrement d'accord.
I coudn't agree less.	Je suis complètement contre.
No way!	Pas question !
I'm dead against it.	J'y suis farouchement opposé.
Nonsense !	N'importe quoi !

Bien entendu, il est impossible d'apprendre par cœur toutes les expressions idiomatiques anglaises, et il est fort possible que vous ayez une question sur une expression dont vous n'avez jamais entendu parler. Dans ce cas, comme pour les questions de vocabulaire que nous venons d'étudier, analysez bien le contexte de la conversation pour trouver la bonne réponse.

EXEMPLE

What does Mr. Dickinson mean when he writes, "I'm in"?

Dans le texte, la discussion tourne autour d'un problème informatique, donc Mr. Dickinson veut dire : *I'm logged in*. La bonne réponse sera alors : *He has access to the files on the computer.* Le piège serait d'ignorer le contexte est de comprendre : *I am in the house*, par exemple.

Enfin, essayez d'être sensible au ton : par exemple, demandez-vous si la personne est contente ou mécontente, excitée ou ennuyée.

Double and triple text Questions

Les questions portant sur deux ou trois documents sont exactement du même type que les autres. Toutefois, il est impératif de bien lire les documents en entier car il y a souvent des changements (dans un planning, par exemple) ; il est donc facile de se tromper en choisissant une réponse qui semble bonne, mais en l'occurrence qui ne l'est pas.

En effet, pour une ou deux questions par groupe de documents, vous avez besoin de collecter des informations des deux documents ou de deux des trois documents pour avoir la bonne réponse.

Exemple classique : on vous propose une facture et un courriel. Dans celui-ci, se trouve un numéro de référence. Il convient donc de repérer ce numéro dans la facture.

Ici encore, il faut savoir se repérer facilement dans les lettres, factures, plannings, etc. Faites bien attention avec les lettres et les courriels. Regardez bien la date, le nom de la personne qui écrit, éventuellement l'entreprise pour laquelle elle travaille. Une erreur classique est de confondre les personnes mentionnées.

Vocabulary

Une des barrières principales à la compréhension est le manque de vocabulaire. Avoir un bon vocabulaire est un outil indispensable pour obtenir un bon score au TOEIC. Contrairement à ce que l'on pourrait penser, la meilleure manière d'apprendre du vocabulaire ne consiste pas à apprendre par cœur des listes de mots. Nous allons vous indiquer une méthode beaucoup plus active et beaucoup plus efficace.

1. Ayez envie d'apprendre.

Le premier des **3Is** est bien ***Investigate***. Il faut avoir envie d'enquêter, de partir activement à la recherche de nouveaux mots. Il faut cultiver le goût de la curiosité et s'intéresser au monde qui nous entoure. Les mots ne sont que le symbole des choses et des idées ; approfondir son vocabulaire, c'est donc élargir ses connaissances du monde.

2. Fixez-vous un objectif et respectez-le.

Il est essentiel d'avoir un but. Décidez du nombre de mots que vous voulez apprendre par séance de travail, par jour ou par semaine (par exemple, 3 mots par jour ou 10 mots par séance avec deux séances de travail par semaine). Ensuite, respectez votre engagement. C'est une question de discipline.

3. Lisez !

C'est la chose la plus importante à faire. Il faut lire (et écouter) autant d'anglais que possible. En s'exposant au maximum à une langue, on acquiert automatiquement du vocabulaire. Pour apprendre de nouveaux mots, le mieux est de les rencontrer dans leur « milieu naturel ». Le contexte est très important. Enfin, pour retenir un mot, les études montrent qu'il faut l'avoir rencontré au moins 6 fois. Sans une lecture régulière, c'est impossible.

Que lire ? Vous trouverez nos suggestions de « lectures TOEIC » dans les sections « *Over to You* ».

4. Arrêtez-vous sur les mots que vous ne connaissez pas.
Lors de vos lectures, quand vous rencontrez un mot que vous ne connaissez pas, arrêtez-vous. Ne cherchez pas tout de suite sa traduction dans un dictionnaire. Rappelez-vous que le deuxième des **3Is** est ***Interpret***. Tâchez de deviner le sens du mot. Utilisez bien les techniques que vous avez apprises pour répondre aux questions « Vocabulaire » dans les parties 5, 6 et 7 du test TOEIC. Par exemple, interrogez-vous sur la nature du mot (nom, verbe, adjectif ou adverbe), sur la compatibilité avec les mots qui l'entourent, sur le contexte, sur la forme du mot et les indices structurels dans la phrase (des mots de liaison, par exemple). Cela sera déjà un bon entraînement pour les questions de vocabulaire. En outre, cela vous aidera à contourner les problèmes rencontrés dans la partie 7 quand vous ne connaîtrez pas un mot important. Il est essentiel de développer cette technique qui consiste à deviner d'après le contexte pour ne pas bloquer sur un mot inconnu dans la partie de compréhension. Enfin, c'est en vous interrogeant sur un mot, et en vous posant des questions à son sujet, que vous augmenterez vos chances de le mémoriser.

5. Notez les mots.
Notez le vocabulaire dans un cahier ou sur votre ordinateur. Une organisation personnelle est essentielle. Utilisez un bon dictionnaire pour les définitions et les traductions, par exemple :
– https://www.collinsdictionary.com/dictionary/english ;
– https://www.merriam-webster.com/ ;
– https://www.collinsdictionary.com/dictionary/english-french.
Comme beaucoup de questions portent sur les *Parts of speech* dans le test TOEIC, notez bien les mots de la même famille. Par exemple, pour le verbe *prescribe*, notez aussi le nom *prescription* et l'adjectif *prescribable*.
Vous pouvez également ajouter des exemples de phrases contenant le mot pour bien comprendre son usage. Vous en trouverez sur les sites déjà mentionnés, ainsi que sur www.linguee.fr.

6. Apprenez les mots.
Faites ensuite l'effort d'apprendre les mots. Il est très utile de les prononcer et de les écrire.
Une petite recherche sur l'étymologie (la source) du mot peut vous aider à le retenir, surtout parce que 50 % des mots anglais sont d'origine française ou latine. Vous trouverez l'étymologie de chaque mot sur des sites comme celui du Collins.
Voici quelques exemples de mots « TOEIC » faciles à apprendre en utilisant cette technique :
– ***recipe*** (**recette**) vient du mot latin *recipere*, qui veut dire « prenez » (le mot français « récipient » est de la même famille). Effectivement, quand nous faisons une recette, nous prenons tous les ingrédients ;
– ***prescription*** (**ordonnance**) vient aussi du latin : *pre* (comme « pré- », « avant ») et *scrivere* (comme « écrire »). C'est ce que le médecin écrit avant tout passage à la pharmacie.
Ce même mot *scrivere* est aussi la source d'autres mots « TOEIC » :
– ***subscription*** (**abonnement**) : *sub* = sous (comme dans *subway*). Quand on s'abonne à un magazine, on signe à la fin du contrat. C'est un engagement à payer les numéros successifs du magazine ;
– ***script*** (**scénario**) : le scénario d'un film en est le texte, ce qui est écrit. Il est écrit par le ***scriptwriter*** (**scénariste**) ;
– ***invoice*** (**facture**) est de la même famille que le mot « envoyer » : on envoie une facture.

7. Utilisez les mots.
Le dernier des **3Is** est bien ***Implement***. Pour bien retenir les mots, il faut les utiliser. *Use it or lose it*, comme disent les Anglais. Faites donc l'effort d'utiliser dans vos cours d'anglais et dans vos devoirs les mots que vous avez appris. Écrivez aussi vos propres phrases en utilisant les mots. Ainsi, vous allez augmenter vos chances de les retenir.

8. Révisez !
Nous oublions très vite les choses. Révisez dès le lendemain ce que vous avez appris, puis une semaine après, un mois après… Créez des petites cartes pour vous tester régulièrement. Écrivez le mot sur une face et la traduction ou la définition sur l'autre.

PRACTICE TEST PART 7

Directions: In this part you will read a selection of texts, such as magazine and newspaper articles, e-mails, and instant messages. Each text or set of texts is followed by several questions. Select the best answer for each question and mark the letter (A), (B), (C), or (D) on your answer sheet.

Questions 147-148 refer to the following text message chain.

PAULA **17:45**
What do you think is the best way to get to work tomorrow? I'm not sure many trains are running with the strikes.

JUSTINE **17:55**
According to the national railway line site, we should be OK if we go through Massy. We will arrive in the nick of time, but we'll be there.

PAULA **17:58**
OK, sounds good.

JUSTINE **18:05**
We could also try taking an uber from Versailles, which would be more direct and probably the better option. It will give us time to have some coffee before the interviews begin. Train arrives at 7:11, I will call an Uber as soon as the train arrives, and we'll go from there. Door to door.

PAULA **18:07**
OK, let's do it.

Send

147. What is the reason for the conversation?

(A) To organize a strike action.
(B) To decide the best way to get some work done.
(C) To make some transport arrangements.
(D) To organize some interviews.

148. What is the meaning of "in the nick of time"?

(A) Just in time
(B) Just one time
(C) With plenty of time to spare
(D) Just a little bit late

Questions 149-150 refer to the following advertisement.

ABC Cars: Rent a car without driving license

Need to drive but don't have a driving license? ABC are the people you need to see!

We possess a number of cars for which a driving license is not required. The only requirements are to be aged 14 or more, to have a valid passport and to have passed the highway code test.

Call by our car lot, with the relevant documents, and you can drive away!

Our available cars and prices are:

• 7GFFF Nartle	€400 per week or €800 per month*
• 65446 Rifftop	€500 per week or €900 per month*
• 87BB Scaygray	€550 per week or €999 per month*

* Add 10% to the quoted price for insurance.

149. What is NOT a requirement for renting one of the ABC cars?

(A) Having some valid ID.
(B) Having passed a driving test.
(C) Being 14 or older.
(D) Visiting ABC's site.

150. What would be the total cost of renting the 7GFFF Nartle model for 2 weeks?

(A) €400
(B) €440
(C) €800
(D) €880

Questions 151-152 refer to the following advertisement.

THIERRY'S TERRIFIC CHOCOLATE CREATIONS

Mr. Thierry has the honor and great pleasure to offer you his beautiful chocolate creations to send your taste buds into raptures.

Each of his delightful concoctions is created with the utmost care in his secret laboratories in France. Obsessed with quality, Mr. Thierry selects only the noblest of products and the rarest of chocolate.

In creating each of his designs, Mr. Thierry always uses a minimum number of ingredients for a maximum amount of freshness, sensation and authenticity.

A pioneer in the field of chocolate innovation, Mr. Thierry is one of the leading chocolate-makers on the continent. In 2017, he was selected by his peers for the first prize in the International Chocolate Awards.

151. What ingredients does Mr. Thierry use in his chocolate inventions?

(A) Only French ones
(B) Only fresh ones
(C) Only organic ones
(D) Only the finest ones

152. Who selected Mr. Thierry for an award?

(A) His employees
(B) His clients
(C) His fellow chocolate-makers
(D) An international jury

Questions 153-154 refer to the following text message chain.

ERIC 11:22
I'm on my way to the airport and wanted to look at the blueprints for the new building project. Have you seen them?

KAL-THOUM 11:24
Yes, they're in the dossier I gave you.

ERIC 11:30
Well, that's just it, I can't seem to find them.

KAL-THOUM 11:35
Oops, it seems I forgot to put them in the dossier!

ERIC 11:40
Never mind. Patrick will have a copy, so I'll consult his on the plane.

Send

153. For what type of business do Eric and Kal-Thoum probably work?

(A) Pharmaceutical
(B) Construction
(C) Farming
(D) Industrial

154. What does Eric mean when he writes, "Never mind"?

(A) It's a major problem for him.
(B) It's not a major problem for him.
(C) He's got something on his mind.
(D) He never worries about such things.

Questions 155-157 refer to the following e-mail.

From:	felipe@computer-services.com
To:	jo@pollard.net
Subject:	Your laptop

Dear Mr. Pollard,

Thank you for leaving us your laptop, model Fizerty AZE12.

We regret to inform you that, on this occasion, we are unable to mend your item. As your laptop is still under warranty, you may ask Fizerty for a full refund.

We are, however, able to save your data to a hard drive. This service will cost $45. If you wish to take us up on this offer, please call into our store with your hard drive, and we will do it for you within 48 hours.

Thank you again for your custom.

We wish you a great day.

Yours,

Felipe Computer Services

155. Why did Mr. Pollard contact Felipe?

(A) To buy a computer.

(B) To get a computer repaired.

(C) To enquire about storage possibilities.

(D) To enquire about the features of a hard drive.

156. In paragraph 2, line 1, what is meant by the word "occasion"?

(A) Opportunity

(B) Special day

(C) Chance

(D) Time

157. What is Mr. Pollard likely to do next?

(A) Go to the shop with a piece of hardware.

(B) Phone the shop two days later.

(C) Ask the shop for a refund.

(D) Save his data to a hard drive.

Questions 158-160 refer to the following letter.

Philip Wright
46 Kings Weston Ave
Bristol BS3 5NU
philipwright@box.uk

Ms. Bree Morgan
HR Manager
Blue Orange Games
Roseberry Road
London SW1 R32

January 30, 20--

Dear Ms. Morgan,

I was most interested to read about your offer for an internship as Marketing Assistant that I found on my university intranet. I should like to apply for the position as it corresponds perfectly with my career plan.

I had the opportunity to liaise with one of your representatives at the recent careers fair on the university campus. The talk I had with your marketing assistant Dorothea really made me want to join your company.

This opportunity interests me a lot since it provides great responsibilities such as developing Blue Orange Games' business by meeting customers and opening new accounts. Discussions with my career advisers and my own research have strengthened my will to become a sales manager. Beginning in a fast-growing company that would entrust me with many tasks would be a fantastic opportunity, one I want to seize.

My background will help me for the tasks I would be assigned. The lessons I take at the university give me the tools to approach business problems from an international point of view. Moreover, my two previous internships, as you will see in my CV attached, developed my communication skills.

Besides, the humanitarian trip I was responsible for last year has enforced my entrepreneurial spirit and my sense of organization, as I had to raise funds and manage my team. I would be pleased to apply these skills in a dynamic and young company like Blue Orange Games.

I would be more than happy to discuss my motivation for this position with you during an interview, so please do not hesitate to contact me.

I thank you in advance for your time.

Yours sincerely,

Philip Wright

158. What is the purpose of the letter?

(A) To apply for a full-time job.

(B) To apply for a work placement position.

(C) To enquire about a job.

(D) To apply for a place at university.

159. What will the HR manager probably do next to find out more information about Philip Wright's work experience?

(A) Invite him for an interview.

(B) Give him a call.

(C) Have a look at his résumé.

(D) Contact Dorothea.

160. Which of the following arguments is NOT used by Mr. Wright?

(A) He has the necessary qualifications.

(B) He has the necessary skills.

(C) He has worked for Blue Orange Games before.

(D) He has learnt how to work from an international point of view.

Questions 161-163 refer to the following advertisement.

UP AND MOVING?

For no charge, Fleurus Estate Agents can give you an estimate of the worth of your home.

For this, our expert will make a detailed analysis of:

- The number of buyers looking for properties similar to yours.
- The budget of potential buyers of properties in your area.
- The number and price of similar properties sold recently.

Our expert will come to you. It's easy and without any commitment!

Fleurus Estate Agents are THE leading sellers and renters of houses in your area, so call us today on 0854 449 08 76 to make an appointment for this exclusive offer.

161. What free service does Fleurus Estate Agents offer?

(A) To value your property.

(B) To sell your house.

(C) To rent your house.

(D) To help you move.

162. What will NOT be a part of the analysis mentioned?

(A) The previous price of the property.

(B) The selling price of properties like yours.

(C) The number of properties like yours being sold.

(D) The number of people wanting to buy properties like yours.

163. What is stated about Fleurus Estate Agencies?

(A) They are excellent value for money.

(B) They are the number one in their field in the neighborhood.

(C) They can manage your estate for you.

(D) They guarantee to sell your house for the best price.

Questions 164-167 refer to the following article.

Get a Pet for Your Child

This Christmas, why not get a pet for your child?

Pets have been scientifically proven to help children in many different ways. [1]

First, they help children to bond with others. [2] Pets also give children a special friend, totally different from siblings or parents. Pets will never judge children or tell them off. In fact, for children, the world is divided into two types of creatures: on the one hand there are animals and children, and the other adults.

[3] Contact with animals reduces significantly the risk of respiratory problems. [4] It also leads to your child developing a much better immune system. Studies conclusively prove that children with pets, even when they do fall ill, require a much shorter course of antibiotics compared to children who do not live with pets.

If your child is a bit of a couch potato, then we particularly advise you to get them a dog. Children who have a dog for a pet exercise for an average of 11 minutes more per day compared to those who don't have a dog. Now, that may not seem like a lot, but it all adds up to an extra 5.5 hours a month and 66 hours per year! Many researchers believe that owning a dog is the perfect way to combat child obesity.

Finally, having a pet builds a child's self-esteem. Accomplishing small tasks (such as filling up their water dish) will help them feel like they are competent and will also give them a sense of accomplishment.

So, what are you waiting for? Pop off down to your local pet center and get a pet for your child today! Just one word of warning: please do not fall into the trap of putting your child in charge of the pet. That's your job, I'm afraid!

164. What is stated about a child's relationship with a pet?

(A) A child is like a parent to the pet.
(B) A pet is like a parent to the child.
(C) A pet is like a brother or sister.
(D) It is unlike any human relationship.

165. Which of the following is NOT expressed as a valid reason for getting your child a pet?

(A) It can help them to breathe better.
(B) It can help them to form relationships with others.
(C) It will build up their confidence in themselves.
(D) It will give them responsibility at a young age.

166. In which of the positions marked [1], [2], [3], or [4] does the following sentence best belong? "Pets are also great for your child's health!"

(A) [1]
(B) [2]
(C) [3]
(D) [4]

167. In paragraph 5, line 1, what is meant by the expression "couch potato"?

(A) Someone who cultivates potatoes at home.
(B) Someone who's lazy and does nothing but watch TV all day.
(C) Someone who is hyperactive.
(D) Someone who loves cooking.

Questions 168-171 refer to the following advertisement.

Kangaroo Adventures

www.kangarooadventures.com

Dreaming of going off on an adventure, but can't afford the kit?
Kangaroo can help!

Kangaroo is an online company which enables people to rent or hire any equipment they may need during their holidays.

Need a rucksack? Kangaroo can help.

Need some diving gear? Kangaroo can help.

Need some camping equipment? Kangaroo can help.

We have over 50,000 people registered on our website offering a wide variety of material for all sorts of outdoor holidays. [1]

[2] All you need to do is to register with us on our website. [3] We will locate what you need, propose a price and deal with all the logistics. We can deliver the items directly to you before your departure, or even arrange the transport to your holiday destination, so you can travel light and pick up what you need on site. [4] It really couldn't be any easier.

Alternatively, if you have some skis cluttering up your garage all year, when you only need them for two weeks each year, why not rent them out, save some space and earn some extra cash? Any outdoor holiday equipment is acceptable! (Just no socks please, as we are not legally permitted to rent them for reasons of hygiene).

Don't hesitate to send an e-mail to mathilde@kangarooadventures.com
or register on our website: www.kangarooadventures.com

168. What service does the company Kangaroo Adventures offer?

(A) It organizes outdoor adventure holidays.
(B) It sells equipment for going to holiday.
(C) It organizes transport for people going on holiday.
(D) It rents equipment needed for going on holiday.

169. What sort of equipment is Kangaroo NOT likely to offer?

(A) Safety jackets for rafting
(B) Tents
(C) Screwdrivers
(D) Snorkels

170. In which of the positions marked [1], [2], [3], or [4] does the following sentence best belong? "Then you can request whatever material you require during a specific period."

(A) [1]
(B) [2]
(C) [3]
(D) [4]

171. The word "cluttering up" in the penultimate paragraph is closest in meaning to which of the following?

(A) Amassed in a disorderly manner
(B) Tidied away neatly
(C) Constantly used
(D) In poor condition

Questions 172-175 refer to the following letter.

Mike Dorai
44 Well Street
Milware

Finways Airlines,
565 Main Street
Newport

24th July 20--

Dear Sir,

I am writing to describe the horrific accident which I had onboard your airplane last month, and to ask you for some compensation.

The incident occurred on board flight number BA765TRY from Dublin to Chicago on 18th May 20--. I was in the process of disembarking when I suddenly saw this huge and heavy suitcase fall from above my head. It was too late to avoid it: it crashed against my head and I crashed to the floor.

It was only two days later that I regained consciousness. I woke up in hospital, suffering from severe headaches. The doctors told me that I was lucky. The accident could have put me in a coma and left me with severe long-term brain damage. As it is, I am forced to take a month off work, and I am very stressed as to the long-term damage this has done.

I feel very strongly that it would only be right to give me substantial compensation. The fault clearly lies with your airline. The luggage racks above seats are very poorly designed if such a heavy suitcase can just fall down when the plane is immobile. Not only that, I do not understand why you allow such heavy suitcases on your planes as hand luggage. Surely it would be safer to put them in the luggage hold?

I hope you will address this problem to avoid any further accidents, and I look forward to getting a satisfactory answer from you regarding compensation.

Yours sincerely,

Mr. Dorai

172. What is the main purpose of Mr. Dorai's letter?

(A) To book a flight.
(B) To demand indemnity for an injury.
(C) To report a horrific accident he witnessed.
(D) To make some recommendations for improving the design and safety of aircraft.

173. When did the incident described happen?

(A) In the passenger lounge in Dublin
(B) During the boarding in Dublin
(C) During a flight from Dublin to Chicago
(D) While the passengers were getting off the plane in Chicago

174. What suggestion does Mr. Dorai make?

(A) To ban all hand luggage on board aircraft.
(B) To limit hand luggage on board aircraft.
(C) To redesign the luggage hold of planes.
(D) To reduce passenger stress.

175. Which of the following words is closest in meaning to the word "address" in paragraph 5, line 1?

(A) Post
(B) Deal with
(C) Take to
(D) Compile

Questions 176-180 refer to the following advertisement and e-mail.

How to "Wow" your audiences

Our intensive training in how to make great presentations will make you a dynamic and compelling presenter. We can prepare you not only for professional presentations, but also for conferences, after-dinner-talks, and even best man speeches.

Our team of presentation experts has spent years studying all the great speakers from Antiquity to today. We can teach you a number of simple yet effective techniques to make you "Wow" your audiences.

Learn how to:

- Ditch that PowerPoint.
- Turn your presentation into an engaging story.
- Pace your presentation to perfection.
- Get your audience hooked right from the start.
- Speak clearly and confidently.
- Use pause for effect.
- Master rhetorical tricks like isocolon and anaphora.
- Develop great rapport with your audience.

You or your company can book an intensive training session with one of our team of seasoned presenters. We offer half-day, full day or two-day sessions. Prices are as follows:

	Individual	Group (10 or more people)
Half day	$500	$350 per person
Full day	$800	$600 per person
Two days	$1,500	$1,000 per person

Sign up today, and you need never bore audiences ever again!

To:	makeaspeech@speech.co.uk
From:	breathwaite@breathwaiteIT.com
Subject:	Your advertisement

Dear Sir,

I saw your advert and would like to sign up for a weekend. A former colleague of mine, Mr. Lester, of New London PR, mentioned your service, and said what a fantastic time he had and what a life-changing experience it was.

We are a team of 10 colleagues and are free any time in August. Please let us know of any dates when you could accommodate us. You can send the bill directly to Mr. Beans, in our accounting service.

I look forward to hearing from you.

Yours,

Mr. Breathwaite

Breathwaite IT Services

176. What service is offered?

(A) Organizing conferences

(B) Organizing after-dinner talks

(C) Training in public speaking

(D) Lessons on Latin and Greek Philosophy

177. What will the service NOT help you to do?

(A) Use PowerPoint.

(B) Get the speed of presentation right.

(C) Connect with the people you are talking to.

(D) Improve your content and style.

178. What is the meaning of "seasoned" in the advertisement, paragraph 4, line 1?

(A) Experimented

(B) Rigorous

(C) Experienced

(D) Working only in summer or winter

179. How much will Mr. Breathwaite's company pay for a weekend training course?

(A) $3,500

(B) $6,000

(C) $10,000

(D) $15,000

180. For what type of company does Mr. Breathwaite work?

(A) Training

(B) Accounting

(C) PR

(D) Computers

Questions 181-185 refer to the following website page and e-mail.

Zalewski Gardens

Welcome to Zalewski Gardens, a stylish, Cotswold holiday retreat. Nestled in an idyllic spot our cottage has stunning views over the Cotswolds and is the perfect place to escape and unwind from the bustle of city life.

Zalewski Gardens sits in a row of traditional Cotswold stone cottages in the beautiful village of Broad Campden, close to the famous market town of Chipping Campden, with its many tea rooms, pubs and restaurants. This charming cottage enjoys lovely rural views and many walks through the surrounding countryside can be accessed directly from the front door. The famous Cotswold Way is just fifty meters from the property.

All modern amenities are provided: iron, washing machine, television, and workspace with computer and wi-fi. For meals, you will have to make your own arrangements, but there is a wonderful gastro-pub just down the road.

The cottage is also ideally placed for exploring the many popular towns and villages of the North Cotswolds. There are also a number of famous attractions to visit in the area. Choose from Bleinham Palace, the ancestral home of Sir Winston Churchill; Stratford-Upon-Avon, the home of the theatre of the Royal Shakespeare Company; Cheltenham Racetrack, home of the famous Cheltenham Gold Cup, and Batsford Arboretum, a wild garden for all seasons, with 56 acres of breathtaking woodland garden.

Price List (per night)

	Peak season*	Off-peak season
"Lilac" Room with single bed	£100	£50
"Peach" Room with double bed	£110	£100
"Apple Blossom" Room with double bed + 2 bunkbeds	£150	£110

* Peak season is June-August

To:	szalewski@b&b.co.uk
From:	dom.civault@civault.co.uk
Subject:	Holiday rental

Dear Ms. Zalewski,

My husband and I are planning on a visit to the Cotswolds and would like to book some accommodation for a week in your delightful cottage.

Our date of arrival will be September 14 and our date of departure September 21. We are planning to profit from being in the area to see lots of plays, and chill out.

We would be grateful if you could just confirm our reservation, and we really look forward to staying at your lovely cottage.

Yours,

Dominique Civault

181. Where is Zalewski Gardens situated?

(A) By the sea
(B) In the city
(C) In the countryside
(D) In a market town

182. What is the meaning of "unwind" in the website, paragraph 1, line 4?

(A) Relax
(B) Unravel
(C) Ramble
(D) Rewind

183. Which of the following is NOT offered at Zalewski Gardens?

(A) Breakfast
(B) Internet access
(C) Fabulous views
(D) TV

184. How much will Mrs. Civault likely pay for the visit?

(A) £100
(B) £350
(C) £700
(D) £770

185. Which attraction will she most likely visit?

(A) The Royal Shakespeare Company
(B) Bleinham Palace
(C) Cheltenham Racetrack
(D) Batsford Arboretum

Questions 186-190 refer to the following webpage and e-mails.

BEST DRESSED SALAD BAR

Come to our famous salad bar, where everything and everyone is dressed to perfection!

At "Best Dressed", you'll find the tastiest and freshest salads in town. All our salad ingredients are local and harvested the night before they arrive. They are full of natural flavor and goodness, both delicious and nutritious!

You can even compose your own salads. Just tell us which ingredients you want. Choose, for example, from any of the following:

Couscous, pasta, brown rice, lettuce, beetroot, carrot, free-range eggs, broccoli, mixed peppers, sweetcorn, chickpeas, chicken, turkey, prawns and smoked salmon.

To reserve your table, call Pete on 0987 623 43 21.

To:	stefan@bdsb.com
From:	stephanie.myers@bdsb.com
Subject:	Business proposition

Dear Stefan,

I have a business proposition for you. I am in New York, talking to some investors interested in our "Best Dressed Salad Bar" business.

They love the whole concept and idea and would be interested in putting some money into the business to help it expand. They think it could become a major chain of restaurants.

Part of the plans would be to expand the menu to include soups and wraps.

Let me know what you think.

Yours,

Stephanie

To:	stephanie.myers@bdsb.com
From:	stefan@.bdsb.com
Subject:	Re: Business proposition

Dear Stephanie,

Thanks for the e-mail. Congratulations on the meeting: it seems like it went really well! I think we should definitely go with these investors.

The only thing I am bit worried about is the tinkering with the menu. Our name is "Best Dressed Salad Bar", and I think that's how it should stay. If it ain't broke, don't fix it.

See you soon!

Yours,

Stefan

186. What is NOT true about the ingredients of "Best Dressed Salad Bar"?

(A) They are all fresh.
(B) They are all suitable for vegetarians.
(C) They are from the area.
(D) They are healthy.

187. What is stated about "Best Dressed Salad Bar"?

(A) Customers can order take-away salads.
(B) Only a limited number of salads are available.
(C) Customers can create their own meal.
(D) Reservations need to be made in advance.

188. In paragraph 4, line 1 of the webpage, what is the meaning of "free-range"?

(A) Organic
(B) Diverse
(C) Wide-ranging
(D) Produced in non-intensive conditions.

189. What is the purpose of the first e-mail?

(A) To persuade someone to invest in a business.
(B) To make a reservation for a salad bar.
(C) To ask a colleague for an opinion about expanding a business.
(D) To ask a business partner about an idea for a new start-up.

190. What does Stefan think about the plans?

(A) He thinks the name of the salad bar should be changed.
(B) He doesn't think they should sell soup.
(C) He thinks they should reject the proposition.
(D) He disagrees with the idea of making a chain.

Questions 191-195 refer to the following webpages and text message.

Palazzo YES

The YES team Yva & Sam are delighted to welcome you to their luxurious palace, set in the stunning scenery of their gardens. Below is our list of weekly activities, free for all our guests.

Weekly List of Activities.

Monday **Relax, Refresh and Rejuvenate with our Professional Masseur Nabil**

Nabil uses a time-honored massage technique of using hot and cold stones. Heat increases blood flow to any areas where you may be feeling tension, and cold relieves inflammation. The overall effect is one of total rejuvenation.

Tuesday **Spiritual Sensations with our Grand Guru Sam**

Sam will give you the key to unlocking your spiritual power and understanding and lead you towards becoming One with the Supreme Power. You will learn that there is only one power – the power of the true, innermost, omnipotent Self within you, a Self of pure goodness, love, and wisdom.

Wednesday **Techniques to Titillate the Tastebuds with Evelyne, our Specialist of International Cuisine**

Hone your skills in the kitchen with this afternoon workshop. Evelyne teaches you how to make indulgent desserts and side dishes to make for unforgettable menus. Master how to make pasta, soufflés and pastry forms, and become an expert in seafood and fish preparation.

Friday **Opera Arias with Yva the Diva**

Recital of a selection of famous hits from operas from Monteverdi to Verdi.

Hi, Yva,

Just got a text message from my brother. He has sprained his ankle, so won't be able to work this week.

Please update the website for the announced list of events for this week. I can do the massage session on the Monday.

See you later,

Sam

The Palazzo Y&S is the perfect place to stay. Yva and Sam gave us a truly royal welcome. The gardens are fabulous: we thought we were in the gardens of the Palace of Versailles! All of the activities were great too, but we really loved Evelyne's in particular. We will put into practice what she taught us once we get back home.

Thanks again for a wonderful stay.

Ms. Carole Jones

191. In the description for Monday's event, the word "overall" is closest in meaning to?

(A) General

(B) Above

(C) Hard-wearing

(D) Rejuvenating

192. What event will take place on Friday?

(A) A singing concert

(B) A karaoke session

(C) A string quartet performance

(D) A poem recital

193. What is the purpose of the text message?

(A) To announce the list of events for the week.

(B) To make changes to a schedule.

(C) To arrange a private massage session.

(D) To call in sick.

194. Who will be responsible for the massage sessions this week?

(A) Nabil

(B) Sam

(C) Yva

(D) Evelyne

195. What will Ms. Jones probably be doing a lot of in the near future?

(A) Singing

(B) Fishing

(C) Cooking

(D) Relaxing

Questions 196-200 refer to the following Internet webpage and e-mails.

FindJob

FindJob is an intensive coaching service to help you sell yourself and highlight your key qualities. Learn how to:

- Make yourself more visible on online social networks.
- Tailor your CV to a specific job.
- Create a network of potentially interesting people.

Our managing director, Mustapha, is internationally renowned for his alternative but infallible methods. Learn our totally original techniques to prepare you for any eventuality in an interview and to put you always in the driving seat.

We are the ONLY COMPANY that GUARANTEES to get you that job, or to give you your MONEY BACK.

But don't just take our word for it. Consult our list of Happy Customers and their glowing reviews. Unlike other companies, we don't just make these up. They are provided by genuine clients, and we give you their real e-mail addresses, so you can contact them and receive confirmation for yourself.

To:	robin.morph@pge.co.uk
From:	ralphie.taylor@smail.com
Subject:	FindJob

Dear Mr. Morph,

I am contacting you about the company FindJob. I am a jobseeker and have been struggling to find work for a number of months now. I have made over 100 applications, but I never have any luck. I'm beginning to think that maybe my whole approach is wrong, and that maybe I need some help.

A friend suggested I look online for some specialized companies to help me. I came across FindJob, but I'm unsure whether it would be right for me. On their website, they give your name and e-mail address, so I thought I would ask you for some more details.

Many thanks for your help.

Yours,

Ralphie Taylor

To:	ralphie.taylor@smail.com
From:	robin.morph@pge.co.uk
Subject:	Re: FindJob

Dear Ralphie,

Thanks for your e-mail. I am sorry for your problems you are having looking for a job. It's true that given the current economic climate, it really is very difficult.

I was in the same position as you, in fact, last year, and that's when I tried FindJob. They are incredible! Like you, my whole approach was completely wrong, and they taught me an effective way to convert applications into interviews, and interviews into job offers.

Indeed, I can thoroughly recommend them. Just a word of warning: expect the unexpected! Their methods may seem very strange to begin with, but just go with the flow: they get results.

With best wishes,

Robin Morph

196. What is the meaning of "tailor" in paragraph 1, bullet point 2 on the webpage?

(A) Repair

(B) Cut

(C) Adapt

(D) Dress

197. What will FindJob NOT be able to do for its clients?

(A) Give recommendations.

(B) Improve their résumé.

(C) Develop effectively their presence on online media.

(D) Increase their number of business contacts.

198. What is implied about the style of the managing director?

(A) It is conventional.

(B) It is unconventional.

(C) It is refreshing.

(D) It is genuine.

199. What is the purpose of the first e-mail?

(A) To apply for a job.

(B) To apply for some training.

(C) To learn some techniques.

(D) To ask for an opinion.

200. What is implied about Mr. Morph?

(A) He wasn't very happy with a service.

(B) He is a jobseeker.

(C) He was unemployed for a long period.

(D) He's just started a new job.

↓ CORRIGÉS p. 252

OVER TO YOU: READING

Il faut lire, lire, lire ! Prenez l'habitude de lire en anglais. Sans une pratique régulière, l'anglais écrit reste une « langue étrangère » que l'on ne maîtrise pas suffisamment bien pour trouver les bonnes réponses dans un temps très limité au cours du test TOEIC. La vitesse et la facilité ne viendront qu'avec la pratique. Appliquez-vous à lire un peu d'anglais tous les jours (même si ce n'est que pendant 10 minutes).
Souvenez-vous : *Little and often*.

Mais que lire ?
Le meilleur entraînement consiste à lire des documents qui ressemblent à ceux que vous trouverez dans le test : des articles courts, des SMS, des courriels, des lettres, des notes, des formulaires, des modes d'emploi, des annonces, des publicités, des promotions, des plannings, des horaires de bus/train/avion, des critiques en ligne, des pages de sites Internet…
Il est également intéressant de lire des documents portant sur les thèmes qui sont traités dans le TOEIC. C'est ainsi que vous allez acquérir le vocabulaire nécessaire.
Pour tout cela, vous avez un outil très intéressant à disposition : Internet !

Pour bien apprendre, évitez la « lecture passive ». Ce que nous vous proposons est une série de scénarios dont vous serez le héros !
Nous allons prendre les « sujets TOEIC » l'un après l'autre et vous donner les tâches à accomplir en travaillant sur les ressources que vous trouverez sur Internet. Nous vous donnerons quelques liens intéressants ainsi que les mots-clés à saisir dans votre moteur de recherche.
Dans chaque cas, jouez bien le jeu, mettez-vous en situation et, surtout, profitez-en pour noter tout le vocabulaire que vous estimez important !

Corporate Development

Research & Product Development
Vous êtes passionné par les innovations ? Suivez l'actualité dans le secteur *Research & Development* (R&D). Quels sont les développements intéressants du moment ? Qu'est-ce qui est à la pointe aujourd'hui ? De quoi sera fait l'avenir ? Notez les *features* (caractéristiques) de chaque produit.

Dining out

Business & Informal Lunches, Banquets, Receptions, Restaurant Reservations

• Vous devez organiser un dîner ? Cela peut être un *business lunch* avec vos clients ou collègues, un déjeuner sympathique entre amis, un dîner romantique. Vous pouvez choisir un restaurant dans n'importe quelle ville du monde.
Exemples de mots-clés : *seafood restaurant London*, *vegetarian restaurant Boston*, *good restaurant guide Seattle*.
Renseignez-vous, par exemple, sur le menu, les spécialités, le décor et les heures d'ouverture.

• Vous êtes chargé d'organiser une grande réception ou un banquet ? À vous de définir votre budget puis comparez plusieurs endroits (*locations*) et éventuellement des traiteurs (*caterers*).
Exemples de mots-clés : *reception golf club*, *reception five-star hotel*, *banquet stately home*.

Entertainment

Cinema, Theatre, Music, Art, Exhibitions, Museums, Media
Vous devez préparer une sortie culturelle à Londres, New York, Manchester… ?
Exemples de mots-clés : *what's on in…?*, *entertainment in…*, *arts festival…*, *jazz festival…*, *film reviews…*, *theatre reviews…*
Pour Londres, rendez-vous sur le site https://www.timeout.com/london.

Consultez aussi les rubriques culturelles des sites des journaux anglo-saxons comme www.telegraph.co.uk/culture ou https://www.theguardian.com/uk/culture.
Vous pouvez également aller sur les sites des musées (*museums* : British Museum, Tate Gallery, Natural History Museum, Metropolitan Museum New York, National Air and Space Museum Washington…), des théâtres (*theaters* : Broadway, Lyceum Theatre…) et des salles de concert (*concert halls* : Barbican Centre, Royal Albert Hall…).

Finance and Budgeting

Banking, Investments, Taxes, Accounting, Billing

• Vous avez besoin de services financiers ?
Exemples de mots-clés : *customer service finance sector*, *taking out a mortgage* [hypothèque], *Internet banking*, *sending money abroad*, *make a bank transfer*, *transfer money online*.

• Vous souhaitez investir ? Quels sont les placements intéressants ?
Exemple de mots-clés : *investment opportunities*.

• Vous dirigez une PME et avez besoin d'un comptable ?
Exemple de mots-clés : *accountant services for small businesses*.

• Vous rencontrez des difficultés à remplir votre feuille d'impôts ?
Exemple de mots-clés : *help filling out tax forms*.

• Vous pouvez aussi consulter le site du *Financial Times* ainsi que les sites des grandes banques (Lloyds, Natwest, Barclays…).

General Business

Contracts, Negociations, Mergers, Marketing, Sales, Warranties, Business Planning, Conferences, Labor Relations

Vous travaillez pour un grand PDG qui souhaite être au courant des actualités « *business* » ?
Suivre ces actualités et lui faire un petit bilan chaque semaine fait partie de vos responsabilités.
Notez les détails intéressants : *Who? What? Where? When? Why?*
Exemples de sites utiles :
https://www.reuters.com/news/archive/businessNews
https://www.bbc.com/news/business
https://www.independent.co.uk/news/business/news
En tapant « *business news* » dans votre moteur de recherche, vous trouverez rapidement d'autres sites.
Cherchez aussi avec les mots-clés suivants : *business conferences*, *mergers*…

Health

Medical Insurance, Visiting Doctors, Dentists, Clinics, Hospitals

• Vous avez besoin de souscrire une assurance-maladie ? Comparez les offres de trois compagnies, notez les points essentiels… et prenez votre décision.
Exemple de mots-clés : *quality private health insurance*.

• Vous avez besoin de trouver un médecin/un dentiste/une pharmacie… ? Faites des recherches et notez les informations essentielles.

• Vous trouverez aussi de nombreux sites de *health magazines* si vous avez besoin de conseils, d'explications…

Housing/Corporate Property Construction

Specifications, Buying & Renting, Electric & Gas Services

• Vous devez louer un logement dans une ville anglaise ou américaine ? Estimez vos besoins et trouvez quelques habitations qui pourraient vous convenir.

Exemples de mots-clés : *rent appartment in…*, *estate agencies* (agences immobilières).

• Vous devez préparer un court séjour à l'étranger ? Comparez plusieurs appartements selon votre budget et vos besoins sur le site www.airbnb.co.uk.

• Vous venez d'acheter un nouveau logement aux États-Unis ou en Angleterre ? Vous devez maintenant contacter les services de gaz et/ou d'électricité. Faites des recherches et comparez quelques offres.

Offices

Board Meetings, Committees, Letters, Memoranda, Telephone, Fax & e-mail Messages, Office Equipment & Furniture, Office Procedures

• Vous êtes responsable des fournitures de bureau dans votre société ? Consultez les sites de quelques entreprises, faites un inventaire des objets indispensables et de ceux qui pourraient vous intéresser. Renseignez-vous sur les modalités de livraison.
Exemple de mots-clés : *catalogue office stationery / stationers*.

• Vous pouvez aussi avoir besoin d'écrire des courriels et des lettres.
Exemples de mots-clés : *how to write a business e-mail / letter*, *example / model business e-mails / letters*.

Personnel Recruting

Hiring, Retiring, Salaries, Promotions, Job Applications, Job Advertisements, Pensions, Awards

• Vous êtes à la recherche d'un travail ? Faites des recherches parmi les annonces sur Internet. Notez tous les détails intéressants.
Exemples de mots-clés : *job ads, jobs in marketing, finance, Edinburgh…*
Les sites d'orientation professionnelle (*Careers Services*) peuvent aussi être intéressants (exemple : https://www.kent.ac.uk/careers/).

• Vos parents vont bientôt prendre leur retraite et souhaitent avoir des informations sur les *pension schemes* (systèmes de retraite) ? Faites des recherches sur quelques-uns de ces régimes. Notez les idées et le vocabulaire intéressants.

Purchasing Shopping

Ordering Supplies, Invoices

Vous avez des achats à faire pour vous, votre famille, vos amis ? Cherchez les produits *online*. C'est une façon de faire du lèche-vitrines (*window-shopping*) virtuel. Notez les descriptifs des produits et, éventuellement, les avis des clients.
Exemple de mots-clés : *buy….*
Exemples de sites : amazon.co.uk, ebay.co.uk, https://www.marksandspencer.com/.

Technical Areas

Electronics, Technology, Computers, Laboratories & Related Equipment, Technical Specifications

Vous avez besoin d'acheter des objets technologiques (*computer, laptop, washing machine, camera, hard drive…*) ? Faites des recherches et étudiez les descriptifs/avis des consommateurs. Notez les *features* de chaque modèle.
Electronic store website : https://www.currys.co.uk/gbuk/index.html

BOOST YOUR FOCUS 5 + 6

PART 5

101. Sorry for the delay. You will receive an answer to your question ....

(A) short
(B) shortly
(C) shorten
(D) shortness

102. If I .... more about the stock market, I would invest more often.

(A) knew
(B) know
(C) have known
(D) had known

103. The joint venture may .... our business ties with the Germans.

(A) strong
(B) stronger
(C) strengthen
(D) strongly

104. Oh no! It's a .... to Boston!

(A) ten-hour flight
(B) ten-hours flight
(C) ten hours of flight
(D) ten hours' flight

105. Do you know whether he .... the leaflets from the printers yesterday?

(A) has picked up
(B) pick up
(C) had picked up
(D) picked up

106. This is a .... budget only. I will give you the finalized figures early next week.

(A) provision
(B) provisionally
(C) provisional
(D) provisions

107. What time .... the day after tomorrow?

(A) did you take off
(B) are you taking off
(C) is you taking off
(D) are you take off

108. The company's .... soared with earnings growth over 20%.

(A) benefits
(B) profits
(C) advantages
(D) benefices

109. If I remember ...., you said that you would deliver by Friday.

(A) righteous
(B) rightfully
(C) right
(D) rightly

110. There are always a lot of .... in the January sales.

(A) hunter bargains
(B) bargain hunters
(C) bargains hunters
(D) bargains hunts

111. I .... you an apology. You were right, I was wrong about the figures.

(A) one
(B) own
(C) owe
(D) oh

112. It isn't .... deal as we had hoped for.

(A) as good a
(B) so good a
(C) as good as
(D) so good as

113. What a busy week that was! I am absolutely ....

(A) exhaustion
(B) exhaust
(C) exhausting
(D) exhausted

114. .... cell phone rang in the middle of the CEO's presentation? John's.

(A) Who's
(B) Whose
(C) Whom
(D) Which

115. **Your slide show is ...., but you need to work on your explanations a bit.**

(A) presentation
(B) presentable
(C) presently
(D) present

116. **Has anyone done something about ordering the new office ....?**

(A) furniture
(B) furnitures
(C) furnishing
(D) fitting

117. **What is .... expensive form of Internet connection available in the state?**

(A) less
(B) lesser
(C) least
(D) the least

118. **We .... as planned at the United Union Circle at 6:30 this evening.**

(A) shall be meet
(B) shall be meeting
(C) shall meeting
(D) shall have meeting

119. **.......... thing happened to me earlier on today while I was on my way to work.**

(A) A stranger
(B) The stranger
(C) The strangest
(D) Stranger

120. **I can't help .... we would have done better to have taken on someone with some experience.**

(A) think
(B) to think
(C) thinking
(D) thought

121. **Consumers need .... that there is no animal testing for your products.**

(A) prove
(B) proof
(C) proven
(D) disprove

122. **We have to .... Monday's meeting owing to the public transport strikes.**

(A) call out
(B) call off
(C) call in
(D) call for

123. **I wish I .... about the takeover before I applied for the job.**

(A) know
(B) knew
(C) had known
(D) have known

124. **The .... from head office will lead the Continuous Improvement Workshop.**

(A) trainer
(B) trained
(C) train
(D) training

125. **I'm sorry. I'm very busy and I can't spare you a lot of ....**

(A) timing
(B) times
(C) time
(D) timed

126. **You must .... if you want to remember everything the speaker is saying.**

(A) to concentrate
(B) concentrate
(C) concentrate yourself
(D) concentrate oneself

127. **Everyone .... the company cheated intentionally during the diesel gas emission testing.**

(A) know
(B) is knowing
(C) knows
(D) has known

128. **Life's difficult for Bob for now. He's had .... job offers and doesn't know where to look.**

(A) few
(B) much
(C) little
(D) a little

129. **Our profit margin decreased .... when the cost of sheet metal rose by 50%.**

(A) sharp
(B) sharpen
(C) sharply
(D) sharpish

130. **Am I clear about what you have to do now, or do I have to .... for you?**

(A) spell out it
(B) spell it out
(C) it spell out
(D) spelling out it

↓ CORRIGÉS p. 253

PART 6

Questions 131-134 refer to the following e-mail.

To:	simon.stent@stent.net
From:	mary.kent@finance.co.ukent
Subject:	Bank transfer

Dear Mr. Stent,

Thank you for your e-mail. I can confirm that we received the payment from the client (the day before yesterday) and .... (131.) our fee for debt collecting. Please find attached a copy of our bill stating these amounts.

I have also set up the bank transfer of $47,893.00 to your AMBK .... (132.). This amount should be credited to you .... (133.) the end of the week. If the payment has not been received at the end of the month, then please let me know.

.... (134.)

Kind regards,

Mary Kent

Junior Debt Collector

131. (A) deduced
(B) deducted
(C) have deduced
(D) have deducted

132. (A) count
(B) account
(C) accounted
(D) accountable

133. (A) by
(B) in
(C) within
(D) throughout

134. (A) I would like to confirm that we have received your e-mail.
(B) This bill refers to any outstanding sums you may be owing.
(C) If you have any other queries, please do not hesitate to contact me.
(D) I am told the transfer was done yesterday.

Questions 135-138 refer to the following memo.

To:	Production managers
From:	Catherine Jacks

At the end of Q1, you .... (135.) to reduce your production and test capacities owing to falling demand in the latter part of last year. The aim was to exhaust stocks that were considered too substantial.

.... (136.), a sudden resurgence of electronics in Asia has now caused greater demand and as a result we are suffering from lengthening of lead times and unsatisfactory delivery times. Components which are usually supplied within 12 weeks on average are now taking between 16 and 20 weeks.

We need to turn the situation around, so our clients do not look elsewhere. Please review your production schedules as soon as possible, adding a night .... (137.) if necessary to be able to meet this unexpected upsurge in demand. .... (138.)

135. (A) requested
(B) will be requested
(C) were requested
(D) have been requested

136. (A) Likewise
(B) In spite of
(C) Moreover
(D) However

137. (A) team
(B) party
(C) shift
(D) squad

138. (A) Should you need support from HR, please call me on my direct line.
(B) In response to the production spreadsheets you sent it.
(C) I shall be pleased to meet with you at any time to discuss the matter further.
(D) This downturn has greatly surprised the supply chain managers.

Questions 139-142 refer to the following letter.

Brooker Bros.
12 Sandwich Street, Orange

Michael Hays
44 Down Road
Shelton

14th March 20--

Dear Mr. Hays,

.... (139.) I am looking for someone to help me develop my new business on a local basis, and your name was given to me by Simon Small, manager of Creeks and Co.

As you are aware, Simon's company began as a single Food Truck only .... (140.), and he now has 26 trucks that travel to over 300 cities, and his business is expanding daily. He told me that you were there at the beginning to guide him on how and where to advertise his wares, and who to see at the council to ensure he stuck to the local rules and regulations.

I would therefore be very .... (141.) if you could spare me a little of your time so that I can explain our project (complementary to but not competitive with .... (142.)), and we can see if we can work out a fee-based partnership to cover the next few months at least.

Many thanks in advance, and please contact me on my cell phone (below).

Regards,

Jessica Large
Brooker Bros.
0201 887 5546

139. (A) I look forward to meeting you soon.
(B) He has more and more customers every day.
(C) Please forgive this e-mail out of the blue.
(D) I would like to comply with every law.

140. (A) 18 months ago
(B) there is 18 months
(C) there is 18 months ago
(D) since 18 months

141. (A) gratefully
(B) grateful
(C) cheerful
(D) ungrateful

142. (A) Simon
(B) Simons
(C) Simons'
(D) Simon's

Questions 143-146 refer to the following e-mail.

To:	helen.domenico@abelectronics.co.uk
From:	martin.anther@electronicevents.com
Subject:	Electronics Trade Fair 24th November 20--

Dear Ms Domenico,

I am pleased to enclose an invitation to the 15th Electronics Trade Fair to be held in Stuttgart from 24th-28th November 20--. .... (143.) , the invitation is for 2 people, so you can bring along the colleague of your choice, and because you have been a loyal customer for the past twelve years, we are pleased to invite you to our special buffet evening at 7pm on 24th, where you .... (144.) meet company employees you already know, as well as some new colleagues.

Our stand is centrally placed, so it is easy to find, and we shall be giving demonstrations of our new CCTV systems every hour on the hour.

Should you be available to come to the trade fair, could you please click here to download your e-ticket. .... (145.) Should you wish you join us for the buffet evening, please click here to download your .... (146.) for food and drinks.

We are greatly looking forward to seeing you then. Should you have any further questions, please do not hesitate to contact me, your single point of contact.

Kind regards,

Martin Anther

143. (A) Moreover
(B) Nonetheless
(C) Although
(D) Even so

144. (A) will can
(B) will able to
(C) will be able
(D) will be able to

145. (A) Thank you for your enquiry, which I received this morning.
(B) Access details will automatically be sent upon acceptance.
(C) The trade fair will be held on 24th to 28th November.
(D) We hope that you have a good flight to Germany.

146. (A) voucher
(B) receipt
(C) ticket
(D) check

↓ CORRIGÉS p. 253

PART 5

101. Before .... the office, could you make sure all the lights are off?

(A) to leave
(B) leave
(C) leaving
(D) left

102. A group of camels is known .... as a caravan.

(A) collect
(B) collection
(C) collective
(D) collectively

103. If we want a lot of people to come, we must .... the event.

(A) public
(B) to publicize
(C) publicize
(D) publicity

104. We'll need .... some money from the bank for this project.

(A) to borrow
(B) borrow
(C) to lend
(D) lend

105. Commuters fight against .... by reading newspapers and listening to blogs.

(A) bore
(B) boredom
(C) boring
(D) bored

106. Thanks for your reminder Harry. I .... of it yesterday afternoon.

(A) take care
(B) took care
(C) has taken care
(D) have taken care

107. The confidence cultivated in the market during 20-- continues .... momentum.

(A) gain
(B) to gain
(C) gaining
(D) gained

108. That person over there .... our CFO but he was demoted to chief accountant.

(A) used to be
(B) is used to be
(C) is used being
(D) use to be

109. I'll be very busy next week. ...., I could do Wednesday at 2 if that's any good.

(A) While
(B) Likewise
(C) Moreover
(D) However

110. After potatoes, tomatoes are .... popular fruit or vegetable in the USA.

(A) the more second
(B) the second more
(C) the second most
(D) the most second

111. Your annual .... is the opportunity to discuss your job with your boss.

(A) performance review
(B) review performance
(C) review of performance
(D) performances review

112. The CEO's speech was full of mistakes. It was so ....

(A) embarrass
(B) embarrassing
(C) embarrassed
(D) embracing

113. Don't buy a pay-and-display ticket until we .... which cars to leave in the car park.

(A) to decide
(B) deciding
(C) decided
(D) have decided

114. Italian domestic buyers account .... around one in five of our prime real estate buyers.

(A) at
(B) from
(C) for
(D) with

115. **The goods were dispatched on Friday. The .... should get them tomorrow.**

(A) consignor
(B) consignee
(C) consignment
(D) consigner

116. **.......... the boss was coming, I would have tidied up my desk.**

(A) Known had I
(B) I had known
(C) Had I known
(D) Were I had known

117. **He had .... been abroad before, but now he travels for work at least once a week.**

(A) hardly never
(B) hardly ever
(C) hardly always
(D) hardly often

118. **Should you have any .... at any point, please e-mail us.**

(A) queries
(B) query
(C) quarries
(D) quests

119. **BNB is .... the most reliable supplier we have used to date.**

(A) ease
(B) easily
(C) easier
(D) easiest

120. **I don't believe it! He .... refused to give me a day off!**

(A) flat
(B) flatten
(C) flatly
(D) flattening

121. **The results of the .... have been summarized in a 2-page document.**

(A) research
(B) researches
(C) search
(D) searches

122. **I'm sorry boss, I failed .... the client to sign the contract.**

(A) convinced
(B) convincing
(C) convince
(D) to convince

123. **The company has increased .... a thousand-fold over the past ten years.**

(A) productively
(B) productivity
(C) productive
(D) unproductive

124. **There is .... concern about the level of pollution in the city.**

(A) growing
(B) larger
(C) thickening
(D) sprouting

125. **The company has gone bankrupt, so the guarantee is now ....**

(A) worthless
(B) worthy
(C) worthlessness
(D) worthiness

126. **You'll like your new boss. He is much better at delegating than .... am.**

(A) me
(B) mine
(C) my
(D) I

127. **She is known throughout the office for her .... and hard-working attitude.**

(A) live
(B) liveliness
(C) lively
(D) livingly

128. **I have decided to .... the job I was offered because it's too far away from home.**

(A) turn up
(B) turn into
(C) turn down
(D) turn around

129. **The subsidiary in the north is much .... than the one in the south.**

(A) more productive
(B) most productive
(C) more productiver
(D) most productively

130. **The meeting will, as usual, take place in ....**

(A) the room 401
(B) room 401
(C) the room number 401
(D) a room 401

↓ CORRIGÉS p. 254

PART 6

Questions 131-134 refer to the following e-mail.

To:	Rail Travelers
From:	info@bayshorerail.ca
Subject:	Roadwork

Dear Rail Traveler,

As from Monday 18th June until October 20--, access to Bayshore station and the adjacent car parks will only be via a signed diversion route (link to map here).

There will .... (131.) longer be access to Bayshore station car park from Richmond Road. A fully-signed diversion route will be in place via Queensway.

You are .... (132.) to check your route and allow significant extra time for your journey. See below for a series of tips to help you find your way during this period:

– Check conditions on the roads and possible detours prior to .... (133.) your journey.

– Use alternative routes to avoid roadwork where possible.

– Familiarize yourself with changes in route before you leave.

– Follow the signage for diversion routes.

– Obey road signage for the safety of you and the workforce.

For more information, visit Bayshorerail.ca.

If you wish to discuss the works further, please contact info@bayshorerail.ca. .... (134.)

131. (A) more
(B) some
(C) no
(D) any

132. (A) advice
(B) advise
(C) advising
(D) advised

133. (A) make
(B) making
(C) made
(D) doing

134. (A) The diversion will be clearly marked of course.
(B) We are seeking to improve your overall travel experience.
(C) Remember to familiarize yourselves with road signage in force.
(D) We would like to apologize for any inconvenience this may cause.

Questions 135-138 refer to the following e-mail.

To:	polly@home.com
From:	info@news.com
Subject:	Your newsletter contribution

Dear Polly,

Thank you for clarifying the whole thing for me. I am relieved to hear I did not lose your story for the newsletter (which, if I understand rightly, you have not .... (135.) submitted) – but I must still apologize on behalf of the whole team for not getting back to you on the suggestion you made.

To be perfectly honest with you, we have been unable to have a serious look at all the suggestions .... (136.) to us at the December symposium, because we have had too many pressing matters to take care of ever since – and they keep coming up.

I can tell you, however, that John Peters is really bent on exploring and making something out of all things event-related – so he will .... (137.) close attention to your suggestion as soon as he can.

Thanks a lot anyway for offering your help.

.... (138.)

Kind regards,

Priscilla

135. (A) yet
(B) since
(C) already
(D) still

136. (A) did
(B) done
(C) make
(D) made

137. (A) draw
(B) pay
(C) make
(D) lend

138. (A) I'm so glad that you enjoyed the symposium!
(B) It's always important to be honest in these things.
(C) And I would be happy to receive your story for our newsletter!
(D) John Peters is a well-known explorer.

Questions 139-142 refer to the following e-mail.

To:	Walkers
From:	nigel@walk.com
Subject:	This year's Thames Walk

Dear Friends,

We will be walking this year on Saturday 14th July from Shiplake to Marlow – about 11 miles.

Let's meet at 9.30 am at the cricket ground end of the Pound Lane car park in Marlow. It costs £5.50 for the day, but don't buy a pay-and-display ticket until we have decided which cars to leave there. We'll then jump into the .... (139.) ones for the drive to Shiplake station where the parking is free – or it was last year.

If we can leave Shiplake shortly after 10 am, we should easily get to our lunch destination by 1 pm. This is The Flowerpot at Aston, a taxidermist's dream with stuffed fish, boars' heads and pheasants. It offers the usual pub grub, and Clare .... (140.) to take our orders and phone them through in advance of our arrival. Please remember to pay for your own food as I don't want to be landed with the bill. Then it's another 6 miles to Marlow which we should reach around 5 pm. .... (141.) with cars at Shiplake will be ferried back.

Please tell me whether or not you plan on coming. I already know that several of you can't make it this year – but I am including everyone in this e-mail so that we can all rue their absence.

I hope to see as many of you as possible on Bastille Day. .... (142.)

Nigel

139. (A) other
(B) others
(C) other's
(D) othered

140. (A) is agreeing
(B) is agree
(C) has agreed
(D) had agreed

141. (A) This
(B) That
(C) These
(D) Those

142. (A) I hope you enjoy playing cricket.
(B) If there are any last-minute hitches, you can reach me on my mobile.
(C) Don't forget that you must order your lunch well in advance.
(D) Remember to bring cash with you to pay for the car park.

Questions 143-146 refer to the following letter.

Bright Lights
158 Beach Street, Virginia

Washed Windows
44 Main Street, Virginia

Account number: 5485698

6th September 20--

Dear Sir or Madam,

This letter is to inform you that we would like to officially .... (143.) our window-cleaning service contract. The contract is due to end on the last day of the year (31st December 20--) and we do not wish to renew it for two reasons. First, we are moving offices. .... (144.), we are not fully satisfied with your service and shall be seeking another cleaning company. Grimy windows are not a good sign when our clients come to visit.

In the contract, it is stated that there is no penalty fee on the condition that we cancel 60 days before the end of contract. .... (145.)
We shall send our final payment by bank transfer.

Could you please confirm that you .... (146.) this letter and that our contract with you is thereby annulled?

Should you have any questions, please call me on 01253 552 445 or e-mail me on gerald@bright.com.

Sincerely,

Gerald Bright

143. (A) call off
(B) cancel
(C) renew
(D) uphold

144. (A) However
(B) Whereas
(C) Nonetheless
(D) Moreover

145. (A) Besmirched windows are just not acceptable.
(B) We are looking forward to your feedback on this.
(C) Please take note that we are well within that timing.
(D) The penalty will therefore be applicable.

146. (A) receive
(B) will receive
(C) were receiving
(D) have received

CORRIGÉS p. 254

PART 7

Questions 147-148 refer to the following table.

PERFECTLY PRETTY LOYALTY CARD		
How does it work?	Purchase = points Every time!	25 points = $1 saving on next purchase
How do I redeem my points?	Swipe your card at the checkout.	Use with online payment.
How many points have I got?	Go to: My account – My points	See also in Basket Page when placing an order.
Bonus points	Open account = 15	Review a product = 20
	Sign up to newsletter = 30	Spend over $150 = 50 Spend over $200 = 75

147. What do customers get points for?

(A) Writing in the newsletter.
(B) Purchasing online.
(C) Swiping their credit card.
(D) Being a regular customer.

148. How many points do you get for appraising a product?

(A) 15
(B) 20
(C) 30
(D) 75

Questions 149-151 refer to the following text message chain.

SARAH **20:32**
In the subway on the way home – bone weary!

MARY **20:34**
Good conference though. I'm frazzled. I need a decent cup of tea.

SARAH **20:40**
I'll bring those envelopes we picked up at lunchtime with me tonight for shopper with the girls.

MARY **20:42**
Remind me.

SARAH **20:42**
I've got masses – you don't need to bring any.

MARY **20:45**
I'm still not there. What are they?

SARAH **20:47**
Discounts for Fortnums and Harrods. I think they'll appreciate them.

MARY **20:50**
You can say that again!

Send

149. What are both women feeling?

(A) Thirsty
(B) Lively
(C) Travel-worn
(D) Exhausted

150. What does Mary want when she says, "Remind me"?

(A) To know what the envelopes contain.
(B) To tell Sarah to bring some.
(C) To be told where they are going tonight.
(D) To know what the reduction is.

151. What does Mary mean when she says, "You can say that again!"?

(A) She discounts the idea.
(B) She needs Sarah to repeat what she wrote.
(C) She thinks it unlikely.
(D) She fully agrees.

Questions 152-153 refer to the following message.

OFFICE MESSAGE

To: Mary Grey

From: Caroline Smith

Date & Time: 10.30 am, Monday 18th

Phone ☐ Text ☐ E-mail ☐ Visit ☑

Message

Caroline Smith from PPL came by this morning. She said that the visit had been planned when you met at the trade fair last month. She was a bit cross that you were not in the office and asked if you could ring her to fix another appointment – it has to be this week because she'll only be in town until the 22nd, when she goes back to Alaska. Her number is: (998) 764 1121.

Taken by: Tricia

152. What was Caroline Smith's reaction when she came to the office?

(A) She was peeved.
(B) She was cheerful.
(C) She was sad.
(D) She was furious.

153. What is Mary Grey likely to do?

(A) Fix a meeting for 25th.
(B) Travel to Alaska.
(C) Call and apologize.
(D) Go to the trade fair.

Questions 154-155 refer to the following confidentiality notice.

> Please note any advice contained or attached in this e-mail is informal and given purely as guidance unless otherwise stated. Our views on price are not intended as a formal valuation and should not be relied upon as such. They are given in the course of our estate agency role. No liability is given to any third party and the figures suggested are in accordance with Professional Standards, incorporating International Valuation Standards. Any price attached is not a "Red Book" valuation, and neither the company nor the agent can accept any responsibility to any third party who may seek to rely upon it in further negotiations.

154. What kind of company would have sent this e-mail?

(A) An insurance company
(B) A realtor
(C) A bank
(D) A marketing company

155. What does the writer mean when he says, "is not a 'Red Book' valuation"?

(A) It is not an accurate estimate.
(B) It is a fixed price offer.
(C) It is not a formal valuation.
(D) It is a formal valuation.

Questions 156-157 refer to the following advertisement.

FATHER'S DAY SPECIAL OFFER TO BIRD ISLAND

Today's the day. Celebrate Father's Day with a special 100% reduction for any father travelling with at least one of their children. Three children or more, mother gets 50%!

The booking must be made before 17th June 20– for visits to the remote, wild and beautiful Bird Island sanctuary between 17th June and 30th December.

BOOK YOUR TICKET NOW!
Book now

OUR LATEST EARLY BIRD OFFERS – Book before 25th June and save up to 40% here.

156. What is Bird Island NOT described as?

(A) Far-flung
(B) Stunning
(C) Orderly
(D) Untamed

157. What is necessary to benefit from a 40% reduction?

(A) Fatherhood
(B) Several children
(C) Motherhood
(D) Booking in good time

Questions 158-160 refer to the following article.

Disconnecting for the summer

Like everyone, you are likely to be looking forward to the summer holidays. Why not try to digitally disconnect while you're whiling away the hours? Work out a way to sever those ties with e-mail, the Web, and social media.

We are all aware of the growing concerns about our dependency on social media, our need to instantly reply to an e-mail, or immediately find such and such information by browsing on the Web. This deep need to be constantly connected at any costs is a severe problem – and has a name – IAD (Internet Addiction Disorder).

It should go without saying that when you are on holiday, you should be cut off from work, otherwise you are not really on holiday at all. However, the "freedom" from workplace constraints means that some people end up spending even more time browsing websites, on social media, or catching up on long-forgotten e-mails than when they are in the office.

Fear of isolation or being left out of things nourishes our Internet habits. Here are some of the advantages to scaling down Internet usage that you may not yet have thought of:

- Your mind: Information overload and so-called multi-tasking mean that we think in disconnected chunks and not as a whole. Memorising is a thing of the past. It's time for damage repair.
- Your body: Think how much fitter you will feel (and look) if you are not spending your days hunched over your computer screen. Think of the time you will save because you will not have to work out at the gym!
- Friends and family: This is time to connect, but not on-line. Rediscover the beauty of face-to-face conversations rather than text messaging or e-mail.

158. What is the purpose of the article?

(A) To explain how to save money.
(B) To reduce Internet usage.
(C) To talk about summer holidays.
(D) To define IAD.

159. What is suggested about Internet usage while on holiday?

(A) People spend more time on the Internet.
(B) People spend less time on the Internet.
(C) People are constantly sharing photos on social media.
(D) People forget about their e-mails.

160. What is NOT mentioned as an advantage of cutting down Internet usage?

(A) Intelligence and memory
(B) Fitness and health
(C) Finance and savings
(D) Relationships and relations

Questions 161-163 refer to the following notice.

BUSINESS TRAVEL PRECAUTIONS

As part of your job (finding new prospects, clients, and signing contracts), you are obliged to travel around the world. However, at times you will need to travel to countries where there is civil unrest, or other violence or danger. The choice is yours and we will do everything we can to ensure your safety if you have to travel to one of the hotspots. We would like you to bear in mind certain precautions to be taken before such travel, to reduce the likelihood of a problem as best as possible.

Firstly, check on the government websites for travel alerts and warnings. If the country where you are planning your trip is looking unstable or volatile, try to change your travel arrangements and visit the country at a later date.

Should this not be possible, we suggest that you:

– Prefer your company's travel agency to making your own bookings – they usually know where you can go.

– Be discreet when taking snaps. Some places are out of bounds and you may get arrested.

– Do some research on local laws before leaving and respect these laws to a T when you are in the country.

– Get "insider information" from fellow employees who have already been to the country in question.

If you would like basic training before you go, please get in touch with Sid on sid@training.com.

161. Who has the notice been written for?

(A) Tourists visiting countries at risk
(B) People going on a world tour
(C) People who may work abroad
(D) Employees being relocated to a foreign country

162. What is implied about travel to risky countries for employees?

(A) The company takes the decision.
(B) They can go abroad only if they take certain precautions.
(C) It is completely forbidden.
(D) They can decide for themselves.

163. In the announcement, the expression "to a T" (paragraph 2, line 9) is closest in meaning to:

(A) Haphazardly
(B) Perfectly
(C) Unjustly
(D) Carelessly

Questions 164-167 refer to the following e-mail.

To:	elaine@wire.net
From:	si@beeton.com
Subject:	Our next sales department meeting

Dear Elaine,

Thanks for your "gentle reminder" as I seem to have missed the e-mail with the first notice of this meeting. I have taken note that the meeting is scheduled for 11th June. [1]

I have just a couple of questions:

Will the hiring of a new sales manager be on the agenda? We have been talking for some time about replacing Joe who is taking early retirement. The new person needs to be in the office at least a month before Joe leaves. [2] This is now getting urgent.

Also, I would like to table the issue of reimbursing travel expenses. Many of us salesmen have had to use our personal vehicles owing to the train strikes. [3] Expenses are usually paid back after a couple of months, but given the outlay, we would all appreciate it if this could be speeded up for the time being.

Will a phone-in option be available? I see there are strikes planned for the following 2 days, which means disruption is to be expected from 8 pm on the 11th. This may make it risky to plan to take a train home that evening. [4]

All the best,

Simon Beeton

164. Why did Simon Beeton not reply to Elaine originally?

(A) He wasn't sent the e-mail.
(B) He didn't notice there was a meeting.
(C) He didn't pick up on the first e-mail.
(D) He hates going to meetings.

165. What is Simon's job likely to be?

(A) A secretary
(B) A salesman
(C) A retiree
(D) A driver

166. When is Joe going to retire?

(A) Next month
(B) When he gets to 70
(C) Before his replacement arrives
(D) Before the statutory age

167. In which of the positions marked [1], [2], [3], and [4] does the following sentence best belong?

"I'll probably only know if the train is running the day before."
(A) [1]
(B) [2]
(C) [3]
(D) [4]

Questions 168-171 refer to the following announcement.

The Corporate Sports Club is meant to be shared by all members for their mutual enjoyment. All members come to take a break from the daily grind. To ensure that this can succeed, members are kindly asked to follow a few ground rules and general etiquette.

When in the bar, please do not put briefcases, sports bags and sports equipment (rackets, footballs, etc.) on the tables. Instead, please use the coat racks (one is conveniently located near the members' fridge, the other just outside the fitness room). If you find it necessary to bring your sports bags into the main room, then please put them under the table, or stack them at the far end near the noticeboard.

We would like to suggest that those of you who have / want to work should refrain from doing so in the leisure areas, as this is bothersome for those who want to have some down time. We have fitted out a room in the basement with free Wi-fi for this purpose.

Could we also remind you that you should refrain from:

– coming into the clubhouse barefooted,

– wandering into the clubhouse in bathing suits,

– coming into any of the indoor areas in muddy or dirty shoes. This particularly concerns the fitness room, for which special, clean trainers are to be worn.

Once outside the swimming pool area, please cover your swimming costumes and wear shoes.

Appropriate footwear is also compulsory on the tennis courts.

Smoking in any of the indoor areas of the clubhouse. The swimming pool area is also designated a non-smoking zone. This includes electronic cigarette devices.

Eating and drinking is also not allowed in the pool area to keep the wasp population to the minimum.

Finally, please leave space for 2 cars between the trees at all times, so everyone has a chance to park.

168. What do the rules refer to?

(A) The entire club
(B) The sports grounds
(C) The ground floor
(D) The swimming pool

169. Why do members come to the club?

(A) As a daily routine
(B) To learn sports etiquette
(C) To get off the treadmill
(D) To spend time sharing

170. Why should people NOT work in the recreation areas?

(A) Because they cannot take their bags in.
(B) Work is forbidden at the club.
(C) There is no Wi-fi.
(D) It would annoy other people.

171. What must members wear once they leave the swimming pool area?

(A) A coat
(B) Shoes
(C) A bathing suit
(D) Trainers

Questions 172-175 refer to the following mailshot.

To:	List123
From:	skylight@light.co.uk
Subject:	FUNDRAISING – TAKE PART IN OUR ADVENTURE

Dear friends, family and partners,

I am writing to give you news of the start-up Skylight which is growing fast, and to give you the opportunity to join in our wonderful adventure. My associate, Tom, and I are launching a fund-raising appeal to raise $100k, with a closing date on Independence Day. Everyone, whether in the States or abroad, can invest as of $500, and thence own part of the company. We would like to invite you to forward this message to others who may also wish to take part in the development of a company based on the values of the benefits of natural light for the well-being of everyone.
We set up the company in 2010 to bring natural light to people living and/or working in dark, dreary or dingy buildings. [1] We want to make natural light accessible to all.
Since then, we have installed over 6,000 skylights in more than 20 countries worldwide. The challenge is becoming a reality. Sales growth is strong (+75% last year over the year before), manufacturing costs per unit are decreasing (owing to greater quantities), and we are aiming for more than 15,000 new clients by the end of next year. [2]
The major stake of our industrial development plan is to reach break-even by the end of next year, and then show positive results by the year after. We are targeting several levers for improvement this year: manufacturing process, logistics, sourcing and volume, all-the-while being committed to our value chain.
Our total fundraising will reach $300k. $200k has already been provided by our original investors. We intend to raise the rest by crowdfunding here. [3]
Please contact us should you have any questions. Answer this e-mail or ask your question on the Facebook or LinkedIn groups, where you can communicate directly with Skylight employees. Write a note on the forum of our blog. [4] We welcome all questions and feedback, which can only help to increase the Skylight community, and make the brand a success.

Looking forward to hearing from you,

Barney

172. Who is Barney likely to be?

(A) One of the founders
(B) One of the employees
(C) A venture capitalist
(D) A banker

173. When does the company expect to start making a profit?

(A) This year
(B) Next year
(C) In two years' time
(D) Never

174. In which of the positions marked [1], [2], [3], and [4] does the following sentence best belong?

"The acquired capital will enable us to boost our industrial process and our marketing approach (brand awareness), as well as increase our working capital."

(A) [1]
(B) [2]
(C) [3]
(D) [4]

175. By which means can a person NOT ask a question?

(A) E-mail
(B) Telephone
(C) Social Networks
(D) Blog

Questions 176-180 refer to the following agenda and e-mail.

AGENDA
Monday 19th November 20--
Travelers Club, 44 Peel Lane, Marlborough

1. Appraisal of consumer impact of the Technology Exchange conference
2. Roles and responsibilities of task force members
3. How to boost our customer base:
   - Update customer base and potential customer / leads base
   - Fast-track customer service
   - One-stop shop – one client = one contact point
4. Next events we should be seen at by our clients
5. Any other points you would like to raise
6. Next meeting and milestones

Looking forward to seeing you all next Monday! If anyone is unable to come, could you let us know ASAP?

To:	antony@techo.com
From:	larry@techoaccounts.com
Subject:	Comment on your agenda

One very important topic for me is that I would like to change bank. In fact, I sent you an e-mail about this a couple of days ago asking you to put it on the agenda. I've been asking about this for two years, and it would save a considerable amount of time and money. My choice would not charge for Internet access and could offer a better deal for insurance. As a freelance accountant, I try and get all the companies I work for to use the same bank. It is much more convenient for me as I go just about every week for business. I'm also chairman of the board of that bank, so I can expect the best conditions! But for that I need a document giving me the authority to do so. You as a lawyer know exactly what's required! One last thing. I still don't know what my schedule is on Monday, so I'll have to let you know if I can come or not nearer the time. I'm sorry about that.

176. What would the agenda seem to mainly focus on?

(A) Who does what job
(B) Improving customer service
(C) The date of the next meeting or event
(D) AOB

177. In the context, which words best describe the meaning of "one-stop shop" on the agenda?

(A) A store which sells everything
(B) A chosen intermediary per client
(C) A convenience store
(D) Several intermediaries per client

178. What item was forgotten on Anthony's agenda?

(A) Money-saving tactics
(B) Larry's former e-mail
(C) Changing Internet access provider
(D) Using a different bank

179. Why would Larry get particularly good terms from the bank?

(A) Because he owns the bank.
(B) Because he is a freelancer.
(C) Because he has an eminent position at the bank.
(D) Because he goes there a lot for business.

180. What item in the first document is Larry NOT able to do for now?

(A) Confirm his presence at the meeting.
(B) Explain what he does in the task force.
(C) Participate in future events.
(D) Assess the Technology Exchange conference.

Questions 181-185 refer to the following two e-mails.

To:	n.nana@reactive.ca
From:	s.science@lab.ca
Subject:	Missing products in delivery

Dear Mrs. Nana,

We acknowledged receipt of your delivery of water analysis instruments last month. However, at the same time, we pointed out to you that several of the reagent tests were missing, as well as the bottles of solutions for testing purposes. It goes without saying that we cannot use the instruments without the accessories.
Delivery is now urgent as we have run out of stock, and our customers rely on our reactivity.
Could you please inform us by return the exact date and time of delivery of our accessories, (preferably within 24 hours) and an explanation for this disappointing service?
We have been working with your company for several years and are sincerely surprised by this lack of professionalism.

We are looking forward to hearing from you.

Yours faithfully,

Sophie Science

To:	s.science@lab.ca
From:	n.nana@reactive.ca
Subject:	Re: Missing products in delivery

Dear Ms. Science,

I am sincerely sorry to hear about your delivery of water analysis instruments and consumables. We have been having a few technical problems with the delivery of our products with the accessories. The floods in Cannes were much greater than were expected and one of our production units was damaged. We usually keep our stocks of products and instrument consumables in the warehouse there.
However, we are trying to find a solution as quickly as possible.

We are currently working with our English supplier, in order to be more efficient. They are sending us all the missing accessories: reagent tests and bottles of solutions for testing purposes.
You can expect your delivery within 24 hours at the utmost. We fully understand your disappointment and are truly trying to do our best to solve the problem. Moreover, you have been a loyal customer since our company opened. We acknowledge and thank you for that. That is why we have decided to deliver your consumables for free.

Should you have any further questions or requests, please do not hesitate to contact me.

Once again, please accept our sincere apologies.

Yours sincerely,

Nelly Nana

181. What is the purpose of the first e-mail?

(A) To complain.
(B) To place an order.
(C) To ask for a refund.
(D) To confirm a delivery date.

182. In the second e-mail, the word "consumables" (paragraph 1, line 1) is closest in meaning to:

(A) Durable goods
(B) Nondurable goods
(C) Something to eat
(D) Someone who purchases goods

183. When will the goods be delivered?

(A) In more than 24 hours
(B) In less than 24 hours
(C) The delivery date is not stated.
(D) The delivery has been cancelled.

184. How long have the two companies been working together for?

(A) For 24 hours
(B) This is the first time.
(C) For a brief time
(D) For a long time

185. What was the cause of the late delivery?

(A) A production stoppage
(B) Inefficiency
(C) Water
(D) A shortage of stock

Questions 186-190 refer to the following three e-mails.

To:	anon. client contact
From:	josh.hawkins@hawkins.com
Sent:	15th June 20-- 17:23
Cc:	joanna.hawkins@hawkins.com
Subject:	Information request concerning property No. 12458

For the attention of Mr. / Mrs. ...?

Dear Sir or Madam,

Thank you for your interest and request for more information on this delightful property in the west of France, advertised by us on the EXCEPTIONAL RESIDENCES website.
Would you please be so kind as to let us know your name, e-mail address and telephone number, and then we will be delighted to send you the information requested on the property. Thank you.
We look forward to hearing from you shortly.

Yours sincerely,

Josh Hawkins

To:	josh.hawkins@hawkins.com
From:	mary.middleton@mail.us
Sent:	17th June 20-- 12:30
Subject:	Re: Information request concerning property No. 12458

Please see my info below.

Kind regards,

Mary Middleton
CEO Knightman Inc.
475 Main Street
Philadelphia
USA
Direct: +211 666 5248
e-mail: mary.middleton@mail.us

To:	mary.middleton@mail.com
From:	josh.hawkins@hawkins.com
Sent:	17th June 20-- 15:47
Cc:	joanna.hawkins@hawkins.com
Subject:	Re: Re: Information request concerning property No. 12458

JOSH HAWKINS
28 Stone Street
Hometown
REAL ESTATE CONSULTING
www.josh.hawkins.com

Dear Mrs. Middleton,

Thank you for getting back to us and for letting us know your name, address and telephone number. We are now pleased to be sending you our brochure, with a collection of additional photos, on the delightful:

Château de Launay – near Lisieux and the sea in Normandy (France)
Asking price: €970,000 (commission included) – Around 40 acres (partly rented out to a shoot)

The château is only 10 miles from the Normandy coast, and is very accessible from Caen, Le Havre, Paris (by highway). The beautiful property is in very good condition, with a renovated roof and modernized heating, electricity and mains drainage arrangements. The surrounding park and gardens are well-maintained, and it could easily become a very pleasant principal or secondary family home, or an efficient commercial venue such as a hotel (with a little attention being given to its redecoration and furnishing to your taste).

Please do not hesitate to contact us if you would like any further information on this property, and we will be happy to organize a visit, at your convenience, if you so wish.

Would you please be so kind as to acknowledge receipt of this e-mail and the attached documentation? Thank you.

We look forward to hearing from you shortly.

Yours sincerely,
Josh Hawkins

186. What is likely to be Mary Middleton's job?

(A) A real estate agent
(B) A company president
(C) An interior designer
(D) A hotel manager

187. What extra information does Mary Middleton supply in the second e-mail?

(A) Her name
(B) Her postal address
(C) Her phone number
(D) Her e-mail address

188. What is implied by the words, "Asking price"?

(A) That you will certainly pay more.
(B) That you will certainly pay less.
(C) That you will have to pay exactly that.
(D) That there is room for negotiation.

189. What would need to be redone in the house?

(A) The decoration
(B) The roofing
(C) The drainage
(D) The wiring

190. Why is Josh Hawkins now able to give fuller information about the property?

(A) Because he has Mrs. Middleton's first name.
(B) Because Mrs. Middleton saw the website.
(C) Because Mrs. Middleton got in touch with him.
(D) Because he has found a brochure.

Questions 191-195 refer to the following two e-mails and review.

To:	Theatre group
From:	nigel@mather.net
Subject:	New Play on the way

Dear all,

The box office at the brilliant Orange Theatre (01445 441 452) is open for bookings for the run of my play, *Western Hope*, as from August 15th.
It opens to a sold-out private preview on October 9th, with the public opening / press night on October 14th. It runs until end October, or later if it is a howling success (fingers crossed!).
I very much hope you will come and bring as many friends as you can, book here. Spread the word!
You can also book on the website orange@theatre.inc.
If you want to see some positive reviews of the reading to whet your appetite, click here.

Very best wishes,

Nigel

A MUST-SEE (15th October 20--)

If you have to choose between one curtain-raiser and another this year, I highly recommend the play currently showing at the Orange Theatre, *Western Hope*.
The rags to riches story may be old hat, but this play is based on a true story: the relationship between a western journalist and an eastern princess. Their relationship developed as the paparazzi followed Kim Nua over the traumatic 5 years of her arranged marriage and subsequent fight for freedom. She managed to flee to New York, where she caught up with Rodney 20 years later. The play is built around their shared and separate life stories and depicted by stellar artists. I was spellbound by their story from start to finish and had the best opening night I have had for a long time.

Neil Nelson

To:	nigel@mather.net
From:	john@jones.co.uk
Subject:	Your new play

Well, well, well. You have done it at last!! I'm so pleased for you: give me the dates when you are in town, so we can celebrate! The review by the famous critic Neil Nelson is full of praise, although I am disappointed that he does not mention your skills as playwright and director, which of course made the play what it is.
Another thing: I thought you had found some friends to help you advertise the play all around town. I didn't see any posters or flyers anywhere, and some people I have spoken to said that they didn't know about the play at all. Thankfully it doesn't matter as all the publicity you are getting seems to have saved the day – you should be full house until Christmas at least! Well done you.

191. **Why might the play run after the end of the month?**

(A) If it is a flop.
(B) If it is a triumph.
(C) If Nigel finds a backer.
(D) If friends bring friends.

192. **What is implied about the rags to riches storyline?**

(A) It is completely imaginary.
(B) It is about a journalist and a prince.
(C) It is highly international.
(D) It has been done too often.

193. **Which evening did the journalist likely see the play?**

(A) August 15th
(B) October 9th
(C) October 14th
(D) We have no idea.

194. **What does John find missing in the review of the play?**

(A) A word about the author
(B) The dates of the performances
(C) The venue and the setting
(D) The storyline and the characters

195. **What do Nigel's friends NOT do for him as he requests?**

(A) Come to the play.
(B) Spread the word.
(C) Celebrate his success.
(D) Save the date.

Questions 196-200 refer to the following memo, table and message.

To: All staff   From: Mike Bread (HR)

In a spirit of egalitarianism and equal treatment of all employees, and due to the current spate of warm weather forecast to last through the rest of the month, management has made the decision to modify working hours for all employees during the month of Ramadan. Changes will be posted on the noticeboard in all key areas of the premises.

		INTERIM SHIFT SCHEDULE
1	**DAY SHIFT***	For all employees, the day shift will now begin at 5 am instead of the usual 6 am.
2	**PM SHIFT***	Shift hours are advanced an hour from 3-11 pm to 2-10 pm.
3	**NIGHT SHIFT***	Hours remain unchanged. The clean-up hour usually done at the end of the 7-hour shift will now take place at the beginning, following the day and PM shifts.
4	**RESPECT AND DISCRETION**	For all employees who are not concerned by these measures, we count on your continued respect for others' beliefs. Acme prides itself in maintaining a multicultural and mutually-beneficial atmosphere. We hold that all faiths and spiritual philosophies, including the lack thereof, are respected.
5	**SPECIAL OFFER FOR "EID"**	Non-Muslim or non-observant employees are sought to replace their Muslim colleagues on the night of the Eid Celebration, this year falling on June 16. Standard overtime pay scale of time and a half will apply. This offer is a mirror image of that made to employees during Rosh Hashanah / Yom Kippur and Christmas observances.

* This of course does not apply to office staff.

To:	mike.bread@factory.co.uk
From:	molly@meaner.net
Subject:	Interim shift schedule

Hi Mike,

I don't want to make things difficult, but I'm afraid I cannot possibly get to work on time for the day shift. Every morning, I take my children to the childminder and it would mean such an early start for them – middle of the night really. Would it be possible for me just to do the PM shift for the period in question, and then go back to alternate shifts once it's over?
Another thing – can you put me down for the "Eid" shift? – I could do with the extra money. Thanks.

Lastly, I think you should keep an eye on the boys in workshop 4, who make some rather unthinkable jokes at times.

All the best,

Molly

196. **What is the purpose of the memo?**

(A) To update ethical values.
(B) To share information about the weather.
(C) To say where the information will be put.
(D) To inform staff about changes to work hours.

197. **Who is not affected by the schedule?**

(A) Day shift employees
(B) Afternoon shift employees
(C) Night shift employees
(D) White-collar workers

198. **In the memo, the word "spate" (line 1) is closest in meaning to:**

(A) Wave
(B) Deluge
(C) Whit
(D) Overflow

199. **What point in the table does Molly refer to in the last paragraph of her e-mail?**

(A) 2
(B) 3
(C) 4
(D) 5

200. **What does Molly mean when she says, "I could do with the extra money"?**

(A) She does not need any more money.
(B) She needs to add to her income.
(C) She wonders what to do with the extra money.
(D) She cannot work on the night of Eid.

↓ CORRIGÉS p. 254-255

PART 5

Starter

1. (C) *painstakingly* = minutieusement ; l'adverbe qualifie le verbe *built up*.
2. (A) *operators* = opérateurs ; il faut un sujet ici.
3. (C) *tiring* = fatigant
4. (A) *partial service* = service partiel
5. (C) *to make a discovery* = faire une découverte

Exercice 1

1. *Photocopier* est un nom et le sujet de la phrase. Il faut un verbe pour compléter celle-ci. Possibilités : *is, prints, works*.
2. On a le sujet (*Céline*) et le verbe (*has worked*) de la phrase. Le trou se situe à côté du verbe, donc il faut un adverbe pour décrire comment Céline a travaillé. Possibilités : *diligently, regularly, carefully*.
3. On a le sujet (*the shop*), le verbe (*offers*) et un adjectif (*excellent*). Après un adjectif, il faut un nom : le complément du verbe dans cette phrase. Possibilités : *discounts, reductions, advantages, benefits, services*.
4. On a un sujet (*Ms Gréau*) et le verbe « être » (*was*). Par conséquent, il faut un adjectif pour compléter la phrase. Possibilités : *useful, helpful, organized, efficient*.
5. On a un verbe (*is*) mais il manque le sujet principal. Le trou vient après l'adjectif *good*, donc il faut un nom pour que ce mot renvoie à quelque chose. Ce nom sera le sujet de la phrase. Possibilités : *teamwork, organization, planning*.
6. On a le sujet (*using this new software*), le verbe (*is*) et un adjectif (*easy*). Le trou apparaît avant ce dernier. Il faut donc un adverbe pour qualifier l'adjectif. Possibilités : *particularly, extremely, ridiculously*.
7. On a le sujet (*our after-sales team* = notre service après-vente) et un complément (*complaints*), mais il manque le verbe. Possibilités : *handles, deals with, receives*.
8. On a le sujet (*campaign*) et le verbe (*is*). Il faut un adjectif pour qualifier le nom (*a way*). Possibilités : *good, effective, invaluable*.

▶ The Real Deal #1

1. (B) On a le nom *apartments*, donc il faut l'adjectif *affordable*.
2. (D) *To think* est un verbe, donc il faut l'adverbe *strategically*.
3. (A) *Incredible* est un adjectif, donc il faut le nom *success*.
4. (C) Après un sujet et le verbe « être », il faut un adjectif : *influential*.
5. (D) Pour qualifier l'adjectif *responsible*, il faut l'adverbe *collectively*.
6. (B) *Principal* est un adjectif. Il lui faut donc un nom à qualifier, *attraction*, qui est le sujet de la phrase.

Exercice 2

1. *disappointing* = décevantes
2. *closed* = fermé
3. *impressed* = impressionnés
4. *satisfied* = satisfait

Exercice 3

1. *easier* (*than* indique le comparatif).
2. *latest* (*the* indique le superlatif).
3. *worse* (*than* indique le comparatif).
4. *best* (*the* indique le superlatif).
5. *more enthusiastically* (il faut un adverbe pour qualifier le verbe *reacted* et le comparatif s'impose à cause de *than*).

▶ The Real Deal #2

1. (A) C'est un nom composé (*noun combination*) : *computer center* = centre informatique.
2. (C) Il faut un adverbe pour qualifier l'adjectif *damaged*.
3. (B) La direction est satisfaite, donc *satisfied*.
4. (C) Il faut un superlatif ici : *latest* = les plus récents (= les derniers).
5. (D) *worrying* = inquiétante (la situation provoque le sentiment d'inquiétude).

Exercice 4

1. *flexible hours* = horaires flexibles / variables
2. *paid internship* = stage rémunéré
3. *affordable price* = prix abordable
4. *constructive feedback* = feedback constructif
5. *special discounts* = remises spéciales
6. *brief memo* = note courte
7. *tight deadlines* = délais serrés
8. *regular updates* = rapports réguliers
9. *innovative strategy* = stratégie innovante
10. *annual subscription* = abonnement annuel

Exercice 5

1. *to fit comfortably* = s'adapter confortablement
2. *to improve significantly* = s'améliorer considérablement
3. *to work diligently* = travailler assidûment
4. *to speak confidently* = parler avec assurance
5. *to express clearly* = exprimer clairement

Exercice 6

1. *scientifically proved* = scientifiquement prouvé
2. *reasonably priced* = à un prix raisonnable
3. *particularly interested* = particulièrement intéressé
4. *eagerly awaited* = tant attendu
5. *vastly expanded* = considérablement agrandi

Exercice 7

1. *provide a service* = fournir un service
2. *adapt to cultures* = adapter aux cultures

3. *fund research* = financer des recherches
4. *announce an opening* = annoncer une ouverture
5. *hold an event* = organiser la tenue d'un événement

▶ The Real Deal #3

1. (D)
2. (A)
3. (D) *schedule* = planning
4. (A) *to handle the applications* = traiter les candidatures
5. (B) *daunting* = intimidant

PRACTICE TEST

101. (B) *either… or*
102. (D) *convenient* = commode / pratique
103. (B)
104. (C) Il faut l'adjectif possessif *their*. Attention, les adjectifs sont invariables en anglais : leurs carrières = *their* (sans « s ») *careers*.
105. (D) Il faut un adverbe pour qualifier l'adjectif : *highly recommended* = vivement recommandé.
106. (D) Il faut un adjectif pour qualifier le nom *product*.
107. (A) Il faut le sujet de la phrase, donc le nom *priorities*.
108. (B) Après une préposition (ici, *before*), il faut la forme en « *-ing* » du verbe.
109. (B) Avec le verbe *to decide*, il y a l'idée de but, donc le choix de l'infinitif (avec *to*) s'impose.
110. (B) *to monitor* = (ici) contrôler
111. (A) *located* = situé ; *settled* = installé
112. (A) *to approve* = approuver ; *to foresee* = prévoir
113. (B) Il faut un adverbe pour qualifier le verbe *picked up* : *steadily* = régulièrement.
114. (B) Le conditionnel avec *would* implique le passé irréel (la forme en « *-ed* ») après la conjonction *if*.
115. (B) Après les expressions de nécessité comme *it is essential that*, il faut le subjonctif (base verbale).
116. (B) *to dismiss* = renvoyer ; *to resign* = démissionner
117. (B) Il faut un adjectif pour qualifier le nom *choice* : *controversial* = controversé.
118. (B) *up to* = jusqu'à
119. (B) *although* = bien que ; *despite* = malgré ; *in addition* = de plus
120. (A) *to relocate* = délocaliser ; *to downsize* = réduire les effectifs
121. (C) *since* = puisque ; *therefore* = donc / par conséquent ; *concerning* = au sujet de ; *moreover* = de plus
122. (C) *to place an order* = passer une commande
123. (C) Il faut un adjectif pour qualifier le nom *speaker* : *accomplished* = accompli.
124. (D) Il faut l'adverbe *strongly* pour qualifier le verbe *advised*.
125. (D) *frustrating aspect* = aspect frustrant
126. (D) Attention à la traduction de « moins » : en anglais, devant un nom indénombrable, on utilise *less*, mais devant un nom dénombrable, on utilise *fewer*.
127. (B) *The* entraîne le superlatif, donc *quickest* est la bonne réponse.
128. (C) Il faut le pronom possessif *whose* = dont. Le « s » dans *whose* dénote le possessif, comme le « s » dans *his*, *Paul's*…
129. (D) Avec la préposition *by*, il faut un pronom réfléchi : *herself*. Attention de ne pas confondre *by herself* avec l'expression *on her own*.
130. (A) *By* (avant, pas plus tard que) indique une date limite.

PART 6

Starter

1. (C) Il s'agit d'une conséquence.
2. (A) Plus de précisions sont données sur la nature du problème avec l'eau.
3. (D) Il faut s'occuper du (= *deal with the*) problème.
4. (B) Il faut le *present perfect* car il y a une action dans le passé avec une conséquence dans le présent : il a organisé la visite, et celle-ci est maintenant bien prévue.

Exercice 1

1. Il y a un contraste entre le problème initial et la réussite finale. C'est *despite* (et non *although*) qui convient car le mot est suivi d'un nom (*concern*) et non de la forme sujet + verbe.
2. Il y a un contraste entre la bonne référence et la déception. Cette fois-ci, on a un sujet et un verbe après le trou (*Ms. Petersen was*), donc c'est *although* qui s'impose.
3. Le lien est une information supplémentaire car on a deux mots à connotation positive : *enjoyable* et *instructive*. La bonne réponse est donc *and*.
4. Là aussi, il s'agit d'une information supplémentaire car il y a deux faits positifs. La bonne réponse est *besides*.
5. Il y a deux faits positifs, donc il s'agit d'une information supplémentaire. La bonne réponse est *as well as*.
6. Il existe un lien de causalité. La réponse est *due to* (et non *because*) car il y a un nom après le trou : *the lanes* (et non un sujet et un verbe). *Because of* aurait été juste aussi.
7. Il s'agit d'un remplacement (une alternative), donc *instead* est la bonne réponse.
8. Il s'agit d'une condition et *If* est la bonne réponse.

Exercice 2

1. Logique : l'écrivain commence par l'objet général de son message avant de donner plus de précisions.
2. Illogique : les précisions sont données avant l'idée générale.

3. Logique : l'écrivain commence par l'objet général avant de donner des précisions. Le mot de liaison de contraste *however* convient au contexte ; de plus, *one* et *it* renvoient à la machine à laver déjà mentionnée.
4. Illogique : le champ lexical est le même (la comptabilité) mais il n'y a aucun lien logique entre les deux phrases.
5. Logique : la seconde phrase apporte plus de précisions à la première. En outre, le mot *both* renvoie aux deux personnes mentionnées.
6. Logique : la seconde phrase donne des exemples précis (la harpe, la clarinette, le hautbois) à l'idée générale évoquée dans la première (plus d'instruments de musique).

▶ The Real Deal #1

1. (D) Les questions mentionnées dans la phrase précédente sont des *enquiries* (demandes) et *such* (telles) renvoie à ce qui vient d'être dit. En outre, vu que Ms. Ball ne s'occupe plus de ces questions, il est logique de préciser qui va le faire à sa place : le département des ressources humaines.
2. (A) On a deux phrases négatives : *no longer… no longer.* Il s'agit donc d'une information supplémentaire, donc *moreover* est la bonne réponse.
3. (D) C'est un lien de conséquence. *Thus* (ainsi) est donc la bonne réponse.
4. (C) Le but de la communication est de demander aux employés de faire dorénavant quelque chose d'une manière différente. L'expression logique pour clore est donc de les remercier pour leur collaboration.

Exercice 3

1. La question à se poser est : *such what? Such* (de telles) est un déterminant qui renvoie à quelque chose déjà mentionné. Qu'est-ce qui est mentionné avant ? Des exemples de précautions (= *such precautions*).
2. Le but du message est d'informer d'une annulation. Il faut donc replanifier (= *reschedule*) la séance.
3. On va assister à une démonstration dans une salle d'exposition (= *showroom*).
4. Quand quelqu'un commence un nouveau travail, il assiste à une session d'insertion (= *induction course*).
5. Les bals, les mariages et les événements de société sont des occasions formelles (= *formal*).

Exercice 4

1. Il faut utiliser la forme en « *-ing* » après une préposition (*before*) : *removing*.
2. Il faut un verbe principal au présent simple (il s'agit d'une vérité générale) : *manufactures*.
3. Il y a l'idée d'un but et d'un regard vers l'avenir : *to succeed*.
4. Il faut un verbe principal : *has extended*. *Has* s'accorde bien avec le sujet et le *present perfect* convient aussi : il y a une action au passé avec un bilan au présent.
5. L'action se déroule dans futur (indice : *by this time next year*). Ainsi, il faut un temps au futur. Le *future perfect* convient parfaitement car il s'agit d'un bilan au futur : *will have worked*.
6. Après le modal *should*, il faut la base verbale, et le nom étant le sujet du verbe, il faut la voix active (les candidats envoient leur CV, ils ne sont pas envoyés eux-mêmes) : *send*.
7. Il faut la base verbale pour compléter l'infinitif après *to* : *improve*.
8. *Last month* indique une action au passé, donc le passé simple s'impose : *organized*.
9. Il faut la base verbale après le modal *must* et la forme passive car les chiens sont le complément du verbe. Les chiens ne tiennent pas la laisse, ils sont tenus : *be kept*.
10. C'est la structure « *make/have/let* + complément + base verbale » : *leave*.
11. C'est la structure want *something done* (vouloir que quelque chose soit fait) : *completed*.
12. Il faut le subjonctif (la base verbale) après les verbes pour donner des ordres comme « *demanded that* + complément » : *be*.

PRACTICE TEST

131. (A) M. Maeterlinck commence la lettre en donnant le contexte : l'acaht d'un barbecue et d'un ventilateur.
132. (B) Il y a une conséquence.
133. (D) Il faut un adverbe pour compléter la phrase. Celui-ci qualifie *deal with*. Les adverbes en anglais se terminent en « *-ly* », donc *promptly* est la bonne réponse.
134. (B) Il faut un nom après l'article défini *the*. La bonne réponse est *inconvenience* puisque *inconvenient* est un adjectif.
135. (C) Il faut l'adjectif *complimentary* pour qualifier le nom *tool-box*.
136. (B) La phrase manquante se situant au début du paragraphe, il faut donc une *topic sentence* pour introduire le sujet du paragraphe. On trouve des exemples de produits pour la maison dans la phrase suivante.
137. (A) Il s'agit d'une information supplémentaire.
138. (A) *a minimal charge* = un prix minime
139. (D) Il faut un verbe principal. Le *present perfect have noted* convient car il y a un lien entre le passé et le présent, indiqué par le mot *since* (depuis).
140. (C) Il faut l'adjectif/participe *overdrawn* = à découvert.
141. (B) *current* = actuel
142. (D) La phrase la plus logique est que Ms. Peterson est invitée à régulariser la situation.
143. (D) C'est la réponse la plus logique car Ms. Peterson a demandé quelque chose (*your enquiry*) et dans la phrase suivante, il est fait référence à des pages (du catalogue).
144. (A) Après les deux points, on trouve la liste de ces précisions.
145. (A) Dans la phrase suivante, on trouve des exemples d'accessoires.
146. (D) *provided that* = à condition que

PART 7

Starter

1. (B) *Carpooling* = covoiturage, donc *car sharing* est la bonne reformulation.
2. (C) Il est bien question de *unsuccessful attempts* dans le courrier, mais il s'agit d'essais visant à développer une entreprise comme KooCars, et non à résoudre la crise des transports.
3. (B) La phrase est la suite logique de celle qui la précède. Celle-ci est une phrase générale, pour laquelle plus de précisions sont données dans la phrase à placer.
4. (D) Ici, *field* = champ dans le sens de « secteur » et non dans le sens agricole.

Exercice 1

1. C. **2.** G. **3.** A. **4.** B. **5.** E. **6.** H. **7.** D. **8.** F. **9.** J. **10.** I.

Exercice 2

Suggestions :
1. *a printing business. Leaflet* = dépliant, *flyer* = prospectus, *poster* = affiche.
2. *She is on holiday / sick / not in the office / on a business trip / on maternity leave…*

▶ The Real Deal #1

1. (C) Il est question de changements de dernière minute (*last-minute changes*) dans le sujet du mail et dans la première phrase.
2. (C) *notice* = préavis. Mr. Marques n'a pas donné beaucoup de préavis car il a informé l'école de sa démission une semaine avant la rentrée.
3. (D) Cette phrase est une conclusion naturelle du courriel.

PRACTICE TEST

147. (C) *to get to work* = se rendre au travail
148. (A) *in the nick of time* = juste à temps
149. (B) *driving licence* = permis de conduire
150. (D) *400 + 400* = 800 + 10 % = 880
151. (D) *the noblest* = *the finest*
152. (C) *peers* = pairs
153. (B) *blueprints* = plans
154. (B) *never mind* = ça ne fait rien, ce n'est pas grave
155. (B) *to mend* = réparer
156. (D) *on this occasion* = cette fois
157. (A) *hard drive* = piece of hardware
158. (B) *internship / work placement* = stage
159. (C)
160. (C)
161. (A) *worth* = *value*
162. (A)
163. (B)
164. (D) *totally different from siblings or parents* = totalement différent des frères et sœurs ou des parents
165. (D) *in charge* = *responsible*
166. (C) C'est la phrase-clé qui introduit l'idée de la santé.
167. (B) *couch potato* = se dit de quelqu'un qui passe son temps affalé dans son canapé devant la télévision (téléphage)
168. (D)
169. (C) *screwdrivers* = tournevis
170. (C) C'est la suite logique du processus.
171. (A) *to clutter up* = mettre en désordre, encombrer
172. (B) *indemnity* = dédommagements
173. (D) *to disembark* = débarquer
174. (B)
175. (B) *to address a problem* = s'attaquer à / résoudre un problème
176. (C)
177. (A) *to ditch* = laisser tomber
178. (C) *seasoned* = (ici) expérimenté (*experienced*)
179. (C) 1 000 × 10 = 10 000
180. (D) *IT* = informatique
181. (C)
182. (A) *to unwind* = se détendre
183. (A) *meals* = repas
184. (C) C'est le prix pour un couple pendant une semaine hors saison (*off-peak*).
185. (A) *plays* = pièces de théâtre
186. (B) *turkey* = dinde, *chicken* = poulet
187. (C) *to compose* = créer
188. (D) *free-range* = élevé en plein air
189. (C)
190. (B) Dans le premier courriel, on lit : *Part of the plans would be to expand the menu to include soups*, et dans le second, Stefan répond : *The only thing I am bit worried about is the tinkering with the menu. To tinker* = bricoler
191. (A) *overall* = en général
192. (A) *aria* = mélodie chantée (air d'opéra)
193. (B) *to update* = mettre à jour
194. (B) D'après le site, c'est Nabil, mais dans le texto, on apprend qu'il est blessé et que Sam le remplace. *Sprain* = entorse
195. (C) Dans sa critique, Ms. Jones écrit qu'elle a particulièrement apprécié l'atelier d'Evelyne. Sur la page Internet, on voit qu'Evelyne anime l'atelier de cuisine.
196. (C) *to tailor* = faire sur mesure / adapter
197. (A)
198. (B) Sur la page du site, on apprend que les méthodes sont différentes et les techniques « complètement originales » ; dans le deuxième courriel, Mr. Morph précise que les méthodes risquent de paraître bizarres au début.
199. (D)
200. (C) Dans son courriel, Mr. Morph dit qu'il était dans la même situation que Ralphie, et dans le sien, Ralphie dit qu'il cherche du travail depuis quelques mois. *Unemployed* = au chômage

BOOST YOUR FOCUS 5 + 6

PART 5

101. (B) *shortly* = sous peu. Cet adverbe décrit le verbe *receive*.
102. (A) Il s'agit du 2e conditionnel (hypothèse) ; *stock market* = Bourse.
103. (C) *to strengthen* = renforcer
104. (A) Le terme *ten-hour* est un adjectif composé, donc on ne met pas de « s » à *hour.*
105. (D) Il faut le prétérit ici ; *to pick up* = aller chercher / passer prendre.
106. (C) Seul un adjectif convient ici.
107. (B) Le présent progressif est ici utilisé pour parler d'un projet, d'une intention personnelle future.
108. (B) *profit* = bénéfice ; *benefit* = avantage ; *advantage* = avantage / atout ; *benefice* = bénéfice ecclésiastique
109. (D) *rightly* = correctement ; *righteous* = juste ; *rightfully* = légitimement
110. (B) *bargain hunter* = chasseur de bonnes affaires (nom composé)
111. (C) *to owe* = devoir ; *to own* = posséder
112. (A) Il faut un comparatif d'égalité ici.
113. (D) *exhausted* = épuisé ; *exhaustion* = épuisement ; *to exhaust* = épuiser ; *exhausting* = épuisant
114. (B) *whose* = à qui
115. (B) Il faut un adjectif ici.
116. (A) *furniture* (nom indénombrable) = ameublement
117. (D) C'est le superlatif qui convient ici.
118. (B) Il faut le futur progressif dans cette phrase.
119. (C) *The strangest* est un superlatif.
120. (C) L'expression *can't help* est suivie du gérondif.
121. (B) *proof* = preuve ; *to prove* = prouver ; *proven* = prouvé ; *to disprove* = réfuter
122. (B) *to call off* = annuler ; *to call out* = faire venir ; *to call in* = faire rentrer ; *to call for* = demander
123. (C) Il faut utiliser le plus-que-parfait avec *I wish* dans une phrase au passé ; *I wish I had known about the takeover* = j'aurais aimé être au courant du rachat (semblable au 3e conditionnel).
124. (A) *trainer* = formateur ; *training* = formation
125. (C) *time* (indénombrable) = le temps ; *times* = fois ; *timed* = chronométré
126. (B) *concentrate* = se concentrer ; il faut la base verbale (sans *to*) et pas de pronom réfléchi.
127. (C) *everyone* = tout le monde (3e personne du singulier). *Know* est un verbe non-progressif donc la réponse *is knowing* (B) ne convient pas. *Has known* (D) est au *present perfect*, temps du passé qui ne convient pas non plus ici.
128. (A) *few* = peu de / *a few* = quelques (avec des noms dénombrables) ; *little* = peu de / *a little* = un peu de (avec des noms indénombrables)
129. (C) *sharply* = brusquement (adverbe pour décrire le verbe *decrease*) ; *sharp* = pointu / tranchant ; *to sharpen* = aiguiser ; *sharpish* = en vitesse / sans tarder
130. (B) *to spell out* = expliquer clairement

PART 6

131. (D) *to deduce* = déduire (tirer une conclusion) ; *to deduct* = déduire (soustraire). Ici, il faut mettre le *present perfect* car il n'y a pas d'indication de temps.
132. (B) *account* = compte (ici, en banque) ; *count* = compte (action de compter) ; *accountant* = comptable ; *accountable* (adj.) = responsable
133. (A) *by* = d'ici ; *in* = dans ; *within* = au sein de / à l'intérieur de ; *throughout* = durant / tout au long de
134. (C) C'est la seule phrase convenable pour terminer la lettre.
135. (C) Il faut le prétérit et le passif car il y a une date précise (*at the end of Q1*).
136. (D) *however* = cependant ; *likewise* = de même ; *in spite of* = malgré ; *moreover* = de plus
137. (C) *shift* = équipe (de travail) ; *team* = équipe ; *party* = partie ; *squad* = escouade / brigade
138. (A) *downturn* = baisse
139. (C) *out of the blue* = à l'improviste / de manière inattendue
140. (A) *18 months ago* = il y a 18 mois ; *since 18 months* = depuis 18 mois
141. (B) *grateful* = reconnaissant ; *gratefully* = avec reconnaissance / gratitude ; *cheerful* = joyeux / de bonne humeur ; *ungrateful* = ingrat
142. (D) Il faut le génitif pour exprimer la possession.
143. (A) *moreover* = de plus ; *nonetheless* = néanmoins ; *although* = bien que ; *even so* = toutefois / pour autant
144. (D) *be able to* est un futur qui exprime une possibilité.
145. (B) *trade fair* = foire / salon professionnel
146. (A) *voucher* = bon ; *receipt* = reçu ; *ticket* = billet ; *check* = chèque

BOOST YOUR FOCUS 5 + 6 + 7

PART 5

101. (C) Il faut la forme en « *-ing* » après une préposition.
102. (D) C'est un adverbe qui convient ici.
103. (C) Il faut la base verbale après un auxiliaire modal ; *to publicize* = (ici) faire la promotion de.
104. (A) *to borrow* = emprunter ; *to need to do something* = avoir besoin de faire quelque chose ; *to lend* = prêter
105. (B) Il faut un nom ici ; *boredom* = ennui.
106. (B) Le prétérit est le temps qui convient ici (*yesterday afternoon*).
107. (B) *continues to gain* = continue à gagner (« à » est souvent traduit par « *to* ») ; *confidence* = (ici) confiance.
108. (A) La forme *used to* + base verbale permet d'exprimer une situation qui existait auparavant mais qui n'existe plus maintenant.
109. (D) *however* = cependant ; *while* = pendant que ; *likewise* = de même ; *moreover* = de plus
110. (C) *the second most popular* = le deuxième plus populaire (superlatif)
111. (A) *performance review* = (ici) entretien d'évaluation ; c'est un nom composé (*noun combination*) : le premier nom a le rôle d'adjectif (donc jamais de « s »).
112. (B) *embarrassing* = embarrassant ; *embarrassed* = embarrassé ; *embracing* = embrassant
113. (D) C'est le *present perfect* qui convient ici.
114. (C) *to account for* = (ici) représenter
115. (B) *consignee* = destinataire ; *consignor / consigner* = consignataire / expéditeur ; *consignment* = envoi
116. (C) Il y a inversion pour le 3ᵉ conditionnel.
117. (B) *hardly ever* = presque jamais
118. (A) *query* = requête (pl. *queries*) ; les noms dénombrables qui suivent le quantificateur *any* (des) sont donc au pluriel.
119. (B) *easily* = facilement (adverbe)
120. (C) *flatly* = catégoriquement (adverbe) ; *flat* = plat ; *to flatten* = aplatir ; *flattening* = aplatissant (adj.) / aplatissement (n.)
121. (A) *research* (nom indénombrable) = recherche(s)
122. (D) *to fail to* = échouer
123. (B) *productivity* = productivité (nom) ; *productively* = efficacement
124. (A) *growing concern* = préoccupation croissante (collocation)
125. (A) *worthless* = sans valeur ; *worthy* = digne / méritant ; *worthlessness* = inutilité ; *worthiness* = valeur / mérite
126. (D) Il faut le pronom sujet.
127. (B) *liveliness* = vivacité (nom)
128. (C) *to turn down* = refuser ; *to turn up* = arriver ; *to turn into* = devenir ; *to turn around* = se retourner
129. (A) *more productive* : comparatif avec un adjectif long
130. (B) On ne met pas d'article pour un nom suivi d'un chiffre.

PART 6

131. (C) *no longer* = plus (avec un verbe affirmatif) ; *any longer* = plus (avec un verbe négatif)
132. (D) C'est la forme passive : *be* + participe passé.
133. (B) *prior to* + « *-ing* » = avant de ; *to make* = faire (dans le sens de « fabriquer, créer ») / *to do* = *faire* (dans le sens d'« agir »)
134. (D) *inconvenience* = inconvénient / désagrément ; *in force* = en vigueur
135. (A) *not yet* = pas encore ; *already* = déjà ; *still* = encore / *still not* = pas encore (*still* avant le verbe, *yet* après le verbe) = *you have still not submitted / you have not submitted yet / you have not yet submitted*
136. (D) *to make a suggestion* (collocation)
137. (B) *to pay attention to something* = faire attention à (collocation) ; *to draw attention to* = attirer l'attention sur
138. (C)
139. (A) Un adjectif ne peut pas se terminer par un « s ».
140. (C) *to agree* = être d'accord ; on utilise le *present perfect* pour une action dans le passé avec un résultat dans le présent.
141. (D) *those* = ceux-là / celles-là (à distance) ; *these* = ceux-ci / celles-ci (près)
142. (B) *hitch (pl. hitches)* = problème
143. (B) *to cancel* = annuler ; *to call off* = annuler un rendez-vous ; *to renew* = renouveler ; *to uphold* = (ici) maintenir
144. (D) *moreover* = de plus ; *however* = cependant ; *whereas* = alors que ; *nonetheless* = néanmoins
145. (C) *grimy* = *besmirched* = sale ; *within* = dans
146. (D) Le *present perfect* est ici utilisé pour une action qui a eu lieu dans le passé sans que l'on sache quand exactement.

PART 7

147. (D) *to swipe* = (ici) glisser (la carte dans un lecteur) ; *loyalty card* = carte de fidélité
148. (B) *to appraise* = évaluer ; *to review* = (ici) faire la critique de
149. (D) *bone weary* = *frazzled* = *exhausted* = épuisé ; *travel-worn* = fatigué par le voyage
150. (A) *discount* = *reduction* = remise
151. (D) *discount* = remise ; *to discount* = écarter / ignorer
152. (A) *peeved* = agacé ; *cheerful* = joyeux / de bonne humeur
153. (C) *trade fair* = foire / salon professionnel
154. (B) *realtor* = agent immobilier
155. (C) Le *Red Book* est la référence officielle du RICS pour donner une valeur à un bien immobilier.
156. (C) *orderly* = (ici) harmonieux ; *far-flung* = *remote* = éloigné / isolé ; *stunning* = superbe / éblouissant ; *untamed* = sauvage
157. (D) *early bird* = lève-tôt / tarif réduit de pré-réservation ; *in good time* = en temps utile

158. (B) *to sever ties* = couper les liens ; *to scale down* = réduire
159. (A)
160. (C) *savings* = économies ; *to save time* = gagner du temps
161. (C) *abroad* = à l'étranger ; *to relocate* = délocaliser
162. (D)
163. (B) *haphazardly* = n'importe comment ; *carelessly* = négligemment
164. (C) *to pick up on* = relever
165. (B)
166. (D) *early retirement* = retraite anticipée ; *statutory age* = âge légal
167. (D)
168. (A)
169. (C) Jeu de mots : *to get off the treadmill = to take a break from the daily grind* = faire une pause dans la routine quotidienne. Mais *treadmill*, c'est un tapis roulant / de course !
170. (D) *bothersome* = ennuyeux, gênant
171. (B) *trainers* = baskets
172. (A) *founder* = fondateur ; *venture capitalist* = capital-risqueur
173. (C)
174. (C) *brand awareness* = notoriété de la marque
175. (B)
176. (B) *customer service* = service client ; *AOB (Any Other Business)* = questions diverses
177. (B) *one-stop shop* = guichet unique
178. (D) *money-saving* = économique
179. (C)
180. (A) *to assess* = *to appraise* = évaluer
181. (A) *to complain* = se plaindre ; *refund* = remboursement
182. (B)
183. (B) *loyal customer* = client fidèle ; *stated* = (ici) indiqué
184. (D) *brief* = court
185. (C) *flood* = inondation ; *inefficiency* = inefficacité ; *shortage* = manque / pénurie
186. (B) *CEO (Chief Executive Officer)* = président-directeur général (PDG) ; *real estate agent* = agent immobilier
187. (B)
188. (D) *asking price* = prix de vente / prix demandé ; *room for negotiation* = marge de négociation
189. (A) *redecoration and furnishing* = rénovation et ameublement
190. (C)
191. (B) *howling success* = succès fou
192. (D) *old hat / done too often* = dépassé
193. (C)
194. (A) *playwright* = dramaturge / auteur dramatique ; *venue* = lieu ; *setting* = cadre
195. (B) *to spread the word* = passer le mot / répandre l'information
196. (D)
197. (D) *white-collar workers* = les cols blancs (employés de bureau)
198. (A) *spate* = *wave* = vague (*heatwave* = vague de chaleur) ; *whit* = brin (petit peu) ; *overflow* = débordement
199. (C)
200. (B) *I could do with* = je pourrais faire avec ; *to do without* = se passer de

TABLE DE CONVERSION DES SCORES
SCORE CONVERSION CHART

Pour avoir une idée de votre score approximatif suivez les étapes suivantes.

Dans un premier temps, comptez le nombre total de réponses correctes pour chacune des deux parties, vous obtiendrez un score sur 100 pour la partie *Listening* et un score sur 100 pour la partie *Reading*. Ensuite, convertissez vos scores bruts pour chaque partie à l'aide du tableau suivant. Pour obtenir votre score final, additionnez les deux.

Score brut	Score échelonné Listening	Score échelonné Reading
96 – 100	475 – 495	460 – 495
91 – 95	435 – 495	420 – 490
86 – 90	405 – 475	390 – 460
81 – 85	365 – 445	355 – 435
76 – 80	345 – 420	325 – 410
71 – 75	315 – 385	295 – 385
66 – 70	290 – 360	270 – 360
61 – 65	260 – 335	235 – 330
56 – 60	235 – 310	210 – 300
51 – 55	210 – 280	180 – 270
46 – 50	180 – 250	155 – 240
41 – 45	150 – 225	135 – 215
36 – 40	125 – 195	115 – 180
31 – 35	105 – 165	95 – 145
26 – 30	85 – 135	75 – 120
21 – 25	60 – 110	60 – 95
16 – 20	30 – 90	45 – 75
11 – 15	5 – 70	30 – 55
6 – 10	5 – 60	10 – 40
1 – 5	5 – 50	5 – 30
0	5 – 35	5 – 15

READING SECTION

101	Ⓐ Ⓑ Ⓒ Ⓓ	126	Ⓐ Ⓑ Ⓒ Ⓓ	151	Ⓐ Ⓑ Ⓒ Ⓓ	176	Ⓐ Ⓑ Ⓒ Ⓓ
102	Ⓐ Ⓑ Ⓒ Ⓓ	127	Ⓐ Ⓑ Ⓒ Ⓓ	152	Ⓐ Ⓑ Ⓒ Ⓓ	177	Ⓐ Ⓑ Ⓒ Ⓓ
103	Ⓐ Ⓑ Ⓒ Ⓓ	128	Ⓐ Ⓑ Ⓒ Ⓓ	153	Ⓐ Ⓑ Ⓒ Ⓓ	178	Ⓐ Ⓑ Ⓒ Ⓓ
104	Ⓐ Ⓑ Ⓒ Ⓓ	129	Ⓐ Ⓑ Ⓒ Ⓓ	154	Ⓐ Ⓑ Ⓒ Ⓓ	179	Ⓐ Ⓑ Ⓒ Ⓓ
105	Ⓐ Ⓑ Ⓒ Ⓓ	130	Ⓐ Ⓑ Ⓒ Ⓓ	155	Ⓐ Ⓑ Ⓒ Ⓓ	180	Ⓐ Ⓑ Ⓒ Ⓓ
106	Ⓐ Ⓑ Ⓒ Ⓓ	131	Ⓐ Ⓑ Ⓒ Ⓓ	156	Ⓐ Ⓑ Ⓒ Ⓓ	181	Ⓐ Ⓑ Ⓒ Ⓓ
107	Ⓐ Ⓑ Ⓒ Ⓓ	132	Ⓐ Ⓑ Ⓒ Ⓓ	157	Ⓐ Ⓑ Ⓒ Ⓓ	182	Ⓐ Ⓑ Ⓒ Ⓓ
108	Ⓐ Ⓑ Ⓒ Ⓓ	133	Ⓐ Ⓑ Ⓒ Ⓓ	158	Ⓐ Ⓑ Ⓒ Ⓓ	183	Ⓐ Ⓑ Ⓒ Ⓓ
109	Ⓐ Ⓑ Ⓒ Ⓓ	134	Ⓐ Ⓑ Ⓒ Ⓓ	159	Ⓐ Ⓑ Ⓒ Ⓓ	184	Ⓐ Ⓑ Ⓒ Ⓓ
110	Ⓐ Ⓑ Ⓒ Ⓓ	135	Ⓐ Ⓑ Ⓒ Ⓓ	160	Ⓐ Ⓑ Ⓒ Ⓓ	185	Ⓐ Ⓑ Ⓒ Ⓓ
111	Ⓐ Ⓑ Ⓒ Ⓓ	136	Ⓐ Ⓑ Ⓒ Ⓓ	161	Ⓐ Ⓑ Ⓒ Ⓓ	186	Ⓐ Ⓑ Ⓒ Ⓓ
112	Ⓐ Ⓑ Ⓒ Ⓓ	137	Ⓐ Ⓑ Ⓒ Ⓓ	162	Ⓐ Ⓑ Ⓒ Ⓓ	187	Ⓐ Ⓑ Ⓒ Ⓓ
113	Ⓐ Ⓑ Ⓒ Ⓓ	138	Ⓐ Ⓑ Ⓒ Ⓓ	163	Ⓐ Ⓑ Ⓒ Ⓓ	188	Ⓐ Ⓑ Ⓒ Ⓓ
114	Ⓐ Ⓑ Ⓒ Ⓓ	139	Ⓐ Ⓑ Ⓒ Ⓓ	164	Ⓐ Ⓑ Ⓒ Ⓓ	189	Ⓐ Ⓑ Ⓒ Ⓓ
115	Ⓐ Ⓑ Ⓒ Ⓓ	140	Ⓐ Ⓑ Ⓒ Ⓓ	165	Ⓐ Ⓑ Ⓒ Ⓓ	190	Ⓐ Ⓑ Ⓒ Ⓓ
116	Ⓐ Ⓑ Ⓒ Ⓓ	141	Ⓐ Ⓑ Ⓒ Ⓓ	166	Ⓐ Ⓑ Ⓒ Ⓓ	191	Ⓐ Ⓑ Ⓒ Ⓓ
117	Ⓐ Ⓑ Ⓒ Ⓓ	142	Ⓐ Ⓑ Ⓒ Ⓓ	167	Ⓐ Ⓑ Ⓒ Ⓓ	192	Ⓐ Ⓑ Ⓒ Ⓓ
118	Ⓐ Ⓑ Ⓒ Ⓓ	143	Ⓐ Ⓑ Ⓒ Ⓓ	168	Ⓐ Ⓑ Ⓒ Ⓓ	193	Ⓐ Ⓑ Ⓒ Ⓓ
119	Ⓐ Ⓑ Ⓒ Ⓓ	144	Ⓐ Ⓑ Ⓒ Ⓓ	169	Ⓐ Ⓑ Ⓒ Ⓓ	194	Ⓐ Ⓑ Ⓒ Ⓓ
120	Ⓐ Ⓑ Ⓒ Ⓓ	145	Ⓐ Ⓑ Ⓒ Ⓓ	170	Ⓐ Ⓑ Ⓒ Ⓓ	195	Ⓐ Ⓑ Ⓒ Ⓓ
121	Ⓐ Ⓑ Ⓒ Ⓓ	146	Ⓐ Ⓑ Ⓒ Ⓓ	171	Ⓐ Ⓑ Ⓒ Ⓓ	196	Ⓐ Ⓑ Ⓒ Ⓓ
122	Ⓐ Ⓑ Ⓒ Ⓓ	147	Ⓐ Ⓑ Ⓒ Ⓓ	172	Ⓐ Ⓑ Ⓒ Ⓓ	197	Ⓐ Ⓑ Ⓒ Ⓓ
123	Ⓐ Ⓑ Ⓒ Ⓓ	148	Ⓐ Ⓑ Ⓒ Ⓓ	173	Ⓐ Ⓑ Ⓒ Ⓓ	198	Ⓐ Ⓑ Ⓒ Ⓓ
124	Ⓐ Ⓑ Ⓒ Ⓓ	149	Ⓐ Ⓑ Ⓒ Ⓓ	174	Ⓐ Ⓑ Ⓒ Ⓓ	199	Ⓐ Ⓑ Ⓒ Ⓓ
125	Ⓐ Ⓑ Ⓒ Ⓓ	150	Ⓐ Ⓑ Ⓒ Ⓓ	175	Ⓐ Ⓑ Ⓒ Ⓓ	200	Ⓐ Ⓑ Ⓒ Ⓓ

READING SECTION

101	A B C D	126	A B C D	151	A B C D	176	A B C D
102	A B C D	127	A B C D	152	A B C D	177	A B C D
103	A B C D	128	A B C D	153	A B C D	178	A B C D
104	A B C D	129	A B C D	154	A B C D	179	A B C D
105	A B C D	130	A B C D	155	A B C D	180	A B C D
106	A B C D	131	A B C D	156	A B C D	181	A B C D
107	A B C D	132	A B C D	157	A B C D	182	A B C D
108	A B C D	133	A B C D	158	A B C D	183	A B C D
109	A B C D	134	A B C D	159	A B C D	184	A B C D
110	A B C D	135	A B C D	160	A B C D	185	A B C D
111	A B C D	136	A B C D	161	A B C D	186	A B C D
112	A B C D	137	A B C D	162	A B C D	187	A B C D
113	A B C D	138	A B C D	163	A B C D	188	A B C D
114	A B C D	139	A B C D	164	A B C D	189	A B C D
115	A B C D	140	A B C D	165	A B C D	190	A B C D
116	A B C D	141	A B C D	166	A B C D	191	A B C D
117	A B C D	142	A B C D	167	A B C D	192	A B C D
118	A B C D	143	A B C D	168	A B C D	193	A B C D
119	A B C D	144	A B C D	169	A B C D	194	A B C D
120	A B C D	145	A B C D	170	A B C D	195	A B C D
121	A B C D	146	A B C D	171	A B C D	196	A B C D
122	A B C D	147	A B C D	172	A B C D	197	A B C D
123	A B C D	148	A B C D	173	A B C D	198	A B C D
124	A B C D	149	A B C D	174	A B C D	199	A B C D
125	A B C D	150	A B C D	175	A B C D	200	A B C D

READING SECTION

101	Ⓐ Ⓑ Ⓒ Ⓓ	126	Ⓐ Ⓑ Ⓒ Ⓓ	151	Ⓐ Ⓑ Ⓒ Ⓓ	176	Ⓐ Ⓑ Ⓒ Ⓓ
102	Ⓐ Ⓑ Ⓒ Ⓓ	127	Ⓐ Ⓑ Ⓒ Ⓓ	152	Ⓐ Ⓑ Ⓒ Ⓓ	177	Ⓐ Ⓑ Ⓒ Ⓓ
103	Ⓐ Ⓑ Ⓒ Ⓓ	128	Ⓐ Ⓑ Ⓒ Ⓓ	153	Ⓐ Ⓑ Ⓒ Ⓓ	178	Ⓐ Ⓑ Ⓒ Ⓓ
104	Ⓐ Ⓑ Ⓒ Ⓓ	129	Ⓐ Ⓑ Ⓒ Ⓓ	154	Ⓐ Ⓑ Ⓒ Ⓓ	179	Ⓐ Ⓑ Ⓒ Ⓓ
105	Ⓐ Ⓑ Ⓒ Ⓓ	130	Ⓐ Ⓑ Ⓒ Ⓓ	155	Ⓐ Ⓑ Ⓒ Ⓓ	180	Ⓐ Ⓑ Ⓒ Ⓓ
106	Ⓐ Ⓑ Ⓒ Ⓓ	131	Ⓐ Ⓑ Ⓒ Ⓓ	156	Ⓐ Ⓑ Ⓒ Ⓓ	181	Ⓐ Ⓑ Ⓒ Ⓓ
107	Ⓐ Ⓑ Ⓒ Ⓓ	132	Ⓐ Ⓑ Ⓒ Ⓓ	157	Ⓐ Ⓑ Ⓒ Ⓓ	182	Ⓐ Ⓑ Ⓒ Ⓓ
108	Ⓐ Ⓑ Ⓒ Ⓓ	133	Ⓐ Ⓑ Ⓒ Ⓓ	158	Ⓐ Ⓑ Ⓒ Ⓓ	183	Ⓐ Ⓑ Ⓒ Ⓓ
109	Ⓐ Ⓑ Ⓒ Ⓓ	134	Ⓐ Ⓑ Ⓒ Ⓓ	159	Ⓐ Ⓑ Ⓒ Ⓓ	184	Ⓐ Ⓑ Ⓒ Ⓓ
110	Ⓐ Ⓑ Ⓒ Ⓓ	135	Ⓐ Ⓑ Ⓒ Ⓓ	160	Ⓐ Ⓑ Ⓒ Ⓓ	185	Ⓐ Ⓑ Ⓒ Ⓓ
111	Ⓐ Ⓑ Ⓒ Ⓓ	136	Ⓐ Ⓑ Ⓒ Ⓓ	161	Ⓐ Ⓑ Ⓒ Ⓓ	186	Ⓐ Ⓑ Ⓒ Ⓓ
112	Ⓐ Ⓑ Ⓒ Ⓓ	137	Ⓐ Ⓑ Ⓒ Ⓓ	162	Ⓐ Ⓑ Ⓒ Ⓓ	187	Ⓐ Ⓑ Ⓒ Ⓓ
113	Ⓐ Ⓑ Ⓒ Ⓓ	138	Ⓐ Ⓑ Ⓒ Ⓓ	163	Ⓐ Ⓑ Ⓒ Ⓓ	188	Ⓐ Ⓑ Ⓒ Ⓓ
114	Ⓐ Ⓑ Ⓒ Ⓓ	139	Ⓐ Ⓑ Ⓒ Ⓓ	164	Ⓐ Ⓑ Ⓒ Ⓓ	189	Ⓐ Ⓑ Ⓒ Ⓓ
115	Ⓐ Ⓑ Ⓒ Ⓓ	140	Ⓐ Ⓑ Ⓒ Ⓓ	165	Ⓐ Ⓑ Ⓒ Ⓓ	190	Ⓐ Ⓑ Ⓒ Ⓓ
116	Ⓐ Ⓑ Ⓒ Ⓓ	141	Ⓐ Ⓑ Ⓒ Ⓓ	166	Ⓐ Ⓑ Ⓒ Ⓓ	191	Ⓐ Ⓑ Ⓒ Ⓓ
117	Ⓐ Ⓑ Ⓒ Ⓓ	142	Ⓐ Ⓑ Ⓒ Ⓓ	167	Ⓐ Ⓑ Ⓒ Ⓓ	192	Ⓐ Ⓑ Ⓒ Ⓓ
118	Ⓐ Ⓑ Ⓒ Ⓓ	143	Ⓐ Ⓑ Ⓒ Ⓓ	168	Ⓐ Ⓑ Ⓒ Ⓓ	193	Ⓐ Ⓑ Ⓒ Ⓓ
119	Ⓐ Ⓑ Ⓒ Ⓓ	144	Ⓐ Ⓑ Ⓒ Ⓓ	169	Ⓐ Ⓑ Ⓒ Ⓓ	194	Ⓐ Ⓑ Ⓒ Ⓓ
120	Ⓐ Ⓑ Ⓒ Ⓓ	145	Ⓐ Ⓑ Ⓒ Ⓓ	170	Ⓐ Ⓑ Ⓒ Ⓓ	195	Ⓐ Ⓑ Ⓒ Ⓓ
121	Ⓐ Ⓑ Ⓒ Ⓓ	146	Ⓐ Ⓑ Ⓒ Ⓓ	171	Ⓐ Ⓑ Ⓒ Ⓓ	196	Ⓐ Ⓑ Ⓒ Ⓓ
122	Ⓐ Ⓑ Ⓒ Ⓓ	147	Ⓐ Ⓑ Ⓒ Ⓓ	172	Ⓐ Ⓑ Ⓒ Ⓓ	197	Ⓐ Ⓑ Ⓒ Ⓓ
123	Ⓐ Ⓑ Ⓒ Ⓓ	148	Ⓐ Ⓑ Ⓒ Ⓓ	173	Ⓐ Ⓑ Ⓒ Ⓓ	198	Ⓐ Ⓑ Ⓒ Ⓓ
124	Ⓐ Ⓑ Ⓒ Ⓓ	149	Ⓐ Ⓑ Ⓒ Ⓓ	174	Ⓐ Ⓑ Ⓒ Ⓓ	199	Ⓐ Ⓑ Ⓒ Ⓓ
125	Ⓐ Ⓑ Ⓒ Ⓓ	150	Ⓐ Ⓑ Ⓒ Ⓓ	175	Ⓐ Ⓑ Ⓒ Ⓓ	200	Ⓐ Ⓑ Ⓒ Ⓓ

READING SECTION

101	Ⓐ Ⓑ Ⓒ Ⓓ	126	Ⓐ Ⓑ Ⓒ Ⓓ	151	Ⓐ Ⓑ Ⓒ Ⓓ	176	Ⓐ Ⓑ Ⓒ Ⓓ
102	Ⓐ Ⓑ Ⓒ Ⓓ	127	Ⓐ Ⓑ Ⓒ Ⓓ	152	Ⓐ Ⓑ Ⓒ Ⓓ	177	Ⓐ Ⓑ Ⓒ Ⓓ
103	Ⓐ Ⓑ Ⓒ Ⓓ	128	Ⓐ Ⓑ Ⓒ Ⓓ	153	Ⓐ Ⓑ Ⓒ Ⓓ	178	Ⓐ Ⓑ Ⓒ Ⓓ
104	Ⓐ Ⓑ Ⓒ Ⓓ	129	Ⓐ Ⓑ Ⓒ Ⓓ	154	Ⓐ Ⓑ Ⓒ Ⓓ	179	Ⓐ Ⓑ Ⓒ Ⓓ
105	Ⓐ Ⓑ Ⓒ Ⓓ	130	Ⓐ Ⓑ Ⓒ Ⓓ	155	Ⓐ Ⓑ Ⓒ Ⓓ	180	Ⓐ Ⓑ Ⓒ Ⓓ
106	Ⓐ Ⓑ Ⓒ Ⓓ	131	Ⓐ Ⓑ Ⓒ Ⓓ	156	Ⓐ Ⓑ Ⓒ Ⓓ	181	Ⓐ Ⓑ Ⓒ Ⓓ
107	Ⓐ Ⓑ Ⓒ Ⓓ	132	Ⓐ Ⓑ Ⓒ Ⓓ	157	Ⓐ Ⓑ Ⓒ Ⓓ	182	Ⓐ Ⓑ Ⓒ Ⓓ
108	Ⓐ Ⓑ Ⓒ Ⓓ	133	Ⓐ Ⓑ Ⓒ Ⓓ	158	Ⓐ Ⓑ Ⓒ Ⓓ	183	Ⓐ Ⓑ Ⓒ Ⓓ
109	Ⓐ Ⓑ Ⓒ Ⓓ	134	Ⓐ Ⓑ Ⓒ Ⓓ	159	Ⓐ Ⓑ Ⓒ Ⓓ	184	Ⓐ Ⓑ Ⓒ Ⓓ
110	Ⓐ Ⓑ Ⓒ Ⓓ	135	Ⓐ Ⓑ Ⓒ Ⓓ	160	Ⓐ Ⓑ Ⓒ Ⓓ	185	Ⓐ Ⓑ Ⓒ Ⓓ
111	Ⓐ Ⓑ Ⓒ Ⓓ	136	Ⓐ Ⓑ Ⓒ Ⓓ	161	Ⓐ Ⓑ Ⓒ Ⓓ	186	Ⓐ Ⓑ Ⓒ Ⓓ
112	Ⓐ Ⓑ Ⓒ Ⓓ	137	Ⓐ Ⓑ Ⓒ Ⓓ	162	Ⓐ Ⓑ Ⓒ Ⓓ	187	Ⓐ Ⓑ Ⓒ Ⓓ
113	Ⓐ Ⓑ Ⓒ Ⓓ	138	Ⓐ Ⓑ Ⓒ Ⓓ	163	Ⓐ Ⓑ Ⓒ Ⓓ	188	Ⓐ Ⓑ Ⓒ Ⓓ
114	Ⓐ Ⓑ Ⓒ Ⓓ	139	Ⓐ Ⓑ Ⓒ Ⓓ	164	Ⓐ Ⓑ Ⓒ Ⓓ	189	Ⓐ Ⓑ Ⓒ Ⓓ
115	Ⓐ Ⓑ Ⓒ Ⓓ	140	Ⓐ Ⓑ Ⓒ Ⓓ	165	Ⓐ Ⓑ Ⓒ Ⓓ	190	Ⓐ Ⓑ Ⓒ Ⓓ
116	Ⓐ Ⓑ Ⓒ Ⓓ	141	Ⓐ Ⓑ Ⓒ Ⓓ	166	Ⓐ Ⓑ Ⓒ Ⓓ	191	Ⓐ Ⓑ Ⓒ Ⓓ
117	Ⓐ Ⓑ Ⓒ Ⓓ	142	Ⓐ Ⓑ Ⓒ Ⓓ	167	Ⓐ Ⓑ Ⓒ Ⓓ	192	Ⓐ Ⓑ Ⓒ Ⓓ
118	Ⓐ Ⓑ Ⓒ Ⓓ	143	Ⓐ Ⓑ Ⓒ Ⓓ	168	Ⓐ Ⓑ Ⓒ Ⓓ	193	Ⓐ Ⓑ Ⓒ Ⓓ
119	Ⓐ Ⓑ Ⓒ Ⓓ	144	Ⓐ Ⓑ Ⓒ Ⓓ	169	Ⓐ Ⓑ Ⓒ Ⓓ	194	Ⓐ Ⓑ Ⓒ Ⓓ
120	Ⓐ Ⓑ Ⓒ Ⓓ	145	Ⓐ Ⓑ Ⓒ Ⓓ	170	Ⓐ Ⓑ Ⓒ Ⓓ	195	Ⓐ Ⓑ Ⓒ Ⓓ
121	Ⓐ Ⓑ Ⓒ Ⓓ	146	Ⓐ Ⓑ Ⓒ Ⓓ	171	Ⓐ Ⓑ Ⓒ Ⓓ	196	Ⓐ Ⓑ Ⓒ Ⓓ
122	Ⓐ Ⓑ Ⓒ Ⓓ	147	Ⓐ Ⓑ Ⓒ Ⓓ	172	Ⓐ Ⓑ Ⓒ Ⓓ	197	Ⓐ Ⓑ Ⓒ Ⓓ
123	Ⓐ Ⓑ Ⓒ Ⓓ	148	Ⓐ Ⓑ Ⓒ Ⓓ	173	Ⓐ Ⓑ Ⓒ Ⓓ	198	Ⓐ Ⓑ Ⓒ Ⓓ
124	Ⓐ Ⓑ Ⓒ Ⓓ	149	Ⓐ Ⓑ Ⓒ Ⓓ	174	Ⓐ Ⓑ Ⓒ Ⓓ	199	Ⓐ Ⓑ Ⓒ Ⓓ
125	Ⓐ Ⓑ Ⓒ Ⓓ	150	Ⓐ Ⓑ Ⓒ Ⓓ	175	Ⓐ Ⓑ Ⓒ Ⓓ	200	Ⓐ Ⓑ Ⓒ Ⓓ

READING SECTION

101	Ⓐ Ⓑ Ⓒ Ⓓ	126	Ⓐ Ⓑ Ⓒ Ⓓ	151	Ⓐ Ⓑ Ⓒ Ⓓ	176	Ⓐ Ⓑ Ⓒ Ⓓ
102	Ⓐ Ⓑ Ⓒ Ⓓ	127	Ⓐ Ⓑ Ⓒ Ⓓ	152	Ⓐ Ⓑ Ⓒ Ⓓ	177	Ⓐ Ⓑ Ⓒ Ⓓ
103	Ⓐ Ⓑ Ⓒ Ⓓ	128	Ⓐ Ⓑ Ⓒ Ⓓ	153	Ⓐ Ⓑ Ⓒ Ⓓ	178	Ⓐ Ⓑ Ⓒ Ⓓ
104	Ⓐ Ⓑ Ⓒ Ⓓ	129	Ⓐ Ⓑ Ⓒ Ⓓ	154	Ⓐ Ⓑ Ⓒ Ⓓ	179	Ⓐ Ⓑ Ⓒ Ⓓ
105	Ⓐ Ⓑ Ⓒ Ⓓ	130	Ⓐ Ⓑ Ⓒ Ⓓ	155	Ⓐ Ⓑ Ⓒ Ⓓ	180	Ⓐ Ⓑ Ⓒ Ⓓ
106	Ⓐ Ⓑ Ⓒ Ⓓ	131	Ⓐ Ⓑ Ⓒ Ⓓ	156	Ⓐ Ⓑ Ⓒ Ⓓ	181	Ⓐ Ⓑ Ⓒ Ⓓ
107	Ⓐ Ⓑ Ⓒ Ⓓ	132	Ⓐ Ⓑ Ⓒ Ⓓ	157	Ⓐ Ⓑ Ⓒ Ⓓ	182	Ⓐ Ⓑ Ⓒ Ⓓ
108	Ⓐ Ⓑ Ⓒ Ⓓ	133	Ⓐ Ⓑ Ⓒ Ⓓ	158	Ⓐ Ⓑ Ⓒ Ⓓ	183	Ⓐ Ⓑ Ⓒ Ⓓ
109	Ⓐ Ⓑ Ⓒ Ⓓ	134	Ⓐ Ⓑ Ⓒ Ⓓ	159	Ⓐ Ⓑ Ⓒ Ⓓ	184	Ⓐ Ⓑ Ⓒ Ⓓ
110	Ⓐ Ⓑ Ⓒ Ⓓ	135	Ⓐ Ⓑ Ⓒ Ⓓ	160	Ⓐ Ⓑ Ⓒ Ⓓ	185	Ⓐ Ⓑ Ⓒ Ⓓ
111	Ⓐ Ⓑ Ⓒ Ⓓ	136	Ⓐ Ⓑ Ⓒ Ⓓ	161	Ⓐ Ⓑ Ⓒ Ⓓ	186	Ⓐ Ⓑ Ⓒ Ⓓ
112	Ⓐ Ⓑ Ⓒ Ⓓ	137	Ⓐ Ⓑ Ⓒ Ⓓ	162	Ⓐ Ⓑ Ⓒ Ⓓ	187	Ⓐ Ⓑ Ⓒ Ⓓ
113	Ⓐ Ⓑ Ⓒ Ⓓ	138	Ⓐ Ⓑ Ⓒ Ⓓ	163	Ⓐ Ⓑ Ⓒ Ⓓ	188	Ⓐ Ⓑ Ⓒ Ⓓ
114	Ⓐ Ⓑ Ⓒ Ⓓ	139	Ⓐ Ⓑ Ⓒ Ⓓ	164	Ⓐ Ⓑ Ⓒ Ⓓ	189	Ⓐ Ⓑ Ⓒ Ⓓ
115	Ⓐ Ⓑ Ⓒ Ⓓ	140	Ⓐ Ⓑ Ⓒ Ⓓ	165	Ⓐ Ⓑ Ⓒ Ⓓ	190	Ⓐ Ⓑ Ⓒ Ⓓ
116	Ⓐ Ⓑ Ⓒ Ⓓ	141	Ⓐ Ⓑ Ⓒ Ⓓ	166	Ⓐ Ⓑ Ⓒ Ⓓ	191	Ⓐ Ⓑ Ⓒ Ⓓ
117	Ⓐ Ⓑ Ⓒ Ⓓ	142	Ⓐ Ⓑ Ⓒ Ⓓ	167	Ⓐ Ⓑ Ⓒ Ⓓ	192	Ⓐ Ⓑ Ⓒ Ⓓ
118	Ⓐ Ⓑ Ⓒ Ⓓ	143	Ⓐ Ⓑ Ⓒ Ⓓ	168	Ⓐ Ⓑ Ⓒ Ⓓ	193	Ⓐ Ⓑ Ⓒ Ⓓ
119	Ⓐ Ⓑ Ⓒ Ⓓ	144	Ⓐ Ⓑ Ⓒ Ⓓ	169	Ⓐ Ⓑ Ⓒ Ⓓ	194	Ⓐ Ⓑ Ⓒ Ⓓ
120	Ⓐ Ⓑ Ⓒ Ⓓ	145	Ⓐ Ⓑ Ⓒ Ⓓ	170	Ⓐ Ⓑ Ⓒ Ⓓ	195	Ⓐ Ⓑ Ⓒ Ⓓ
121	Ⓐ Ⓑ Ⓒ Ⓓ	146	Ⓐ Ⓑ Ⓒ Ⓓ	171	Ⓐ Ⓑ Ⓒ Ⓓ	196	Ⓐ Ⓑ Ⓒ Ⓓ
122	Ⓐ Ⓑ Ⓒ Ⓓ	147	Ⓐ Ⓑ Ⓒ Ⓓ	172	Ⓐ Ⓑ Ⓒ Ⓓ	197	Ⓐ Ⓑ Ⓒ Ⓓ
123	Ⓐ Ⓑ Ⓒ Ⓓ	148	Ⓐ Ⓑ Ⓒ Ⓓ	173	Ⓐ Ⓑ Ⓒ Ⓓ	198	Ⓐ Ⓑ Ⓒ Ⓓ
124	Ⓐ Ⓑ Ⓒ Ⓓ	149	Ⓐ Ⓑ Ⓒ Ⓓ	174	Ⓐ Ⓑ Ⓒ Ⓓ	199	Ⓐ Ⓑ Ⓒ Ⓓ
125	Ⓐ Ⓑ Ⓒ Ⓓ	150	Ⓐ Ⓑ Ⓒ Ⓓ	175	Ⓐ Ⓑ Ⓒ Ⓓ	200	Ⓐ Ⓑ Ⓒ Ⓓ

READING SECTION

101	Ⓐ Ⓑ Ⓒ Ⓓ	126	Ⓐ Ⓑ Ⓒ Ⓓ	151	Ⓐ Ⓑ Ⓒ Ⓓ	176	Ⓐ Ⓑ Ⓒ Ⓓ
102	Ⓐ Ⓑ Ⓒ Ⓓ	127	Ⓐ Ⓑ Ⓒ Ⓓ	152	Ⓐ Ⓑ Ⓒ Ⓓ	177	Ⓐ Ⓑ Ⓒ Ⓓ
103	Ⓐ Ⓑ Ⓒ Ⓓ	128	Ⓐ Ⓑ Ⓒ Ⓓ	153	Ⓐ Ⓑ Ⓒ Ⓓ	178	Ⓐ Ⓑ Ⓒ Ⓓ
104	Ⓐ Ⓑ Ⓒ Ⓓ	129	Ⓐ Ⓑ Ⓒ Ⓓ	154	Ⓐ Ⓑ Ⓒ Ⓓ	179	Ⓐ Ⓑ Ⓒ Ⓓ
105	Ⓐ Ⓑ Ⓒ Ⓓ	130	Ⓐ Ⓑ Ⓒ Ⓓ	155	Ⓐ Ⓑ Ⓒ Ⓓ	180	Ⓐ Ⓑ Ⓒ Ⓓ
106	Ⓐ Ⓑ Ⓒ Ⓓ	131	Ⓐ Ⓑ Ⓒ Ⓓ	156	Ⓐ Ⓑ Ⓒ Ⓓ	181	Ⓐ Ⓑ Ⓒ Ⓓ
107	Ⓐ Ⓑ Ⓒ Ⓓ	132	Ⓐ Ⓑ Ⓒ Ⓓ	157	Ⓐ Ⓑ Ⓒ Ⓓ	182	Ⓐ Ⓑ Ⓒ Ⓓ
108	Ⓐ Ⓑ Ⓒ Ⓓ	133	Ⓐ Ⓑ Ⓒ Ⓓ	158	Ⓐ Ⓑ Ⓒ Ⓓ	183	Ⓐ Ⓑ Ⓒ Ⓓ
109	Ⓐ Ⓑ Ⓒ Ⓓ	134	Ⓐ Ⓑ Ⓒ Ⓓ	159	Ⓐ Ⓑ Ⓒ Ⓓ	184	Ⓐ Ⓑ Ⓒ Ⓓ
110	Ⓐ Ⓑ Ⓒ Ⓓ	135	Ⓐ Ⓑ Ⓒ Ⓓ	160	Ⓐ Ⓑ Ⓒ Ⓓ	185	Ⓐ Ⓑ Ⓒ Ⓓ
111	Ⓐ Ⓑ Ⓒ Ⓓ	136	Ⓐ Ⓑ Ⓒ Ⓓ	161	Ⓐ Ⓑ Ⓒ Ⓓ	186	Ⓐ Ⓑ Ⓒ Ⓓ
112	Ⓐ Ⓑ Ⓒ Ⓓ	137	Ⓐ Ⓑ Ⓒ Ⓓ	162	Ⓐ Ⓑ Ⓒ Ⓓ	187	Ⓐ Ⓑ Ⓒ Ⓓ
113	Ⓐ Ⓑ Ⓒ Ⓓ	138	Ⓐ Ⓑ Ⓒ Ⓓ	163	Ⓐ Ⓑ Ⓒ Ⓓ	188	Ⓐ Ⓑ Ⓒ Ⓓ
114	Ⓐ Ⓑ Ⓒ Ⓓ	139	Ⓐ Ⓑ Ⓒ Ⓓ	164	Ⓐ Ⓑ Ⓒ Ⓓ	189	Ⓐ Ⓑ Ⓒ Ⓓ
115	Ⓐ Ⓑ Ⓒ Ⓓ	140	Ⓐ Ⓑ Ⓒ Ⓓ	165	Ⓐ Ⓑ Ⓒ Ⓓ	190	Ⓐ Ⓑ Ⓒ Ⓓ
116	Ⓐ Ⓑ Ⓒ Ⓓ	141	Ⓐ Ⓑ Ⓒ Ⓓ	166	Ⓐ Ⓑ Ⓒ Ⓓ	191	Ⓐ Ⓑ Ⓒ Ⓓ
117	Ⓐ Ⓑ Ⓒ Ⓓ	142	Ⓐ Ⓑ Ⓒ Ⓓ	167	Ⓐ Ⓑ Ⓒ Ⓓ	192	Ⓐ Ⓑ Ⓒ Ⓓ
118	Ⓐ Ⓑ Ⓒ Ⓓ	143	Ⓐ Ⓑ Ⓒ Ⓓ	168	Ⓐ Ⓑ Ⓒ Ⓓ	193	Ⓐ Ⓑ Ⓒ Ⓓ
119	Ⓐ Ⓑ Ⓒ Ⓓ	144	Ⓐ Ⓑ Ⓒ Ⓓ	169	Ⓐ Ⓑ Ⓒ Ⓓ	194	Ⓐ Ⓑ Ⓒ Ⓓ
120	Ⓐ Ⓑ Ⓒ Ⓓ	145	Ⓐ Ⓑ Ⓒ Ⓓ	170	Ⓐ Ⓑ Ⓒ Ⓓ	195	Ⓐ Ⓑ Ⓒ Ⓓ
121	Ⓐ Ⓑ Ⓒ Ⓓ	146	Ⓐ Ⓑ Ⓒ Ⓓ	171	Ⓐ Ⓑ Ⓒ Ⓓ	196	Ⓐ Ⓑ Ⓒ Ⓓ
122	Ⓐ Ⓑ Ⓒ Ⓓ	147	Ⓐ Ⓑ Ⓒ Ⓓ	172	Ⓐ Ⓑ Ⓒ Ⓓ	197	Ⓐ Ⓑ Ⓒ Ⓓ
123	Ⓐ Ⓑ Ⓒ Ⓓ	148	Ⓐ Ⓑ Ⓒ Ⓓ	173	Ⓐ Ⓑ Ⓒ Ⓓ	198	Ⓐ Ⓑ Ⓒ Ⓓ
124	Ⓐ Ⓑ Ⓒ Ⓓ	149	Ⓐ Ⓑ Ⓒ Ⓓ	174	Ⓐ Ⓑ Ⓒ Ⓓ	199	Ⓐ Ⓑ Ⓒ Ⓓ
125	Ⓐ Ⓑ Ⓒ Ⓓ	150	Ⓐ Ⓑ Ⓒ Ⓓ	175	Ⓐ Ⓑ Ⓒ Ⓓ	200	Ⓐ Ⓑ Ⓒ Ⓓ